GENSCHOREK

SCHWESTER FLORENCE NIGHTINGALE

LEIPZIG

Humanisten der Tat

Hervorragende Ärzte im Dienste des Menschen

Herausgegeben von Wolfgang Genschorek und Albrecht Gläser

Schwester Florence Nightingale

Triumph der Menschlichkeit

VON DR. SC. WOLFGANG GENSCHOREK

Mit 47 Abbildungen

1989

S. HIRZEL VERLAG LEIPZIG

BSB B. G. TEUBNER VERLAGSGESELLSCHAFT

Genschorek, Wolfgang:
Schwester Florence Nightingale: Triumph d. Menschlichkeit/
von Wolfgang Genschorek. – 3. Aufl. –
Leipzig : Hirzel : BSB Teubner, 1989. –
216 S. : 47 Abb. – (Humanisten der Tat)
NE: GT

ISBN 3-322-00327-2

ISSN 0233-1012

3. Auflage
VLN 294-375/111/89 · LSV 2008
Lektor: Dr. Hans Dietrich
Gesamtgestaltung: Egon Hunger, Leipzig
Printed in the German Democratic Republic
Gesamtherstellung: INTERDRUCK Graphischer Großbetrieb Leipzig,
Betrieb der ausgezeichneten Qualitätsarbeit, III/18/97
Bestell-Nr. 666 324 8
01400

Inhaltsverzeichnis

Vorwort 7

Familie, Kindheit, Jugend 9

Leben in Luxus und Überfluß .. 9
Erste Konfrontation mit der Wirklichkeit .. 13
Eine „mißratene" Tochter .. 16
Weiße Sklaven .. 18
Auf der Suche nach einem Lebensinhalt 25
Erlebnis Kaiserswerth .. 33
Erstmals auf eigenen Füßen .. 42

Die große Tat 46

Internationale Konflikte .. 46
Defätistische Gerüchte? .. 50
Spontane Hilfsbereitschaft .. 53
Verlorene Illusionen .. 61
Erste Erfolge .. 65
Der Durchbruch .. 71
Eine böse Überraschung .. 76
Rettung aus dem „Stabsquartier" .. 82
Eine reizende Repräsentantin des schönen Geschlechts .. 85
Widersacher erheben das Haupt .. 88
Inspektionsreisen auf die Krim .. 90
Liebe des Volkes .. 94

Ringen um Reformen 102

Schnelle Tat erhöht die Siegeschance .. 102
Kommissionen und Ausschüsse .. 106

Netley-Affäre 112
Unerbittlich gegen sich und andere 116
Aufstand gegen die Kolonialherrschaft 120

Geistige Wegbereiterin des Roten Kreuzes 130

Schrecken von Solferino 130
Humanismus und Frieden 132
Genfer Konvention 136
Hilfe für das demokratische Amerika 140
Fortsetzung der Reformen 141

Bahnbrecherin der neuzeitlichen Krankenpflege 145

Vom Spital zum Krankenhaus 145
Reformen der Krankenpflege 150
"Notes on nursing" 161
Nightingale-Schule 165
Für die Rechte der Frauen 173
Soziales Engagement 177
Gescheiterte Anstrengungen 184
Bildung und Erziehung 188
Taten für den Frieden 193

Jahre endlosen Mühens 198

Verlust der Freunde 198
Wiedersehen mit der Heimat 202
Erfüllter Lebensabend 205
„Nightingale-Legende“ 207

Literaturauswahl 211

Personenregister 213

Vorwort

In der Geschichte des Humanismus nimmt das Wirken von Florence Nightingale als Einheit von humanistischer Gesinnung und humanitärem Handeln einen Ehrenplatz ein.

Ihre Ethik erschöpfte sich nicht in der Linderung von Leiden. Ihr mutiger Kampf galt zugleich den Schrecken des Krieges und den verheerenden Auswirkungen sozialer Ungerechtigkeit.

Als Vorkämpferin und Wegbereiterin des zutiefst humanitären Anliegens des Schwesternberufes wurde Florence Nightingale in aller Welt zum Symbol der Menschlichkeit.

Tag für Tag gehen in der Welt, ihrem Vermächtnis folgend, Millionen Krankenschwestern ihrer verantwortungsvollen Arbeit nach. Sie sind es vor allem, die den berechtigten Anspruch der Patienten auf Fürsorge und Hilfe erfüllen.

Aufgabe und Stellung der Krankenpflege haben sich in der historischen Entwicklung grundlegend verändert. An das Wissen und Können der Krankenschwester als sachkundiger Partnerin des Arztes werden heute hohe Ansprüche gestellt. Die Fortschritte der medizinischen Wissenschaft und Technik, die sich daraus ergebenden neuen Möglichkeiten der Diagnostik und Therapie, die gewachsenen Anforderungen an eine hochqualifizierte pflegerische Betreuung bestimmen den Inhalt der Arbeit der Krankenschwestern. Darin bilden die zuverlässige exakte Pflege sowie der fürsorgliche, liebevolle Umgang mit den Patienten eine Einheit, wobei zunehmend auch kulturelle und gesundheitserzieherische Belange Berücksichtigung finden. All das setzt eine Qualifikation voraus, die neueste wissenschaftliche Erkenntnisse, Fertigkeiten und anwendungsbereites Wissen umfaßt. Die Krankenschwester unserer Zeit bedarf zugleich einer festen humanistischen Weltanschauung und fundierten geistig-kulturellen Bildung.

Das Recht auf Gesundheit und Pflege im Krankheitsfalle

zählt zu den Grundrechten des Menschen, das jedoch bei weitem noch nicht in allen Teilen der Welt verwirklicht werden konnte. Nach Angaben der Weltgesundheitsorganisation arbeiten im Weltmaßstab etwa drei Millionen Krankenschwestern mit abgeschlossener Qualifikation. Aus dieser Zahl ergeben sich bei der Betreuung der auf fünf Milliarden berechneten Weltbevölkerung große Unterschiede. Während in den verschiedenen Teilen Europas eine Krankenschwester 335 bis 1195 Einwohner betreut, kommt in Asien eine Schwester auf 423 bis 8267 und in Afrika nur auf 790 bis 12445 Einwohner.

Aus diesen Zahlen ergibt sich, daß die Durchsetzung einer qualifizierten Krankenpflege noch immer ein Schlüsselproblem darstellt, bei dessen Lösung die entwickelten Industriestaaten, dem Vermächtnis Florence Nightingales folgend, den Entwicklungsländern humanitäre Hilfe leisten müssen.

Das vorliegende Buch stellt sich die Aufgabe, den gegenwärtigen Wissensstand vom Leben und Wirken der großen Humanistin einem breiten Leserkreis zugänglich zu machen.

Leipzig, im Frühjahr 1989 Wolfgang Genschorek

Familie, Kindheit, Jugend

Leben in Luxus und Überfluß

Standesgemäß, wie es sich für Angehörige des arrivierten Besitzbürgertums im viktorianischen England gehörte, lebten die Nightingales auf ihren Liegenschaften und versuchten nach Kräften, den Lebensstil der noch privilegierteren Grundherren neidvoll nachzuahmen. Ihre Hauptbeschäftigung war der Müßiggang. Um sich nicht allzu sehr von der Gesellschaft zu entfernen – schließlich wollte man nicht auf dem Lande versauern –, mußten die Anwesen möglichst nahe der Hauptstadt gelegen sein, wo man Staat machen, auf Bällen die Rivalen in den Schatten stellen konnte.

Rauschende Feste und glanzvolle Empfänge waren die Welt der Fanny Nightingale, die sie nicht in Versuchung kommen ließen, sich der Leere und Oberflächlichkeit ihres Daseins bewußt zu werden. Im Gegensatz zu seiner Frau liebte es William Edward Nightingale, genannt W. E. N., gewisse geistige Ansprüche zu kultivieren, was ihn zuweilen selbst über einige Neigungen und Gedanken erschrecken ließ, die er der Freigeisterei für verdächtig hielt.

Fanny Nightingale geb. Smith, die sich in dem von einem Onkel ihres Mannes ererbten Wohlstand sonnte, erklärte frei heraus: „Wir Smith dachten den lieben langen Tag nur an unser Wohlbehagen und unser Vergnügen." So sehr dieses Leitmotiv für ihr Dasein auch zutraf, tat sie doch ihren Vorvätern damit Unrecht. Der Großvater hatte in den 70er Jahren des 18. Jahrhunderts seine Sympathien für den amerikanischen Unabhängigkeitskrieg auch durch materielle Zuwendungen für die „Rebellen" zu bekunden gewußt. Ihr Vater William Smith war schon zeitgemäßer. Zweifellos war auch er ein leidenschaftlicher Gegner der überlebten Sklavenhalteraristokratie. Er proklamierte im Unterhaus das Wohl der Unterdrückten, zog es aber vor, im eigenen Haus das Wohlleben zu praktizieren. Ein

Umstand trübte allerdings das Hochgefühl. Seine Tochter Fanny hatte ein Alter erreicht, wo Männer seiner Kreise nur noch mit ansehnlicher Mitgift zu locken waren. Zum Glück fand sich doch noch ein Bewerber ohne besondere Erwartungen. Ein Traummann war William Edward Nightingale in den Augen Fannys zwar nicht, doch sie war klug genug zu wissen, daß es an der Schwelle des vierten Lebensjahrzehntes mehr als geraten war, sich von romantischen Vorstellungen zu lösen. Das fiel um so leichter, da W.E.N. alle Voraussetzungen besaß, mehr als den gewohnten Wohlstand garantieren zu können. Übrigens hatte er bis zum Antritt der Erbschaft seines Onkels den Namen Shore geführt, zweckmäßigerweise aber mit dem Vermögen auch den Namen des Gönners übernommen.

Der Heirat des in vielem recht ungleichen Paares folgte eine schier endlose Hochzeitsreise, an deren Ende das 1818 neuvermählt in die Ferne gezogene Paar als vierköpfige Familie zurückkehrte.

Reisen war nach den von den napoleonischen Kriegen auferlegten Einschränkungen, während der sich die Engländer auf ihre Insel „verbannt" sahen, zu einem Hauptvergnügen derer geworden, die es sich leisten konnten.

Italien war das Traumziel der Nightingales, so unterschiedlich ihre Motive auch sein mochten, Fanny erhoffte sich Unterhaltung und Vergnügen, während W. E. N. nach Erweiterung seines Weltbildes strebte. Ein nahezu dreijähriger Aufenthalt bot beiden ausreichend Muße, ihr Anliegen zu verwirklichen.

In malerischen Städten der Apenninenhalbinsel kamen auch ihre Töchter zur Welt, die, einer Laune der Mutter folgend, nach ihren Geburtsorten genannt wurden. Im Jahre 1819 erblickte Parthenope (griechische Bezeichnung Neapels) und am 15. Mai 1820 Florence das Licht der Welt.

Vor der Rückkehr hatte W. E. N., ein begeisterter Hobbyarchitekt, den Bau eines Familiensitzes in Auftrag gegeben. Lea Hurst war prächtig gelegen, nach Ansicht Fannys jedoch viel zu klein. Sie konnte sich doch nicht mit „nur" fünfzehn Gästezimmern bescheiden. Besonders nachteilig war die Entfernung von der Metropole. Wie sollte sie während der Ballsaison ihren Verpflichtungen nachkommen, Einkäufe tätigen, ihre Aufwartung bei angesehenen Kreisen machen? So „überzeugte" sie schließlich W. E. N., daß das „kleine Haus" in Derbyshire sich allenfalls als Sommeraufenthalt eigne, als Familiensitz müsse er schon aus Gründen der gesellschaftlichen Reputation etwas Repräsentativeres bieten.

Nach langem Suchen bot sich unweit von London, inmitten eines herrlichen Gartens gelegen, schließlich Embley Park in der Nähe von Romsey in Hampshire. Hier und in Lea Hurst verlebte Florence Nightingale ihre Kindheit.

W. E. N. hatte sich dem Drängen seiner Frau widersetzt, die auch noch in London ein Stadtgrundstück erwerben wollte, damit sie während der Frühjahrs- und Herbstsaison unmittelbar „vor Ort" sein konnte. So mußte sie sich in diesen Wochen mit einem Appartement „begnügen".

Im Gleichmaß des sorgenlosen Daseins gab es nur einen Störfaktor. Die kleine Florence, genannt Flo, war ein sogenanntes „schwieriges Kind". Das unbeschwerte Herumtollen mit Pony, Hund und Katzen befriedigte auf die Dauer das phantasiebegabte Mädchen nicht mehr. Eigensinnig verlangte sie schon mit sechs Jahren nach mehr Abwechslung in ihrem Zeitvertreib, beharrte sie auf ihrem Wunsch nach einer Beschäftigung, die nicht allein dem Vergnügen diente. Da Fanny dieser „Schrulle" nicht nachgab, zeigte sie sich querköpfig und flüchtete sich schließlich in eine Traumwelt. Das unerfüllte Leben der Mutter und ihrer Freunde war ihr zuwider. So schloß sie sich dem Vater an, der ihr viel Wissenswertes erzählen konnte. Instinktiv spürte sie, daß auch er sich von dem vergnügungssüchtigen Dasein distanzierte und in der Welt seiner Bücher ein Eigendasein führte. W. E. N. war Anhänger der Whigs, jener politischen Gruppierung, deren Opposition gegen die feudale Reaktion einst den Weg zur konstitutionellen Monarchie gebahnt hatte. Als Sammelbecken der vom politischen Einfluß noch weitgehend ausgeschlossenen Industriebourgeoisie und des städtischen Mittelstandes rangen die neuen Whigs um die Ziele des modernen bürgerlichen Liberalismus, die sich auch W. E. N. durch das Studium der Schriften des Oppositionsführers Charles James Fox (1749–1806) zu eigen gemacht hatte.

Im Jahre 1835 hatte W. E. N. als glühender Verfechter der Parlamentsreform (1832), die von der Industriebourgeoisie mit Hilfe der Arbeiterklasse durchgesetzt werden konnte, sogar für das Unterhaus kandidiert, war aber, da er das Geschäft des Stimmenkaufs verabscheute, von dem konservativen Gegner geschlagen worden. Diese Enttäuschung verstärkte seine liberale Grundhaltung. Es war sein Ziel, auch seine Kinder in diesem Sinne zu formen.

Da es schwierig war, eine Erzieherin zu finden, die diesen Anforderungen gerecht wurde, zugleich aber auch den völlig anders gearteten Ansprüchen Fannys als „Dame von Welt" entsprach, unterrichtete W. E. N. die Töchter selbst. Geschichte und Philosophie, vor allem aber Latein, Griechisch und als moderne Fremdsprachen Deutsch, Französisch und Italienisch galten seine Bemühungen. Nur für die musischen Fächer, Zeichnen und Musik, wurde eine Hauslehrerin engagiert. Während sich Florence mit größtem Wissensdurst in das Lernen stürzte, nahm sich ihre Schwester die Lebensweise der Mutter zum Vorbild und entsprach damit weitaus mehr dem weiblichen „Ideal" ihrer Kreise. So teilte sich die Familie schließlich mehr und mehr in zwei Parteien: Florence arbeitete interessiert mit dem Vater in der Bibliothek, während Parthe in Mutters Salon hofhielt.

Gängige Klischeebilder trafen jedoch nicht auf das ungleiche Geschwisterpaar zu. Danach hätte der mit allen Attributen weiblicher Schönheit und Anmut gesegnete, begehrenswerte Backfisch Parthe agieren können – während sich der blasse spröde Blaustrumpf Florence in den trüben Tempel der Künste und Wissenschaften zurückzog, um ihr beklagenswertes Äußeres mit Wissen und Ehrgeiz zu kompensieren. Nein, zum Leidwesen der älteren Schwester war eher das Gegenteil der Fall: Florence zeichnete sich nicht nur durch Klugheit und Selbstbewußtsein aus, sie war alles in allem viel ansehnlicher als ihre Schwester, und was noch schlimmer war, die jungen Herren machten keinen Hehl daraus, wem sie den Vorzug gaben. Auch was die sogenannten häuslichen Tugenden wie Ordnung, Sauberkeit und Sorgfalt betraf, war Florence führend. Von dem für ihre Kreise ungewöhnlichen, unweiblichen Wissensdrang abgesehen, der zu Fannys Verdruß von dem unseligen Einfluß des Vaters genährt wurde, der ja selbst nicht das war, was sie für einen „Gentleman" hielt, schien die standesgemäße Zukunft ihrer Jüngsten, von der auch sie sich einigen Profit versprach, durchaus gesichert.

In dem Bild der „vollkommenen Gattin" hatte sich in der ersten Hälfte des 19. Jahrhunderts ein bemerkenswerter Wandel vollzogen. Waren zunächst Eigenschaften wie Kinderliebe, Ordnungs- und Familiensinn von höchstem Stellenwert, so neigte das Besitzbürgertum infolge seines erhöhten ökonomischen und gesellschaftlichen Gewichts nun mehr der „vollendeten Dame“ zu, die die mit der gehobenen Position des Mannes verbundenen Repräsentationspflichten wahrzunehmen verstand. Ein solches Statussymbol, das Schönheit mit Geist und ein wenig musischen Fähigkeiten wie Singen und Klavierspielen vereinte, hatte allerbeste Chancen, nach „ganz oben“ zu gelangen. Florence besaß alle Voraussetzungen dafür.

So sehr ihre Kindheit und Jugend auch von materiellen Glücksgütern gesegnet waren, ließ sie ihr kompromißloser kritischer Wirklichkeitssinn, der sehr schnell die schwelenden oder offenen Widersprüche innerhalb der Familie bloßlegte und auch die tiefen sozialen Gegensätze wahrnahm, nicht das rechte Gleichgewicht finden.

Fanny fieberte danach, ihre Töchter endlich in die Gesellschaft einzuführen. Da sie leider kein Haus in London besaß, mußten die Feste und Bälle in Embley stattfinden. Dafür aber erschien ihr das Anwesen zu dürftig. Unter beträchtlichen Kosten mußten in einem Erweiterungsbau zusätzliche Gästezimmer, Küchen und Salons geschaffen und das Äußere prunkvoller gestaltet werden. Eine längere Auslandsreise sollte der Familie die mit den Bauarbeiten verbundenen Mißhelligkeiten ersparen.

Erste Konfrontation mit der Wirklichkeit

Anfang September 1837 überquerten die Nightingales den Kanal. Ein nach den Plänen des Vaters gefertigter Sechsspänner, auf dessen Dach auch die Dienerschaft Platz fand, ließ das Reisen zur Lust werden. Im Gegensatz zu den „Rippenbrecher“ genannten Postkutschen, die den geplagten Reisenden jede Radumdrehung zur Qual werden ließen, gewährleistete der vorzüglich gefederte und wohl ausgestattete Nightingalesche Reisewagen alle nur möglichen Annehmlichkeiten. Um die gewohnten Dienste nicht entbehren zu müssen, zählten neben der Familie zwei Dienstmädchen, ein Diener und ein Bote zu der Reisegesellschaft, die so bequem Platz fand, daß man ohne

Schwierigkeiten unterwegs essen, trinken, schreiben, zeichnen und sogar schlafen konnte. Mit allen Attributen des Wohlstands ausgestattet, war die „Grand tour“, die durch Südfrankreich erneut nach Italien führte, ein großartiges Erlebnis. Voller Begeisterung vertraute Florence alle Ereignisse einem sorgfältig geführten Tagebuch an.

Am 13. Januar trafen die Nightingales in Genua ein und erreichten schließlich das herrlich gelegene Florenz, dessen Schönheit und Reichtum an Bauten und Kunstsammlungen Florence faszinierten. Eine am Ponte Vecchio gemietete Zimmerflucht mit einem prächtigen Salon bot Fanny Gelegenheit, Gesellschaften zu geben und sich damit für die vielen Bälle und Empfänge, die ihr die „große Welt“ bot, angemessen zu revanchieren.

Florence erschloß sich eine neue Welt: Sie wurde der strahlende Mittelpunkt vieler Festlichkeiten. Sie besuchte Opern, Konzerte und Galerien. Hervorragende Lehrer wiesen ihr den Weg in die Welt der Künste.

Doch inmitten des Rausches der Schönheit blieben ihr auch die Schattenseiten, das Elend der Armen, nicht verborgen. Vor allem aber begeisterten sie die von den Italienern mit Leidenschaft verfochtenen Freiheitsideale.

Die herrschenden feudalabsolutistischen Zustände, die politische Zersplitterung und nicht zuletzt die österreichische Fremdherrschaft hemmten die Entwicklung des Landes. Voraussetzung für das schnellere Wachstum der Produktivkräfte waren eine durchgreifende bürgerlich-demokratische Umgestaltung und die Vereinigung der einzelnen Landesteile zu einem einheitlichen Nationalstaat. Das war ohne Befreiung von dem fremden Joch nicht möglich. Seit Beginn der 30er Jahre war die nationale Befreiungsbewegung in ein neues Stadium, das „Risorgimento“ (Wiederauferstehung), getreten. Die revolutionären Erhebungen in einzelnen Herzogtümern aber wurden von den österreichischen Truppen niedergeschlagen, die Patrioten eingekerkert oder in die Flucht getrieben.

In den italienischen Kunstzentren hatten sich Hunderte von Malern, Bildhauern und Architekten aus aller Welt eingefunden, die den bedrückenden Verhältnissen in ihrer Heimat entflohen waren und hier in ungezwungenen freien Künstlerkolonien lebten. Als Feinde von Reaktion und Engstirnigkeit fanden sie schnell Kontakt zu den Patrioten des italienischen Risorgimento.

Die Atmosphäre geistiger Aufgeschlossenheit und Liberalität begeisterte die junge Florence Nightingale. Sie kam mit einer Reihe Künstler in Berührung, die sie mit ihren politischen und ästhetischen Ansichten anregten und in einem „Intensivkurs" inspirierten, die Umwelt mit neuen Augen zu sehen, mit Blikken, die hinter den Erscheinungen auch das Wesentliche suchten.

W. E. N.s unverkennbare Sympathien mit den Freiheitsidealen brachten ihn und auch Florence mit führenden Patrioten in Verbindung, die im Schweizer Exil lebten. Auf der Durchreise begegneten sie in Genf einer Anzahl Flüchtlinge, meist angesehene Wissenschaftler, Ärzte und Schriftsteller, die von der Reaktion verfolgt, ein kärgliches Dasein fristeten. Sie waren entschlossen, für die Durchsetzung ihrer Ideale jedes Opfer auf sich zu nehmen.

Der Genfer Historiker und Ökonom Jean Charles Leonard Simonde de Sismondi (1773–1842), ein kleinbürgerlich-romantischer Kritiker der kapitalistischen Produktionsverhältnisse, machte Florence mit einigen Freiheitskämpfern bekannt, vor allem mit Graf Federico Confalonieri (1785–1846), der wegen seiner Teilnahme am piemontesischen Aufstand 1821 zum Tode verurteilt und später zu lebenslänglicher Festungshaft „begnadigt" worden war. Sie alle übten auf Florence eine tiefe Wirkung aus. Vergessen war die Welt der Bälle und Paläste. Tief bewegt nahm sie mit dem Entschluß Abschied, nach dem Vorbild dieser Helden zu leben.

Vier Monate hielten sich die Nightingales in der französischen Metropole auf. Florence hatte die Freude, während der bekannten Freitagsabendgesellschaften ihrer Landsmännin Mary Clarke, bei denen sich das literarische Paris ein Stelldichein gab, die berühmte Julie Recamier (1777–1849) näher kennenzulernen. Dank ihrer Klugheit und Schönheit hatte sie einen der berühmtesten Salons, in dem sich Prominenz aus aller Welt einfand. Diese selbstbewußte Frau hatte eine tiefe Freundschaft mit Madame Germaine de Staël (1766–1817) verbunden, mit der sie das Schicksal der Verfolgungen durch Napoleon I., Bonaparte teilen mußte.

Nachdem Florence Nightingale sich in Italien für die Ideale

der um die Freiheit des Landes kämpfenden Revolutionäre entflammt hatte, war sie nun in Frankreich auch mit der ihr bisher völlig unbekannten Idee der Frauenemanzipation, insbesondere in Bildung, Kultur und Berufsleben vertraut gemacht worden.

Florence war begeistert. Mary Clarke, trotz des erheblichen Altersunterschiedes bald ihre beste Freundin, führte sie zu Empfängen, in Konzerte und Galerien und zu Vorlesungsabenden des gefeierten, am Weltschmerz leidenden Romantikers Francois-René Vicomte de Chateaubriand (1768–1848).

Eine „mißratene" Tochter

Um die Zeit nicht zu verpassen, zu der die jungen Mädchen bei Hofe vorgestellt wurden, drängte Fanny zum Aufbruch. Florence, deren Anmut, Schönheit und Intelligenz allerorts entzückte Bewunderer gefunden hatte, worin sich alle geheimen mütterlichen Hoffnungen für eine glänzende Karriere bestätigt sahen, sollte Star der kommenden Londoner Saison werden.

Alles schien planmäßig zu verlaufen. Die Töchter wurden, wie es die Etikette vorsah, am 24. Mai 1839 zum Geburtstagsempfang der Königin als Elevinnen präsentiert. Dank dieser huldvollen „Weihe" galten sie nun als voll gesellschaftsfähig. Ein heißer Sommer rauschender Ballnächte wartete auf Florence, die von ihrer Cousine Marianne Nicholson sicher durch die Strudel des Vergnügens und die Klippen der Umgangsformen geführt wurde. Florence schauderte es bei der Vorstellung, in diesem Treiben, das zweifellos zeitweilig ganz angenehm und amüsant war, eine „Lebensaufgabe" zu bekommen.

Da nach fast zweijähriger Bauzeit Embley noch immer nicht fertiggestellt war, ruhten sich die Nightingales zunächst in Lea Hurst von den Anstrengungen der Saison aus. Bei ihnen war Mariannes Bruder Henry zu Gast, der im Herbst in Cambridge das Studium aufnehmen sollte. Er machte Florence mit der Mathematik bekannt. Gefesselt von deren Logik übersah sie völlig, daß er sie allzu gern auch mit anderen Freuden vertraut gemacht hätte. Während sie sich immer tiefer in mathematische Probleme versenkte, durchlitt ihr Lehrmeister in Anbetracht seines hoffnungslosen Verlangens wahre Höllenqualen.

Im September 1839 konnte endlich in dem erweiterten und neu hergerichteten Embley Einzug gehalten werden. Bald widersetzte sich Florence, die ja schon während der Reise so „abartige“ Neigungen gezeigt hatte und sich jetzt sogar für die spröde Wissenschaft interessierte, erneut den Vorstellungen, die Mutter und Schwester von dem Leben einer Frau „besserer Kreise“ praktizierten. Das einzige weibliche Wesen der Familie, das für ihre Probleme Verständnis aufbrachte, war Tante Mai. Ihr schüttete Florence ihr Herz aus. Am liebsten hätte sie, um einer sinnvollen Beschäftigung nachzugehen, Mathematik studiert. Vorsichtig tastete sich Tante Mai bei den Eltern vor: „Flo und ich reden oft darüber, wie man seine Zeit verwenden sollte und so weiter. Ich habe stark den Eindruck, daß für einen Charakter wie den ihrigen harte Arbeit notwendig ist, um dem Leben Würze zu verleihen. Sie verfügt nun einmal über große Geisteskraft und verlangt danach, sie auch anzuwenden. So schreibe ich an Euch, um zu fragen, ob Ihr etwas gegen einen Mathematiklehrer hättet … Natürlich geschieht nichts ohne Eure Zustimmung … Ich glaube, daß sie den ganzen Tag über glücklicher ist, wenn sie sich ein paar Stunden regelmäßig und nachdrücklich einer Sache gewidmet hat, die ihre ganze Kraft erfordert.“

Fanny war entsetzt, was sollte eine Frau, deren Bestimmung Haus, Familie und Vergnügen waren, ausgerechnet mit Mathematik anfangen? Die Möglichkeit einer sinnvollen Beschäftigung, geschweige denn einer beruflichen Tätigkeit, stand völlig außerhalb ihres Vorstellungsvermögens. Ihrem Einspruch hielt Tante Mai entgegen: „Ich glaube kaum, daß Du nur halbwegs ahnst, was eigentlich in ihr steckt.“

Während Fanny unnachgiebig war, zeigte W. E. N. Verständnis für den Wunsch seiner Tochter. Allerdings erschien ihm anstelle von Mathematik das Studium der Geschichte oder der Philosophie sinnvoller.

Mit dem Sommer 1840 kamen unzählige Gäste ins Haus, so daß Florence kaum Zeit für ihre Studien fand. Auch die folgenden Monate waren mit nutzlosem Treiben ausgefüllt. Eine gewisse Abwechslung brachte wenigstens jeweils der Londonaufenthalt, während dem sie geistig anregende Kontakte suchte. So hatte sie das Glück, den preußischen Gesandten Christian Karl Josias von Bunsen (1791–1860), einen Vertrauten Alexander von Humboldts (1769–1859), kennenzulernen. Der mit der wohlhabenden Engländerin France Waddington (1791–1876) verheiratete Diplomat, dessen Haus Florence Nightingale stets offenstand, hatte sich als Förderer junger aufstrebender deutscher Wissenschaftler verdient gemacht. Er beeindruckte Florence mit seinen vielseitigen kulturhistorischen Studien und seiner liberal-bürgerlichen Gesinnung.

Unweit des Nightingaleschen Landsitzes lag das Dorf Holloway. Hier sah Florence in den ärmlichen ländlichen Hütten erstmals das Elendsdasein der durch die industrielle Entwicklung verarmten Weber. Ihre in Handarbeit hergestellten Produkte waren durch die billigere maschinelle Produktion verdrängt worden. Arbeitslosigkeit, Not und Elend waren die unausbleibliche Folge. Nicht besser war die Lage der von den Grundherren ausgebeuteten Landarbeiter. Was die junge Florence Nightingale hier erleben mußte, stand im krassen Gegensatz zu dem romantisch verklärten „merry old England". Die vor ihr errichtete Welt des Scheins kam ins Wanken. Sie vertraute ihrem Tagebuch an: „Mein Geist ist ganz ausgefüllt von dem Gedanken an die Leiden der Menschheit ... alles was die Dichter von der Herrlichkeit der Welt singen, kommt mir erlogen vor. Alle Menschen, die ich sehe, werden aufgezehrt von Sorge, Armut und Krankheit."

Florence ließ es nicht bei passiven Mitleidsbekundungen bewenden. Sie gab ihren Eltern keine Ruhe, bis sie es ihr ermöglichten, für die Ärmsten der Armen Nahrungsmittel, Medizin und Kleidung zu kaufen. Nur unter großen Schwierigkeiten vermochte Fanny, die sich heftig Sträubende im Herbst von Lea Hurst wegzubringen. Das erschütternde Erlebnis von Holloway aber blieb für ihren weiteren Lebensweg von entscheidendem Einfluß.

Weiße Sklaven

Es war der Beginn der „hungrigen vierziger Jahre", als angesichts der schrecklichen physischen und psychischen Verelendung des Landvolkes das Mitgefühl der Florence Nightingale geweckt wurde. Die sich in England zwischen 1760 und 1830 vollziehende Industrielle Revolution hatte eine tiefgreifende

Wandlung des gesamten Lebens zur Folge. Die industrielle Entwicklung vollzog nicht nur die Umwälzung von der Hand- in die Maschinenarbeit, den Übergang vom Manufakturstadium des Kapitalismus zum Industriekapitalismus, sie bewirkte auch einen Wandel der industriellen Struktur: Breitete sich zunächst vor allem die Baumwollindustrie besonders schnell aus, so setzte in den 20er Jahren ein stürmischer Aufschwung auch in den anderen Produktionszweigen ein.

Mit der zunehmenden Mechanisierung fand die Dampfkraft immer breitere Anwendung. Während 1810 fünftausend Dampfmaschinen in Betrieb waren, hatte sich fünfzehn Jahre später ihre Zahl verdreifacht. Großbritannien wurde die erste Industriemacht der Welt.

Die technische Umwälzung führte zu einschneidenden sozialökonomischen Umgestaltungen. Infolge des massenweisen Ruins kleiner Warenproduzenten und der Verwandlung der vormals auf handwerklicher Grundlage produzierenden Manufaktur- und Heimarbeiter sowie anderer „Freigesetzter" bildete sich die Klasse des Industrieproletariats. Bereits 1811 waren etwa 44 % der britischen Bevölkerung in Handel und Industrie beschäftigt.

Auf der Jagd nach Profit beutete die Bourgeoisie die Arbeiter gnadenlos aus. Im Interesse des Exports war sie bestrebt, aus Konkurrenzgründen die Außenhandelspreise auf Kosten der Arbeiterlöhne möglichst niedrig zu gestalten. Die Schwächung der Wirtschaft durch die lange Kriegsperiode (Koalitions- und napoleonische Kriege), die Auswirkungen der Kontinentalsperre sowie die seit Beginn des 19. Jahrhunderts zyklisch auftretenden Überproduktionskrisen verstärkten die Verelendung des Proletariats und vergrößerten das Arbeitslosenheer, das durch die vom Unterhaus 1834 erlassenen drakonischen Armengesetze und die damit verbundenen Repressalien in tiefste Not gestoßen wurde. Der junge Friedrich Engels (1820–1895), der sich von November 1842 bis August 1844 zur Vervollkommnung seiner kaufmännischen Ausbildung in England aufhielt, erlebte hier erstmals die Welt des voll entfalteten Kapitalismus. Der Einblick in die sozialen Gegensätze war Ausgangspunkt seiner Beschäftigung mit der Lage des Proletariats. Er beschreibt seine Eindrücke:

„So eine Stadt wie London, wo man stundenlang wandern

kann, ohne auch nur an den Anfang des Endes zu kommen, ohne dem geringsten Zeichen zu begegnen, das auf die Nähe des platten Landes schließen ließe, ist doch ein eigen Ding. Diese kolossale Zentralisation, diese Anhäufung von dritthalb Millionen Menschen auf *einen* Punkt hat die Kraft dieser dritthalb Millionen verhundertfacht; sie hat London zur kommerziellen Hauptstadt der Welt erhoben, die riesenhaften Docks geschaffen und die Tausende von Schiffen versammelt, die stets die Themse bedecken. Ich kenne nichts Imposanteres als den Anblick, den die Themse darbietet, wenn man von der See nach London Bridge hinauffährt. Die Häusermassen, die Werften auf beiden Seiten, besonders von Woolwich aufwärts, die zahllosen Schiffe an beiden Ufern entlang, die sich immer dichter und dichter zusammenschließen und zuletzt nur einen schmalen Pfad in der Mitte des Flusses freilassen, einen Weg, auf dem hundert Dampfschiffe aneinander vorüberschießen, das alles ist so großartig, so massenhaft, daß man gar nicht zur Besinnung kommt und daß man vor der Größe Englands staunt, noch ehe man englischen Boden betritt.

Aber die Opfer, die alles das gekostet hat, entdeckt man erst später. Wenn man sich ein paar Tage lang auf dem Pflaster der Hauptstraßen herumgetrieben, sich mit Mühe und Not durch das Menschengewühl, die endlosen Reihen von Wagen und Karren durchgeschlagen, wenn man die ‚schlechten Viertel' der Weltstadt besucht hat, dann merkt man erst, daß diese Londoner das beste Teil ihrer Menschheit aufopfern mußten, um alle die Wunder der Zivilisation zu vollbringen, von denen ihre Stadt wimmelt ...

Und was von London gilt, das gilt auch von Manchester, Birmingham und Leeds, das gilt von allen großen Städten. Überall barbarische Gleichgültigkeit, egoistische Härte auf der einen und namenloses Elend auf der anderen Seite, überall sozialer Krieg ... So ist es einleuchtend, daß alle Nachteile eines solchen Zustandes auf den Armen fallen. Kein Mensch kümmert sich um ihn; hineingestoßen in den wirren Strudel, muß er sich durchschlagen, so gut er kann. Wenn er so glücklich ist, Arbeit zu bekommen, d.h. wenn die Bourgeoisie ihm die Gnade antut, sich durch ihn zu bereichern, so wartet seiner ein Lohn, der kaum hinreicht, Leib und Seele zusammenzuhalten; bekommt er keine Arbeit, so kann er stehlen, falls er die Polizei nicht fürchtet, oder verhungern, und die Polizei wird auch hierbei Sorge tragen, daß er auf eine stille, die Bourgeoisie nicht verletzende Weise verhungert."

Engels zeichnet ein Bild jener „schlechten Viertel", in denen die Arbeiterklasse zusammengepfercht dahinvegetiert: „Oft freilich wohnt die Armut in versteckten Gäßchen dicht neben den Palästen der Reichen; aber im allgemeinen hat man ihr ein apartes Gebiet angewiesen, wo sie, aus den Augen der glücklicheren Klassen verbannt, sich mit sich selbst durchschlagen mag, so gut es geht. Diese schlechten Viertel sind in England in allen Städten ziemlich egal eingerichtet – die schlechtesten Häuser in der schlechtesten Gegend der Stadt ... Die Straßen selbst sind gewöhnlich ungepflastert, höckerig, schmutzig, voll vegetabilischen und animalischen Abfalls, ohne Abzugskanäle oder Rinnsteine, dafür aber mit stehenden, stinkenden Pfützen versehen. Dazu wird die Ventilation durch die schlechte, verworrene Bauart des ganzen Stadtviertels erschwert, und da hier viele Menschen auf einem kleinen Raume leben, so kann man sich leicht vorstellen, welche Luft in diesen Arbeiterbezirken herrscht."

Nach der ausführlichen Betrachtung der Arbeits- und Lebensbedingungen analysiert Friedrich Engels deren Auswirkungen auf den Gesundheitszustand der englischen Arbeiterklasse. „Der Unrat und die stehenden Pfützen in den Arbeitervierteln der großen Städte sind daher von den schlimmsten Folgen für die öffentliche Gesundheit." Den „Argumenten", das Proletariat trage wegen Unsauberkeit die Hauptschuld an dem unerträglichen Zustand, entgegnete er: „Man entzieht ihnen alle Mittel zur Reinlichkeit, man entzieht ihnen das Wasser, indem man nur gegen Bezahlung Röhren legt und die Flüsse so verunreinigt, daß sie zu Reinlichkeitszwecken nicht mehr taugen; man zwingt sie, allen Abfall und Kehricht, alles schmutzige Wasser, ja oft allen ekelhaften Unrat und Dünger auf die Straße zu schütten, indem man ihnen alle Mittel nimmt, sich seiner sonst zu entledigen; man zwingt sie dadurch, ihre eignen Distrikte zu verpesten. Damit noch nicht genug, alle möglichen Übel werden auf das Haupt der Armen gehäuft. Ist die Bevölkerung der Stadt überhaupt schon zu dicht, so werden sie erst recht auf einen kleinen Raum zusammengedrängt. Nicht damit zufrieden, die Atmosphäre in der Straße verdorben zu haben, sperrt man sie dutzendweise in ein einziges Zimmer, so daß die Luft, die sie nachts atmen, vollends zum Ersticken wird. Man gibt ihnen feuchte Wohnung, Kellerlöcher, die von unten, oder Dachkammern, die von oben nicht wasserdicht sind. Man baut ihre Häuser so, daß die dumpfige Luft nicht abziehen kann. Man gibt ihnen schlechte, zerlumpte oder zerlumpende Kleider und schlechte, verfälschte und schwer verdauliche Nahrungsmittel. Man setzt sie den aufregendsten Stimmungswechseln, den heftigen Schwankungen von Angst und Hoffnung aus – man hetzt sie ab wie das Wild und läßt sie nicht zur Ruhe und ruhigen Lebensgenuß kommen ... Wie ist es möglich, daß unter solchen Umständen die ärmere Klasse gesund sein und lange leben kann? Was läßt sich da anderes erwarten als eine übermäßige Proportion von Sterbefällen, eine fortwährende Existenz von Epidemien, eine sicher fortschreitende körperliche Schwächung der arbeitenden Generation?"

Notwendige Folge dieser Lebenslage waren Krankheiten und Seuchen, wobei Tuberkulose, Cholera und Typhus die meisten Opfer forderten. Ansteckungsgefahr und fehlende medizinische Hilfe vergrößerten deren Ausmaß. In den britischen Industriestädten lag die durchschnittliche Lebenserwartung des Proletariats bei siebzehn Jahren!

Versklavende Kinderarbeit und barbarische Arbeitsbedingungen taten ein übriges, die Gesundheit zu zerrütten. Die zwischen 1824 und 1828 von dem Journalisten John Brown aufgeschriebene Geschichte eines Fabrikkindes vermittelt ein ergreifendes Bild des Lebens der „weißen Kindersklaven". Mit sieben Jahren war der Waisenknabe Robert Blincoe vom Armenhaus in eine Baumwollspinnerei gekommen: „Im Durchschnitt mußten die Kinder die überwiegende, wenn nicht gar die ganze Zeit ... sechzehn Stunden täglich arbeiten. Diese übermäßige Arbeit zusätzlich zu Hunger und Folter verursachte den Tod vieler Lehrlinge sowie unheilbare Krüppelhaftigkeit und Krankheit bei vielen anderen."

Die Schilderungen des Manchester Armenarztes James Philipp Kay (1804–1877) und des Humanisten Samuel Bardsley (1764–1851), die in ihrer täglichen Praxis mit dem Elend konfrontiert wurden, waren eine unüberhörbare Anklage. Einer 1833 eingesetzten Kommission zur Untersuchung der Kinderarbeit in Fabriken und Bergwerken gehörten die Ärzte William

Hey (1772–1844), Charles Loudon (1801–1844) und Thomas Southwood Smith (1788–1861) an.

Auch eine acht Jahre später berufene Kommission, in der die Ärzte Charles Foster Barham (1804–1884), Richard Dugard Grainger (1801–1865) und Thomas Joliffe Tufnell (1819–1885) mitarbeiteten, vermochte nichts an der Lage zu ändern, doch beschränkte sie sich nicht mehr auf eine Zustandsschilderung, sondern übte bereits bewußt soziale Kritik, zu derem streitbaren Wortführer sich der dem linken Flügel der Chartistenbewegung zugehörige Arzt John Taylor (1804–1841) entwickelte.

Doch das ausgebeutete Proletariat war nicht mehr nur eine leidende Klasse. Der Herausgeber der Lebensgeschichte des Robert Blincoe, der Gewerkschaftsführer John Doherty, schrieb 1832 in seinem Vorwort: „Die meisten Fabrikherren profitieren von menschlichem Elend und werden aus Gewohnheit und Interesse dagegen gleichgültig. Wenn dem abgeholfen werden soll, dann kann es nur durch den Teil der arbeitenden Menschen selbst geschehen, die sich ihrer fortschreitenden Entwürdigung bewußt sind. Niemals wird ein Ausweg von denen gefunden werden, die gar kein Interesse daran haben, einen zu suchen."

Er warnte vor den philanthropischen Illusionen „besorgter" Kapitalisten. Auch Friedrich Engels gab in seinem 1845 entstandenem Frühwerk „Die Lage der arbeitenden Klasse in England" eine treffende Charakteristik der Bourgeoisie: „Mir ist nie eine so tief demoralisierte, eine so unheilbar durch den Eigennutz verderbte, innerlich zerfressene und für allen Fortschritt unfähig gemachte Klasse vorgekommen wie die englische Bourgeoisie ... Für sie existiert nichts in der Welt, was nicht nur um des Geldes willen da wäre, sie selbst nicht ausgenommen, denn sie lebt für nichts, als um Geld zu verdienen, sie kennt keine Seligkeit als die des schnellen Erwerbs, keinen Schmerz außer dem Geldverlieren. Bei dieser Habsucht und Geldgier ist es nicht möglich, daß eine einzige menschliche Anschauung unbefleckt bleibe. Gewiß, diese englischen Bourgeois sind gute Ehemänner und Familienmitglieder, haben auch sonst allerlei sogenannte Privattugenden und erscheinen im gewöhnlichen Verkehr ebenso respektabel und anständig wie alle anderen Bourgeois; selbst im Handel sind sie besser zu traktieren wie die Deutschen, sie mäkeln und dingen nicht so viel wie unsere Krämerseelen, aber was hilft alles? In letzter Instanz ist doch das eigene Interesse und speziell der Gelderwerb das einzig entscheidende Moment ... Es ist dem englischen Bourgeois durchaus gleichgültig, ob seine Arbeiter verhungern oder nicht, wenn er nur Geld verdient. Alle Lebensverhältnisse werden nach dem Gelderwerb gemessen, und was kein Geld abwirft, das ist dummes Zeug, unpraktisch, idealistisch ... Das Verhältnis des Fabrikanten zum Arbeiter ist kein menschliches, sondern ein rein ökonomisches ..."

Natürlich wollte der Bourgeois nicht als Unmensch erscheinen, er war es seinem Image als Geschäftsmann und guter Christ schuldig, durch allerlei Almosen als Menschenfreund und Wohltäter zu gelten: „Man glaube aber ja nicht, daß der ‚gebildete' Engländer diese Selbstsucht so offen zur Schau trage. Im Gegenteil, er verdeckt sie mit der schnödesten Heuchelei. – Wie, die englischen Reichen sollten nicht an die Armen denken, sie, die wohltätige Anstalten errichtet haben, wie kein anderes Land sie aufweisen kann. Jawohl, wohltätige Anstalten! Als ob dem Proletarier damit gedient wäre, daß ihr ihn erst bis aufs Blut aussaugt, um nachher euren selbstgefälligen, pharisäischen Wohltätigkeitskitzel an ihm üben zu können und vor der Welt als gewaltige Wohltäter der Menschheit dazustehen, wenn ihr dem Ausgesogenen den hundertsten Teil dessen wiedergebt, was ihm zukommt!"

Selbst mit ihren Almosen hoffte die Bourgeoisie ein Geschäft zu machen. Sie wollte sich ein gutes Gewissen erkaufen, vor allem aber von den Bildern des Elends unbehelligt sein. Die Leserzuschrift einer „Dame" an den „Manchester Guardian" brachte das deutlich zum Ausdruck: „Herr Redakteur! Seit einiger Zeit begegnet man auf den Hauptstraßen unserer Stadt einer Menge von Bettlern, die teils durch ihre zerlumpte Kleidung und ihr krankes Aussehen, teils durch ekelhafte, offne Wunden und Verstümmelungen das Mitleid der Vorübergehenden auf eine häufig sehr unverschämte und molestierende Weise rege zu machen suchen. Ich sollte meinen, wenn man nicht nur seine Armensteuer bezahlt, sondern auch reichlich zu den wohltätigen Anstalten beiträgt, so hätte man doch genug getan, um das Recht zu haben, vor solchen unangenehmen und unverschämten Behelligungen sichergestellt zu werden; und wofür bezahlt man denn eine so hohe Steuer zum Unterhalt der städtischen Polizei, wenn diese einen nicht einmal so weit schützt, daß man ruhig in die Stadt oder herausgehn kann? – Ich hoffe, die Veröffentlichung dieser Zeilen in Ihrem vielgelesenen Blatt wird die öffentliche Gewalt veranlassen, diesen Übelstand zu beseitigen ...“

Mit der politischen Hilfe der Arbeiter hatte die junge Industriebourgeoisie im Jahre 1832 gegen den sich widersetzenden Landadel und die Finanzoligarchie das Gesetz über die Reform des Wahlrechts durchgesetzt, mit dessen Hilfe sie ihren politischen Einfluß der bereits errungenen ökonomischen Macht angleichen konnte. Die Arbeiterklasse aber wurde nicht nur von ihrem „Verbündeten“ betrogen, sondern auf eine für die Bourgeoisie kennzeichnende Weise durch das Armengesetz 1834 „belohnt“. Geistiger Vater dieser „Errungenschaft“ war der Geistliche und Vulgärökonom Thomas Robert Malthus (1766–1834). Nach seiner „Bevölkerungstheorie“ wurde „Armut, genauer die Brotlosigkeit ... für ein Verbrechen erklärt, das die Gesellschaft mit dem Hungertode bestrafen soll. So barbarisch waren die Kommissionäre nun gerade nicht; der krasse, direkte Hungertod hat selbst für einen Armengesetzkommissär etwas zu Schreckliches. Gut, sagten sie, ihr Armen habt das Recht zu existieren, aber auch *nur* zu existieren; das Recht, euch zu vermehren, aber habt ihr nicht, ebensowenig wie das Recht, *menschlich* zu existieren ... Leben sollt ihr, aber leben zum warnenden Exempel all denen, die Veranlassung haben könnten, auch überflüssig zu werden.“ (F. Engels)

Das neue Armengesetz schaffte alle Unterstützungen in Geld oder Lebensmitteln ab. Die einzige „Hilfe“, die gewährt wurde, war die Aufnahme in ein Arbeitshaus, das aber so abschrekkend war, daß jeder, der sich nur irgendwie durchschlagen konnte, es vorzog, von dieser Form „öffentlicher Mildtätigkeit“ keinen Gebrauch zu machen.

Auf der Suche nach einem Lebensinhalt

Banalität und stumpfsinnige Vergnügungssucht im Nightingaleschen Salon zogen nur „Gleichgesinnte“ an, so daß Florence, abgestoßen von der Hohlheit und Oberflächlichkeit der Mehrzahl der Gäste des elterlichen Hauses, begann, sich bewußt einen eigenen Freundeskreis zu suchen. Dazu zählten der Dichter und Politiker Richard Monckton Milnes (1809–1885), der sich Verdienste um die humanitäre Behandlung und Erziehung jugendlicher Straftäter erworben hatte, vor allem aber Julia Ward Howe, der Begründer der ersten New Yorker Blindenanstalt, der an einem Projekt zur medizinischen Versorgung von Armen und Kranken arbeitete.

Er bestärkte Florence in der Absicht, hilflosen Kranken Unterstützung zu geben. Ihm hatte sie sich erstmals offenbart und dabei befürchtet, auch er könnte ihr Anliegen für „unpassend", einer Dame unwürdig halten. Howes moralische Unterstützung bedeutete sehr viel für sie, doch sie hatte noch nicht die Kraft, allem Widerstand zum Trotz ihr Vorhaben durchzusetzen, ja sie war sich über ihr eigentliches Ziel selbst noch nicht im klaren. Ihr Hauptmotiv, das sie zum Handeln trieb, war tiefes Mitgefühl. Ein Brief an Mary Clarke verdeutlicht ihren Gemütszustand: „Wenn man bedenkt, daß es Hunderte und Tausende von Leuten gibt, die leiden ... wenn man sieht, wie es in jeder Hütte eine Sorge gibt, die kein Verständnis beheben kann, und jedermann schlüpft trotzdem allmorgendlich gleichmütig in seine Strümpfe und Schuhe, und die schweifende Erde durchläuft unverändert ihre Bahn zwischen den kalten, fühllosen Sternen, in ewigem Schweigen, als wenn nichts wäre – der Tod scheint mir weniger traurig als ein Leben unter diesen Umständen."

Florence suchte fieberhaft nach einem Weg aus der erzwungenen Untätigkeit und verlor dabei völlig ihr seelisches Gleichgewicht. In dieser Situation versuchte die Schwester ihres noch immer heiß entflammten Verehrers, ihr im Frieden mit Gott den vermeintlichen Ausweg zu zeigen. Florence war gläubig, doch für sie war ein Glauben, der die Augen vor dem Elend verschloß, Verrat an den leidenden Menschen. Gott war für sie nicht Selbstzweck. Der Glaube war für sie Ausdruck humanitären Handelns. Zum meditierenden Mystizismus in einer Welt des sozialen Unrechts war sie nicht geschaffen.

Zur Überwindung ihrer tiefen seelischen Krise genügte die bisherige schriftliche Selbstverständigung in Tagebuchaufzeichnungen in Ermangelung eines vertrauenswürdigen Gesprächspartners nicht mehr. Florence war sich dessen vollauf bewußt geworden: „Ich möchte lieber leben als schreiben. Schreiben ist nur ein Ersatz für Leben. Ich bin nicht dafür, daß man mit Worten seine Gefühle verschwendet, sie sollten sich zu Taten verdichten, zu Taten, bei denen etwas herauskommt."

Die plötzliche Erkrankung ihrer alten Kinderfrau und der Großmutter boten ihr in Lea Hurst die Möglichkeit, deren Pflege zu übernehmen. Erstmals hatte sie eine echte Aufgabe. Da nach wie vor das Elend der Dorfarmen in Holloway ein reiches Betätigungsfeld bot, konnte sie beginnen, ihr Ideal zu verwirklichen. Dabei gewann sie bald eine neue Einsicht: Mitleid und Herzenswärme genügten nicht als Voraussetzung guter Krankenpflege. Sie erkannte die Notwendigkeit des fundierten Wissens und der erprobten Erfahrung und faßte den kühnen Entschluß, die Eltern um Erlaubnis zu bitten, im Krankenhaus von Salisbury, das von Richard Fowler, einem Freund der Familie, geleitet wurde, die praktische Krankenpflege zu erlernen.

Ihr Ersuchen löste einen Sturm der Entrüstung aus. Mutter und Parthe steigerten sich dieser „Schande" wegen bis zur Hysterie, W. E. N. suchte sein Heil in der Flucht nach London. Hatte er seiner Tochter all das Wissen beigebracht, damit sie „niedere Dienste" verrichte? Florence war verzweifelt und sah völlig auf sich allein gestellt in ihrer Lage keinen Ausweg: „Nie werde ich etwas ausrichten, ich bin wertloser als Staub, ein Nichts. Wenn mir nur etwas Starkes in die Hände fiele, um das ganze scheußliche Leben in die Vergangenheit zu fegen ...!"

Aus Lea Hurst zurückgekehrt, charakterisierte sie ihren Zustand mit dem Notruf „Mein Elend und meine innere Leere waren unbeschreiblich". Entnervt und erniedrigt ging sie tagsüber den „Pflichten" der höheren Haustochter nach und fand nachts, der Verzweiflung nahe, keinen Schlaf. Schließlich begann sie sich, da ihr das Tätigsein versagt blieb, wenigstens theoretisch mit der Problematik der Spitäler zu beschäftigen, doch auch das mußte sie vor der Familie verheimlichen. Sie studierte jede ihr nur zugängliche Schrift. Bunsen verschaffte ihr wertvolle Informationen über die Berliner Spitalverhältnisse. So entstanden umfangreiche Aufzeichnungen. Florence Nightingale ordnete und verglich ihre Notizen und errichtete so allmählich das Fundament ihrer umfassenden Kenntnisse über die europäischen Spitäler und Krankenhäuser, die für ihr späteres Wirken grundlegende Bedeutung erhielten.

Auch im Rahmen der häuslichen Obliegenheiten hatte sie ein Amt gewählt, das ihr später sehr von Nutzen war. Sie betätigte sich als Sachwalter der Vorrats- und Wäschekammer und ersann dabei immer bessere Verfahren zur Erleichterung der Bestandshaltung. Befriedigung oder gar inneres Ausgeglichensein erlangte sie dabei jedoch nicht. Ihre Opposition gegen die Familie war aber nahezu erloschen. Sie resignierte und zog sich mehr und mehr in eine innere Emigration zurück. Nur wenn der Sommer kam und die Nightingales ihren Landsitz bezogen, lebte sie auf und fand in den Hütten der Armen bei ihrer Hilfe den lang entbehrten Frieden. Fanny ließ ihre „exzentrisch veranlagte“ Tochter in der Hoffnung gewähren, sie werde über die überschwänglichen Flausen bald hinwegkommen. Mit Genugtuung hatte sie das Entstehen einer durch Mary Clarke vermittelten Freundschaft zwischen Florence und Selina Bracebridge vermerkt. Die lebenserfahrene, fast drei Jahrzehnte ältere Frau würde das Ihrige tun, ihr den Spleen auszutreiben. Vielleicht brachte sie Florence sogar dazu, Richard Monckton Milnes, der seit langem deutlich um sie warb und eine durchaus standesgemäße Partie war, endlich das Jawort zu geben.

Florence schloß sich eng an die mütterliche Freundin an, endlich hatte sie jemanden, der für ihre Probleme Verständnis zeigte: „Schon die Tatsache, daß es einen Menschen gibt, der meine Gedanken nicht für bloße Hirngespinste hält, gar nicht wert, darüber zu reden, der mich nicht für ein phantastisches, verwöhntes Kind ansieht, diese Tatsache allein verändert die Welt für mich“, stellte Florence erleichtert fest. Um sie abzulenken, nahmen die Bracebridges sie im Oktober 1847 auf ihre Italienreise mit. „Oh, wie glücklich bin ich! Keine Zeit meines Lebens habe ich mehr genossen als die Zeit in Rom“, schrieb Florence, die wie umgewandelt war. Unbeschwert verlebte sie einige glückliche Wochen. In Rom machte sie die für ihr späteres Leben wohl bedeutsamste Bekanntschaft: Zuerst lernte sie Elizabeth, dann auch Sidney Herbert kennen. Ohne Umschweife fanden sie schnell vertrauten Kontakt zueinander. Die Herberts zeigten Verständnis für die sozialen Probleme und die daraus von Florence abgeleiteten humanitären persönlichen Zielstellungen.

In dem seit ihrem letzten Italienaufenthalt vergangenen Jahrzehnt hatte sich in dem politischen Leben vieles verändert.

Das Scheitern der Aufstände hatte die Revolutionäre nicht entmutigt. Seit Mitte der vierziger Jahre war vielmehr der Kampf für die Unabhängigkeit und Einigung des Landes in eine neue Etappe getreten. Neben dem revolutionär-demokratischen Flügel war als Vertretung der Großbourgeoisie und des liberalen Adels eine gemäßigte Richtung entstanden, die eine Lösung der nationalen Frage nur unter Mitwirkung der Großmächte, besonders Großbritanniens und Frankreichs, für möglich hielt.

Im Jahre 1847 hatte die demokratische Bewegung einen erneuten Aufschwung genommen. In verschiedenen Städten und Landesteilen brachen Unruhen aus. Die von Sizilien ausgehende revolutionäre Entwicklung beeinflußte den Freiheitskampf in ganz Italien. Die unter dem Volkshelden Giuseppe Garibaldi (1807–1882), der bei Ausbruch der Revolution aus dem Exil zurückgekehrt war, kämpfenden Freiwilligenverbände errangen ruhmvolle Siege gegen die österreichische Fremdherrschaft.

Auch das Volk von Rom griff zu den Waffen. Da der österreichische Klerus dem Papst mit einer offenen Kirchenspaltung drohte, suchte Pius IX. den Bruch mit der Habsburgermonarchie zu vermeiden. Unter dem Vorwand, die Kunstdenkmäler nicht zu gefährden, wurde die „Ewige Stadt" kampflos übergeben. Von der Sache der Freiheit, für die sie sich während ihrer Italienreise erneut begeistert hatte, entflammt, schrieb Florence Nightingale, die Mitte April Rom verlassen hatte, im Überschwang des Enthusiasmus empört über diesen Beschluß an ihre Freundin Mary Clarke: „In den Straßen sollten sie kämpfen, Zoll um Zoll verteidigen, bis der letzte Mann an seiner Barrikade fällt, bis St. Peter zusammenstürzt, bis der Vatikan in die Luft fliegt ... Wenn ich in Rom wäre, würde ich die erste sein, die die Brandfackel in die Sistina wirft, und Michelangelo würde rufen: ‚Recht so', wenn er sein Werk zerstört sähe."

Nach England zurückgekehrt, sah sie sich wieder mit ihrem kaum veränderten Zustand konfrontiert. Es fehlte ihr noch immer die Kraft, gegen die Konventionen von Familie und Gesellschaft aufzubegehren: „Mein Gott, was soll ich tun ... Ich kann nicht noch länger warten, bis meine Lage sich endlich ändert, und mir nur in meinen Träumen ausmalen, wie die Veränderung beschaffen sein wird." Sie war doppelt enttäuscht, da sie bereits einen Hoffnungsschimmer gesehen hatte. Sie wußte, daß die hartnäckige Weigerung der Familie, sie die praktische Krankenpflege erlernen zu lassen, von zwei Faktoren bestimmt wurde: zum einen, weil sich „so etwas“ für eine Frau ihrer Kreise grundsätzlich nicht schickte, zum anderen, weil in der Tat in den Hospitälern ein unbeschreiblicher hygienischer und pflegerischer Tiefstand herrschte, der jedoch keineswegs nur für die britische Insel zutraf.

Florence Nightingale beschrieb später den ersten Eindruck, den ein Krankensaal auf sie machte, in dem fünfzig bis sechzig Betten aneinandergepfercht standen: „Die Böden waren aus gewöhnlichen Holz. Weil sie fast nie gereinigt wurden und die notwendigen sanitären Einrichtungen für die Patienten fehlten, waren sie mit einer Schicht von Unrat bedeckt, und wenn sie tatsächlich einmal geschrubbt wurden, strömten sie einen Geruch aus, der keinesfalls von Wasser und Seife kam. Wände und Decken waren nur roh verputzt und von Schmutz durchtränkt. Geheizt wurde durch ein einziges Feuer am Ende jedes Saales, und um der Wärme willen wurden die Fenster im Winter geschlossen gehalten. In manchen Spitälern waren die Fenster im Winter zur Hälfte mit Brettern vernagelt. Nach einer Weile war der Geruch zum Erbrechen, die Feuchtigkeit floß an den Wänden herunter, und es bildete sich winziges pflanzliches Leben darauf. Nichts wurde dagegen unternommen; die Wände wurden nur immer wieder abgeschabt und gekalkt. Sogar die Arbeiter, die dazu gedungen wurden, erkrankten häufig schwer.“ In diesen Höhlen des Schmutzes und der Entwürdigung suchte man vergebens nach Menschlichkeit. Die äußerst schlecht bezahlten Knechte und Mägde, die hier Dienst taten, waren wenig vertrauenerweckend.

Freiherr von Bunsen hatte Florence Nightingale auf eine in der Nähe von Düsseldorf gelegene humanitäre Einrichtung aufmerksam gemacht und ihr schließlich einen Jahresbericht der von Pfarrer Theodor Fliedner (1800–1864) ins Leben gerufenen Kaiserswerther Anstalt (siehe S. 35ff.) zur Kenntnis gegeben. Florence war begeistert. Pfarrer Fliedner hatte den Versuch unternommen, gegen die auch für Deutschland typischen menschenunwürdigen Zustände im Pflegewesen anzukämpfen. Sie wollte unbedingt seine Anstalten kennenlernen. Gegen den Besuch der von ihm begründeten Kaiserswerther Pflegediakonie, für den sich auch Sidney Herbert aussprach, vermochte auch der Böswilligste nichts einzuwenden. Hier war im Gegensatz zu den Zuständen in den britischen Hospitälern schwerlich etwas „Anstößiges" zu entdecken. Als Parthe im Herbst 1848 eine Kur in Karlsbad antreten wollte, hielt Florence ihre Stunde für gekommen. Die Familie wollte Parthe begleiten und in Frankfurt Station machen, von hier aus hoffte Florence für wenigstens zwei Wochen Kaiserswerth aufsuchen zu können. Die revolutionären Ereignisse auf dem Kontinent veranlaßten W. E. N. jedoch, lieber auf der britischen Insel zu bleiben, anstelle von Karlsbad wurde Malvern als Kuraufenthalt gewählt. „Ich will nicht zu Deinem Ergötzen all die Flüche und Verwünschungen zu Papier bringen, mit denen ich mein enttäuschtes Herz erleichtert habe", teilte Florence Mary Clarke (die 1847 Julius Mohl geheiratet hatte) mit, „denn was für ein Plänchen hatte ich für mich ausgeheckt! Was ich am allerliebsten tun möchte, schwebt in Kaiserswerth zum erstenmal in erreichbarer Nähe vor mir, aber nun ist alles wieder zerstoben."

Erneut setzte ein bedrückender monatelanger Leerlauf ein. Die Materialsammlung über die Lage der Spitäler allein war auf die Dauer keine befriedigende Ersatzhandlung, die Florence für die ersehnte Praxis entschädigen konnte. Einen gewissen Ausgleich bot die Möglichkeit, ähnlich wie in dem bei Lea Hurst gelegenen Dorf Holloway nun auch unweit von Embley in der Siedlung Wellow Kranken zu helfen. Alle Proteste der Familie halfen nichts. Kein Bitten und Flehen, sie werde noch schreckliche Seuchen ins Haus schleppen, vermochten sie zurückzuhalten. Florence bahnte sich durch Hinterausgänge den Weg zu ihren Patienten. Es gab bereits bedrohliche Anzeichen, daß sich Bekannte wegen der aufsässigen, Ärgernis erregenden Tochter zurückzogen. Selbst als die Familie im März 1849 wie üblich bei Saisonbeginn in London Quartier nahm, zog es Florence nicht, wie es sich für eine junge Dame schickte, zu den Bällen.

Florence Nightingale sah in dem Proletariat ausschließlich eine leidende Masse. Die sozialen Ursachen des Elends erkannte, ja erahnte sie nicht. Sie wollte dazu beitragen, die schlimmste Not zu lindern. Was sie jedoch von den zahlreichen philanthropischen Mitleidsaposteln unterschied, war, daß sie es nicht bei tränenreicher Sentimentalität und bescheidenen Almosen bewenden ließ, sondern zur tatkräftigen selbstlosen Hilfe drängte. Ihr praktischer Sinn und leidenschaftliches Engagement ließen sie später auf ihrem Hauptwirkungsfeld, der Krankenpflegereform, weit über die allzu engen Grenzen des barmherzigen Gnadengeschenks hinausgehen und durch ihre Pionierarbeit zur Wegbereiterin tiefgreifender sozialer Reformen werden.

Am liebsten wäre Florence Nightingale während des Londonaufenthalts der Familie zu den Kranken in den Slums gegangen, um Hilfe zu leisten. Das vermochte Fanny gerade noch zu vereiteln, nicht aber, daß sie in der Armenschule von Westminster unterrichtete.

Einen Trumpf glaubten die Nightingales gegen die „jüngferlichen Marotten“ ihrer Tochter noch immer in der Hand zu haben: Richard Monckton Milnes. Es gab deutliche Anzeichen, daß er, der sich seit langem um ihre Gunst bemühte, auch ihr keineswegs gleichgültig war, und wenn sie erst verheiratet wäre, würden ihr schon all die Dummheiten vergehen, ganz abgesehen davon, daß ja dann ohnehin der Ehemann für all die „Schandflecke“ gesellschaftlich gerade stehen müßte. Doch das unerwartete Malheur trat ein. Als Milnes, der lange genug gewartet hatte, auf eine Entscheidung drängte, wies sie ihn ab. Florence Nightingale legte in ihren Aufzeichnungen die Gründe dar: „Mein Geist würde bei ihm Genüge finden, auch mein Gefühlsleben könnte bei ihm zur Erfüllung kommen. Meiner moralischen und tätigen Natur jedoch würde ein Leben mit ihm keine Befriedigung bieten. Manchmal neige ich dazu, meinem Gefühlsleben auf jeden Fall Befriedigung zu verschaffen, weil mich das wenigstens von dem Übel der Träumereien befreien würde. Aber wer weiß das? Ein Leben mit ihm, in dem wir unsere Kräfte um eines großen Zieles willen miteinander verbänden, das könnte mich schon ausfüllen, aber niemals ein Leben, das nur gesellschaftlichen und häuslichen Pflichten gewidmet wäre ... Ich wäre an ein Leben gefesselt, das nur die Fortsetzung und Steigerung meines jetzigen wäre, noch dazu ohne Hoffnung auf einen Wandel. Willentlich würde ich mir den Weg abschneiden, mir jemals ein wahres und reiches Leben aufzubauen, und das käme mir wie Selbstmord vor.“ Leicht war ihr die Entscheidung nicht gefallen: „Ich verstehe es nicht, ... ich schäme mich, es zu verstehen ... Allein der Gedanke daran übermannt mich ... Seit ich ihn abgewiesen habe,

Bild 1. Florence Nightingale als junges Mädchen

Bild 2. Die Schwestern Florence und Parthenope

Bild 3. Florence Nightingale mit ihrer zahmen Eule Athena

Bild 4–8. London Mitte des 19. Jahrhunderts
Bild 4. Regent Street

Bild 5. Die Bank von England

Bild 6. St. Pauls Kathedrale

Bild 7. Greenwich Hospital

Bild 8. An der Themse

Bild 9. Elizabeth Fry (1780–1847)

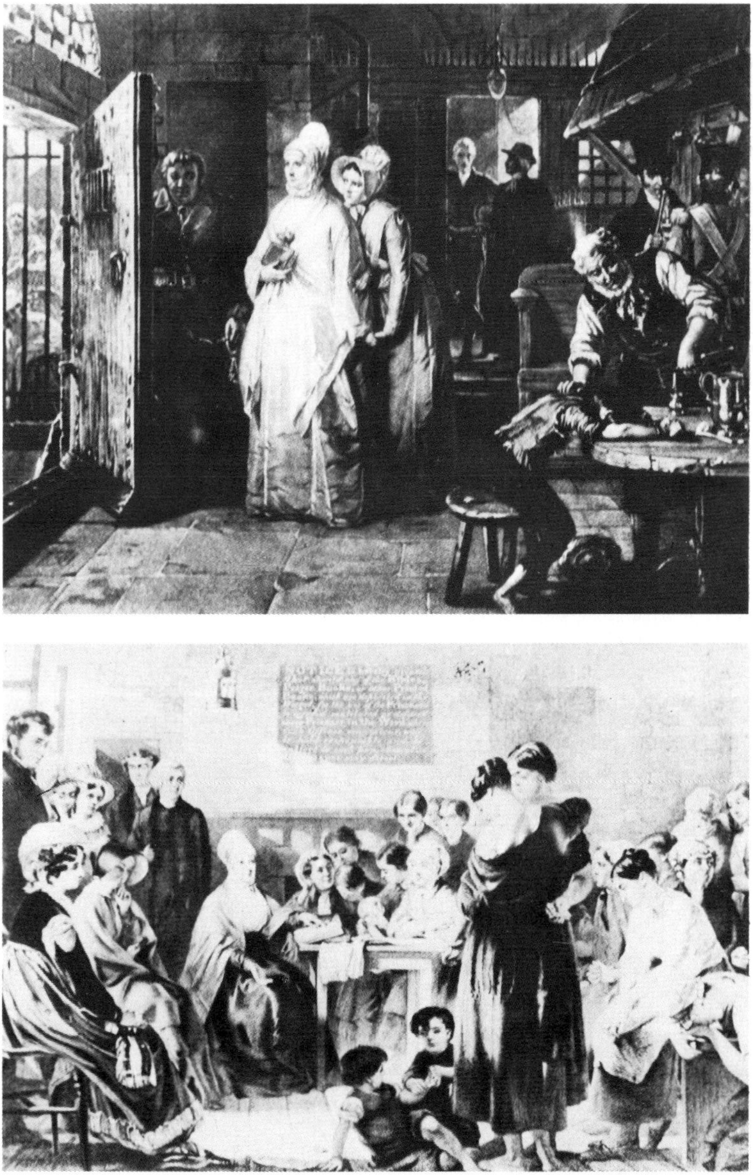

Bild 10–11. Elizabeth Fry besucht das Gefängnis von Newgate

Bild 12. Hôtel-Dieu Paris

ist kein Tag vergangen, an dem ich nicht an ihn gedacht hätte. Ohne das Gefühl seiner Zuneigung ist der Tag trostlos für mich."

Glücklicherweise befreiten sie die Bracebridges, die sie wie bereits nach Italien, jetzt auf ihre Ägyptenreise mitnahmen, aus den Fängen der zeternden Familie. Florences Tagebuch zeigt jedoch, daß selbst die vielfältigen Reiseerlebnisse und -eindrücke nicht ihre selbstquälerischen Ideen verdrängen konnten: „12. Januar: Mit der Reisegesellschaft nach Jenab gefahren, aber ich habe mir alles mit Träumen verdorben. Über mich und über die Wirkung Ägyptens auf mich enttäuscht. Rom war besser.

16. Februar: Wo war ich die ganze Zeit? – in meinen Träumen. Selbst Karnak kann mich jetzt nicht retten."

Und am 7. Mai auf der Rückreise in Athen: „Hier haben mich alle meine Fähigkeiten im Stich gelassen, ich kann nicht mehr schreiben, nicht lesen."

Zu ihrem 30. Geburtstag, am 12. Mai 1850 notierte sie: „Nun keine Kindereien mehr! Keine Liebe, keine Heiratspläne." Am 17. Juni: „Nach einer schlaflosen Nacht physisch und moralisch krank und gebrochen. Eine Sklavin – froh, Athen zu verlassen. Und ich hatte keinen andern Wunsch auf der Welt, als zu schlafen."

Erlebnis Kaiserswerth

Über Triest und Prag erreichte die Reisegesellschaft Berlin. Hier lebte Florence in der Gewißheit, wenigstens einen kurzen Abstecher nach Kaiserswerth machen zu können, spürbar auf. Sie besuchte Spitäler und Wohltätigkeitseinrichtungen. „Mit einem Male spürte ich wieder, wie reich das Leben ist", vermerkte sie am 15. Juli im Tagebuch.

Zwei Wochen, bis zum 13. August weilte sie am Ort ihrer Wünsche. Es konnte nicht mehr als ein flüchtiger Informationsbesuch sein, doch sie sah sich in ihren Zielen bestärkt und schöpfte neuen Mut. Die Nachwirkung war so groß, daß sie sich in wenigen Tagen eine kleine Broschüre über die Anstalt, ihre erste Publikation, von der Seele schrieb, in der sie das Beispiel dieser Einrichtung den unverheirateten Frauen wärmstens empfahl. Unter dem Eindruck des Erlebten fühlte sie sich nun in der Lage, den Kampf gegen alle Widerstände aufzunehmen, um ihr Ziel zu erreichen.

Das familiäre Zerwürfnis spitzte sich zu. Mutter und Parthe machten ihr eine Szene nach der anderen. Schließlich willigte Florence ein, sich in den kommenden Monaten mehr ihrer Schwester zu widmen. Unter diesem psychischen Druck schwand bald wieder ihre Kraft. Verzweiflung erfaßte sie aufs neue: „Mein Gott, was soll aus mir werden? ... Mein einziges Verlangen ist, zu sterben. Es gibt keinen Abend, an dem ich nicht mit dem Wunsch zu Bett gehe, nie mehr aufstehen zu müssen. Bewußtlosigkeit ist alles, was ich ersehne. Ich bleibe im Bett, solange ich kann; denn was erwartet mich? ... Oh, wie soll ich nur den Tag überstehen, wie diesen Tag verreden? das ist die Frage jedes Morgens ... Dies ist der Stachel des Todes ... In meinem einunddreißigsten Lebensjahr wünsche ich mir nichts als den Tod."

Zweifellos zeigte Florence Nightingale neurasthenische Züge, die sich bis zu Angst- und Zwangsneurosen steigerten. Diese durch negative familiäre und gesellschaftliche Einflüsse bedingte Fehlentwicklung führte zeitweilig bis zu somatischen Störungen. In ihrem extrem introvertierten Verhalten wandte sie sich von anderen Menschen ab, von denen sie ohnehin nur eine Vertiefung ihrer Konflikte befürchtete. Um so größer aber war jeweils der Einfluß der Personen, in denen sie Vorbilder erkannte, die all die Vorzüge und Möglichkeiten hatten, die ihr versagt geblieben waren. Ein solches Idealbild war für Florence Nightingale die Ärztin Elizabeth Blackwell (1821–1910), die sie im Frühjahr 1851 kennenlernte. Die Engländerin war mit ihren Eltern nach Amerika ausgewandert und hatte 1844 an die dreizehn medizinischen Fakultäten der USA ihren Antrag um Zulassung zum Universitätsstudium gerichtet. Zwölf lehnten sofort ab. Das Geneva Medical College im Staate New York überließ die Entscheidung einer Studentenversammlung, die sich für die Bewerberin entschied. Elizabeth Blackwell absolvierte ihr Medizinstudium, promovierte im Jahre 1849 und eröffnete damit vielen Frauen in Amerika und Europa den Weg zu einer Universitätsausbildung.

In dem beharrlichen Kampf dieser Frau um Zulassung zum Studium, der ihr mit der eigenen Konfliktsituation in vieler

Hinsicht identisch schien, erblickte sie ein aufmunterndes, mutmachendes Vorbild, das ihr Selbstbewußtsein stärkte. Am 8. Juni 1851 schrieb Florence Nightingale, zu neuer Aktivität entschlossen, über ihre Familie: „Ich darf von ihnen kein Verständnis und keine Hilfe erwarten. Manches muß ich mir einfach nehmen ... ich muß es mir nehmen, denn es wird mir nicht gegeben." Ihr Entschluß, zu einem längeren Studienaufenthalt nach Kaiserswerth zu gehen, stand fest und wurde von den befreundeten Herberts, Bunsens und Bracebridges lebhaft unterstützt. Fürsprecher, deren Lauterkeit und Gewicht auch Fanny nicht in Frage stellen konnte. Sie gab notgedrungen nach, stellte aber die Bedingung, daß strengste Diskretion gewahrt werde. Florence mußte sich verpflichten, auch keine Briefe zu schreiben. Unvorstellbar, wenn ihre Freundinnen etwas davon erfahren würden.

Als Florence Nightingale Ende Juni 1851 in Kaiserswerth eintraf, konnte die Anstalt bereits auf ein fast zwei Jahrzehnte langes Bestehen zurückblicken. Sie umfaßte ein Spital mit hundert Betten, eine Kleinkinderschule, ein Asyl für Strafentlassene, ein Waisenhaus und ein Lehrerinnenseminar.

Im Jahre 1822 hatte der junge Pfarrer Fliedner sein Amt in der knapp hundert lutherische und reformierte Gemeindeglieder zählenden Pfarre angetreten. Nicht vorwiegend die kirchlichen Probleme der von Katholiken umgebenen Diasporagemeinde belasteten sein Amt, so bedrückend sie auch sein mochten. Kaiserswerth, die zwischen Ruhrgebiet und Wuppertal gelegene Kleinstadt, stand im Zentrum der industriellen Entwicklung und der daraus abgeleiteten sozialen Konflikte. Die kleinen Gewerbetreibenden und Handwerker waren vom Ruin bedroht, der Zusammenbruch der örtlichen Textilfabrik hatte Not und Elend der Arbeiter vertieft.

Pfarrer Fliedner erkannte, daß die schlimmste Armut nur zeitweilig mit Almosen gemildert werden konnte, Abhilfe zu schaffen, war er nicht in der Lage. Die Sorge um die soziale Not seiner Gemeinde ließ ihm keine andere Wahl, als eine Kollektenreise anzutreten.

Neun Monate war er in Holland und anschließend weitere fünf Monate in der Umgebung von London unterwegs. Das Ergebnis war zufriedenstellend, vor allem beschränkte es sich nicht auf die finanzielle Ausbeute. Fliedner hatte zugleich tiefe

Einblicke in die gesellschaftlichen und sozialen Verhältnisse gewonnen. In England informierte er sich über die von Elizabeth Fry (1780–1847) organisierte Gefangenenfürsorge. Er begegnete dieser hervorragenden Frau, der das Volk den Ehrennamen „Engel der Gefangenen" verlieh, persönlich allerdings erst während seiner zweiten Englandreise im Jahre 1832. In Holland und England lernte er zahlreiche Anstalten zur Versorgung der Armen und Kranken kennen. Ihr Beispiel und die Auswertung der seit Vinzenz von Paul (1581–1660), dem Wegbereiter der auf diakonischem Bereich vollbrachten Leistungen, ließ sein weitreichendes Reformprogramm reifen, zu dem die Begegnung mit Elizabeth Fry den entscheidenden Impuls gab.

So entstand 1836 zunächst der „Verein für christliche Krankenpflege in der Rheinprovinz und in Westfalen". Fliedner stellte ihm die Aufgabe, „dem hilfsbedürftigen und leidenden Teile der bürgerlichen Gesellschaft, vorzugsweise den armen Kranken, Hilfe zu leisten ...". Er hatte die hoffnungslose Lage der Hilfsbedürftigen und den Tiefstand des Niveaus der Krankenpflege während der Reisen und in seiner näheren Umgebung kennengelernt: „Die armen Kranken lagen mir längst auf dem Herzen. Wie oft hatte ich sie verlassen gesehen, leiblich schlecht versorgt, geistlich ganz vergessen, in ihren oft ungesunden Kammern dahinwelkend wie die Blätter des Herbstes! Denn wie viele Städte, selbst von größerer Bevölkerung, waren ohne Hospitäler! Und wo Hospitäler waren – ich hatte deren auf meinen Reisen in Holland, Brabant, England und Schottland, wie in unserem Deutschland viele gesehen –, da fand ich die Portale bisweilen von Marmor glänzend; aber die leibliche Pflege war schlecht." Die von ihm gegründete Diakonissenanstalt sollte Abhilfe schaffen. Fliedner machte seine Amtsbrüder mit dem Plan bekannt. Aber die Pastoren in Düsseldorf und Elberfeld, die weitaus bessere Möglichkeiten besaßen, zogen es vor, sich zurückzuhalten. „Ich sollte die Sache nur frisch in die Hand nehmen. Ich hätte bei meiner kleinen Gemeinde Zeit dazu."

Von allen Seiten hagelte es Proteste gegen das humanitäre Werk. Die katholischen Bewohner des von ihm erworbenen Hauses verwahrten sich gegen die Belästigungen eines Krankenhausbetriebes, noch dazu als Einrichtung von Protestanten. Die evangelischen Ärzte wiederum wiegelten ihre Glaubensgenossen auf, da es Fliedner vorgezogen hatte, den qualifiziertesten Arzt des Ortes als Hausarzt anzustellen, der allerdings katholisch war.

Die größte Sorge aber war und blieb das fehlende Geld. Fliedner befand sich ständig auf Sammelreisen, so daß seine Frau Friederike geb. Münster (1800–1842) die Seele des Ganzen wurde. Amalie Sieveking (1794–1859), der Fliedner 1837 das Amt der Vorsteherin angetragen hatte, mußte die Aufgabe wegen der vielfältigen in Hamburg übernommenen sozialen Pflichten leider ablehnen (siehe S. 153).

Die Kaiserswerther Anstalt konnte sich aus bescheidenen Anfängen – im ersten Jahr des Bestehens wurden von vier Schwestern sechzig Kranke im Hause und achtundzwanzig in ihren Wohnungen gepflegt – zu einem ansehnlichen Unternehmen entwickeln, dessen vorrangiges Anliegen die Schwesternausbildung war.

Im Frühjahr 1840 hatte Elizabeth Fry in Kaiserswerth geweilt. Pfarrer Fliedner berichtet darüber: „Im Mai 1840 kam die berühmte Elizabeth Fry zu uns, um teils unser kleines Asyl entlassener weiblicher Gefangener und Magdalenenstift teils unser Diakonissenhaus zu sehen. Sie erklärte eine Anstalt wie die letztere für ein höchst dringendes Bedürfnis auch in England; sie werde gleich nach ihrer Rückkehr eine solche zu errichten suchen.“ Die Elizabeth Fry begleitende Nichte schildert kurz ihre Eindrücke: „Mai 1840. Eines Morgens fuhren wir nach Kaiserswerth ... der Wirkungsstätte von Pastor Fliedner. Ein überaus gütiger Mensch. Er hatte nahe seinem eigenen Hause ein kleines Krankenhaus errichtet, das sehr schön eingerichtet ist. Er hat auch protestantische barmherzige Schwestern eingeführt, die er als Diakonissen bezeichnet. Sie besorgen die gesamte Krankenpflege; sie gehen hinaus, um die Armen aufzusuchen und werden in alle Teile des Königreiches entsandt ...“

Als Friederike Fliedner am 22. April 1842 bei einer Frühgeburt verstarb, entstand für Familie und Anstalt eine prekäre Lage, die vor der neuen, von Amalie Sieveking empfohlenen Vorsteherin Karoline Bertheau, der späteren zweiten Frau Fliedners, behoben wurde. Ihre achtjährigen Erfahrungen als Oberaufseherin in dem Hamburger Allgemeinen Krankenhaus trugen wesentlich zur Erhöhung des Niveaus der Krankenpflege, vor allem aber der pflegerischen Ausbildung als dem

Hauptanliegen der Anstalt bei. Bald konnten die in Kaiserswerth geschulten Schwestern auch im In- und Ausland von der hohen fachlichen und ethischen Qualität ihrer Schule Zeugnis ablegen.

Die von Karoline und Theodor Fliedner aufgebaute Pflegediakonie, die in hygienischer und arbeitsorganisatorischer Hinsicht vorbildlich ausgestatteten Stationen und Krankenzimmer sowie die medizinische Versorgung waren eine Pionierleistung der Krankenpflege. Kaiserswerth wurde zum Anziehungspunkt von Besuchern des In- und Auslandes, die sich Anregungen holen oder auch selbst in den Grundlagen der Krankenpflege ausgebildet werden wollten. Wer allerdings in Kaiserswerth lernen wollte, der mußte bis zu den elementarsten Reinigungsarbeiten selbst kräftig Hand anlegen. Das Leben war geradezu spartanisch, die Arbeit äußerst hart.

Florence Nightingale berichtete nach ihrer Ankunft: „Bis gestern hatte ich nicht einmal Zeit, meine Sachen zum Waschen zu geben. Wir haben nur zehn Minuten für jede unserer vier Mahlzeiten. Um 5 Uhr stehen wir auf. Frühstück um ¼ vor 6. Die Patienten essen um 11, die Schwestern um 12 Uhr. Tee, das heißt einen aus ausgemahlenem Roggen bereiteten Aufguß, trinken wir zwischen 2 und 3. Um 12 und 7 gibt es Suppe, Brot zu den früheren Mahlzeiten, Gemüse um 12. An mehreren Abenden in der Woche versammeln wir uns in der Halle zu einer Bibelstunde ... Ich interessiere mich brennend für alles hier, und so bin ich gesund an Leib und Seele. Das hier ist Leben. Nun weiß ich, was es heißt, zu leben und das Leben zu lieben, und jetzt fiele es mir wirklich schwer, die Erde zu verlassen ... Ich wünsch mir keine andere Erde, keine andere Welt als diese hier."

Mit Pastor Fliedner, den sie ihren „verehrten Lehrer und Freund", und Kaiserswerth, das sie ihre „geistige Heimat" nannte, war Florence bald eng verbunden. Besonders beeindruckend war für sie auch die Entfaltung eines bewußten Arbeitsethos im Umgang mit den Kranken und Notleidenden. Hier wurden in der Erkenntnis, daß die Krankheit nicht nur ein Organ, sondern den ganzen Menschen und seine Psyche beeinträchtigt, neue Wege zur ganzheitlichen Betreuung der Patienten beschritten. Da die Anstalt eine kirchliche Institution war, wurde sie naturgemäß von christlichen Lebens- und Glaubensidealen bestimmt. In Kaiserswerth herrschte ungeheuchelte Frömmigkeit, ein Christentum der Tat und helfenden Anteilnahme am menschlichen Elend.

Doch nicht die Zauberkraft der göttlichen Botschaft, sondern die sozialen Folgen der technischen Revolution hatten die Reformen Fliedners bewirkt, in dessen rastlosem Hilfswerk sachlich-nüchterne Faktoren des Kalkulierens und Planens, vor allem aber immer wieder des zermürbenden Suchens nach neuen finanziellen Quellen dominierten. Das tiefere gesellschaftliche Verständnis für die Ursachen des Elends und die Möglichkeiten seiner Beseitigung blieb ihm verborgen.

Die sich herausbildende Klasse des Proletariats hatte bereits in sozialen Selbsthilfeeinrichtungen, wie Bruderbüchse und Bruderlade, der Notlage entgegenzuwirken versucht. Erste Klassenauseinandersetzungen zwangen auch die staatliche Obrigkeit, sich dem Problem der Krankenhilfe zuzuwenden, das um so mehr, da man in den Krankenunterstützungskassen die Keimzellen von proletarischen Klassenorganisationen vermutete.

Von den elementarsten Gesundheitsinteressen und -bedürfnissen ausgehend, stellte die Arbeiterklasse seit ihrem ersten selbständigen Auftreten gesundheits- und sozialpolitische Forderungen, wobei sie sich nicht mit spontan pragmatischen Hilfsaktionen begnügte, sondern ihre Zielstellungen im gesamtgesellschaftlichen Zusammenhang als Teil des Klassenkampfes betrachtete, in dessen Ergebnis über die Sozialisierung der Wirtschaft auch die des Gesundheits- und Sozialwesens erfolgen und damit die Sicherheit bei Krankheit, Unfall, Invalidität und im Alter gewährleistet werden sollte.

Dieses strategische Fernziel verfolgend, war es unter kapitalistischen Verhältnissen jedoch nur dann möglich, konkrete Fortschritte auf gesundheits- und sozialpolitischem Gebiet für die Arbeiter zu erzielen, wenn damit gleichzeitig auch die Besitzenden ihre Interessen gewahrt sahen. Die Realisierung dieser Orientierung wurde durch die Tatsache begünstigt, daß mit der zunehmenden Konzentration von Arbeitern in Fabriken und der Herausbildung von Industriezentren die Reorganisation des immer mehr hinter der sozialen Entwicklung zurückbleibenden öffentlichen Gesundheitswesens sowie die staatliche Organisation einer gewissen materiellen Sicherung und medizinischen

Versorgung der Werktätigen bei Krankheit und Not zur ökonomischen und bevölkerungspolitischen Notwendigkeit wurde.

Konnte die allgemeine Lösung des Problems letztendlich nur auf der Grundlage der gesundheitspolitischen Zielstellungen der Arbeiterklasse erfolgen, so trugen doch vielfältige Maßnahmen zahlreicher fortschrittlicher Vertreter der medizinischen Intelligenz, insbesondere die Armenärzte, aber auch andere Hilfsmaßnahmen, wie das diakonische Werk Pastor Fliedners, zur Linderung der Not bei.

Die mit der fortschreitenden gesellschaftlichen und wissenschaftlichen Entwicklung steigenden Anforderungen an die Krankenpflege waren durch die konfessionelle Pflegediakonie keinesfalls allein zu befriedigen. Hier sollten durch das Werk der Florence Nightingale neue Wege der modernen weltlichen Krankenpflege gewiesen werden. Sie hatte von den diakonischen Einrichtungen vielfältige Anregungen und Impulse erhalten, mußte aber infolge der Gleichgültigkeit und antisozialen Haltung der anglikanischen Kirche, insbesondere der „High-Church-Partei“, die Schlußfolgerung ziehen, für die Verwirklichung ihrer Ziele neue Wege zu suchen.

Bereits 1852 schrieb sie über die anglikanische Kirche: „Ich wollte ihr meinen Kopf, meine Hände, mein Herz geben. Sie wollte sie nicht haben. Sie wußte nichts damit anzufangen. Sie riet mir, wieder nach Hause zu gehen und mich im Wohnzimmer meiner Mutter mit Häkelarbeit zu beschäftigen.“

Sie erinnerte sich stets voller Dankbarkeit an die für ihr Leben so bedeutungsvollen Monate, die sie in Kaiserswerth verbringen konnte. Im Mai 1857, als sie vor große Aufgaben gestellt wurde, schrieb sie an Theodor Fliedner: „... wie gern würde ich Ihre hochgeschätzte Einladung annehmen, wie gern würde ich, wie in früheren Tagen, mich von Ihnen über andere Dinge belehren lassen, wenn es nur irgend möglich wäre. Für diese Unterweisung in verflossenen Tagen weiß ich mich Ihnen mehr zu Dank verpflichtet, als ich in Worten sagen kann.“

Ende September 1851, kurz vor Abschluß ihres Aufenthalts, kamen die Herberts sie in Kaiserswerth besuchen. Pastor Fliedner war über die arbeitsame und gelehrige Schülerin des Lobes voll. Florence Nightingale war ausgeglichen und glücklich. Nur das Unverständnis ihrer Familie trübte die Freude. Sie unternahm einen erneuten Versuch der Versöhnung und schrieb an

Mutter und Schwester: „Wirklich, meine Lieben, ich kann es nicht ertragen, Euch Kummer zu bereiten. Gebt mir Euren Segen.“ Die Antwort blieb aus, statt dessen wurde sie in Köln am 8. Oktober bei ihrem Treffen mit Fanny und Parthe, die sich auf der Rückreise von einem Kuraufenthalt befanden, erneut mit Vorwürfen überhäuft: „Sie wollten kaum mit mir sprechen, sie führten sich auf, als hätte ich soeben ein Verbrechen begangen.“ Zu Hause sollte Florence weiter in einem goldenen Käfig gefangengehalten werden. Voll von Plänen, begehrte sie dagegen auf: „Es gibt keine kleinlichere, zermürbendere Tyrannei, als sie in einer guten englischen Familie an der Tagesordnung ist. Die einzige Erleichterung besteht darin, daß das Opfer der Tyrannei sich mit liebendem Herzen unterwirft.“

Leidenschaftlich machte sie ihrem Kummer in der autobiographische Züge tragenden dramatischen Skizze „Cassandra“ Luft. Am Ende dieses Stückes stirbt Cassandra, von ihrer Familie in den Tod getrieben. „Freiheit, Freiheit, oh göttliche Freiheit, kommst du endlich? Willkommen, freundlicher Tod“, waren ihre letzten Worte.

Doch das Kaiserswerther Erlebnis hatte Florence gefestigt. Nicht mehr Resignation, sondern Rebellion bestimmte fortan ihre Haltung. An W. E. N., dem die ungerechte Behandlung seiner Tochter bewußt wurde, schrieb sie an ihrem Geburtstage: „Ich bin froh in dem Gedanken, daß meine Jugend vorbei ist und nie, nie zurückkehren kann, diese Zeit enttäuschter Unerfahrenheit, wenn ein Mensch innerlich nichts besitzt, nicht einmal sich selbst.“ Sie war nun bereits zweiunddreißig Jahre und wurde bevormundet und gegängelt wie ein Kleinkind.

Sir James Clark, ein Freund der Bunsens und Herberts, hatte auf Grund der vielfältigen psychischen Störungen und zahlreichen körperlichen Beschwerden Parthes, die ohne nachweisbare somatische Ursachen auftraten, den extrovertiert-hysterischen Charakter ihres Fehlverhaltens erkannt und eine entsprechende Heilbehandlung empfohlen. Da dieser Zustand jedoch bagatellisiert und die Schuld daran Florences „Egoismus“ zugeschrieben wurde, riet er dieser dringend zu einer zumindest zeitweiligen Trennung von der Schwester, unter deren Anfällen sie zunehmend zu leiden hatte. Florence bezeichnete später das Gespräch mit Sir James „eine furchtbare Lektion“, die ihr die Augen geöffnet habe. „Mein Leben wurde durch ihn entschieden“, schlußfolgerte sie. Zunächst begann sie sich emotional von diesen Ausfällen, die sich bis zu Schreikrämpfen und Ohnmachten steigerten, zu distanzieren. Sie errichtete einen Schutzwall um sich.

Im Februar 1853 war sie nach Paris gereist, um in einem katholischen Spital (Maison de la Providence) bei den Barmherzigen Schwestern die Praxis der Wundversorgung, Krankenpflege und Anstaltsverwaltung kennenzulernen. Dabei wurde sie durch den früheren Archidiakon der anglikanischen Kirche Henry Edward Manning (1808–1892) unterstützt, der 1851 zum katholischen Glauben konvertiert war. Auch später nahm er als Dompropst von Westminster (1857), Primas der katholischen Kirche Englands (1865) und schließlich sogar Kardinal (1875) an der Entwicklung von Florence Nightingale großen Anteil.

Während ihres Parisaufenthalts erkrankte ihre Großmutter plötzlich, und sie mußte unverzüglich nach England zurückkehren. Der Entschluß, sich von der Familie zu trennen, aber stand inzwischen fest. Ihn zu verwirklichen, wurde ihr von ihrem Vater, den sie als Verbündeten betrachten konnte, erleichtert, indem er ihr einen Betrag von 500 Pfund jährlich zur Verfügung stellte, um sie auch materiell unabhängig zu machen.

Erstmals auf eigenen Füßen

Was sollte eine junge Dame ihrer Gesellschaftsschicht, die sich selbständig machen wollte, beginnen? Ihrer Suche nach einer Stellung, in der sie möglichst ihre humanitären Ideale verwirklichen konnte, kam eine Empfehlung von Liz Herbert entgegen. Die Londoner „Anstalt für gebildete kranke Damen“ suchte eine Vorsteherin. Unbeirrt von den bis zur Raserei ausartenden Szenen, die ihr Mutter und Schwester bereiteten, nahm Florence Nightingale Kontraktverhandlungen mit dem leitenden Komitee der Anstalt auf. Dabei ergaben sich neue Schwierigkeiten. Die Frauen des Komitees hatten Zweifel, ob die Aufgabe für eine Dame ihrer Gesellschaftsschicht angemessen sei. Als auch noch ruchbar wurde, daß die Eltern der Bewerberin die Einwilligung versagten – für eine junge Frau von dreiunddreißig Jahren! –, brach man die Verhandlungen ab. Glücklicherweise war W.E.N. bereit, das Einverständnis zu geben, so daß Florence Nightingale die erhoffte Anstellung doch erhielt. Die ausgehandelten Bedingungen waren allerdings wenig günstig. sie erhielt kein Gehalt, und da ihre „Jugend" in dem Amt der Vorsteherin durch eine reifere Erscheinung ergänzt werden sollte, hielt man es für erforderlich, daß ihr eine Hausdame beistand, die sie aber selbst bezahlen mußte. Finanziell gesehen war die Anstellung ein Fiasko. Nur dank der Zuwendungen ihres Vaters konnte Florence die lang ersehnte Tätigkeit aufnehmen.

Bis zur Fertigstellung der neuen Unterkunft des Heims wollte sie die Zeit nutzen, um sich in Paris in der Krankenpflege zu vervollkommnen. Die Reise war aber erneut vergeblich, da sie kurz nach ihrer Ankunft an Masern erkrankte.

Am 13. Juli 1853 nach London zurückgekehrt, mietete Florence Nightingale in der Pall Mall ein Zimmer und entging damit den Attacken von Mutter und Schwester. Ihrer Freundin Mary Clarke erklärte sie: „Ich habe diesen Schritt nicht getan, liebe Clarki, ohne jahrelange Erwägung. Er ist das Ergebnis langer Erfahrung und tiefsten gründlichsten Nachdenkens. Er geschah nicht unberaten, und dieser Schritt wird, da er so von langer Hand vorbereitet wurde. weder bereut noch rückgängig gemacht werden. Ich meine den Schritt, sie zu verlassen. Ich möchte nicht mehr darüber reden – und das ist das letzte Mal, daß ich überhaupt davon spreche. Ich habe diese Dinge mit Parthe beredet, nicht einmal, sondern tausendmal. Jahre um Jahre habe ich damit verbracht. Ich habe diesen Schritt, mein Elternhaus zu verlassen, mit dem äußersten Maß an Bedachtsamkeit und der gründlichsten Überlegung vollzogen, und nun ist er eine vollendete Tatsache."

Am 12. August 1853 bezog Florence Nightingale das neue Heim in der Harley Street 1 und nahm ihre erste selbständige Tätigkeit auf. Sie war ganz in ihrem Element. Ihr Tatendrang und Organisationstalent konnten sich voll entfalten: „Ich lebe in einer idealen Welt von Aufzügen, Gasleitungen, Bädern, Doppel- und Einbettzimmern." Dem Leitungskomitee verging Hören und Sehen. Florence Nightingale wartete ständig mit technischen Neuerungen auf und unterbreitete kostspielige Verbesserungsvorschläge. Sie war wie entfesselt: „Zehn Tage bin ich im Dienst, und in dieser Zeit mußte ich ein völlig leeres Haus möblieren. Wir nehmen ab Montag Patienten auf, und noch sind unsere Handwerker nicht fertig. Von Komitees, Wohltätigkeit und Schisma, von der Hochkirche, von Philanthropen und allen Fallstricken des Teufels erlöse uns, oh Herr!"

Das Schlimmste aber war, sie rüttelte an den geheiligten Grundfesten des traditionell hochkirchlichen Unternehmens. Sie scherte sich nicht um Glaubenssachen und wollte Patienten jeder beliebigen Konfession, vielleicht sogar Ungläubige aufnehmen. Nicht der Glaube, die Bedürftigkeit war für sie bestimmend. So kam es bereits in der ersten Woche ihrer Anstellung zu einer heftigen Kontroverse mit dem Komitee. Dabei konnte sie sich zwar durchsetzen, mußte aber in Zukunft mit einer ernsthaften Opposition rechnen. Ein Glück, daß Liz Herbert als Vorstandsmitglied für sie in die Bresche springen konnte.

Florence Nightingale beschränkte sich nicht auf die Verwaltungsaufgaben. Sie war Vorsteherin, Pflegerin und Hausmeisterin zugleich. Keine Arbeit erschien ihr unter ihrer Würde. Die Damen des Komitees waren bestürzt. Zu Beginn des Jahres 1854 konnte sie feststellen: „Ich habe es nicht bereut und nie rückwärts geschaut, nicht einen Augenblick, und ich empfinde das neue Jahr aufrichtiger als ein glückliches neues Jahr als je ein anderes in meinem Leben." Die Patientinnen waren voller Dankbarkeit. Florence hatte für all ihre Probleme ein offenes Ohr und häufig gab sie ihnen aus ihrem eigenen spärlichen Etat eine finanzielle Unterstützung.

Nachdem die Hauptarbeit, die vielen Anfangsschwierigkeiten bewältigt waren, fand Florence Nightingale wieder Zeit, auch andere Spitäler und Pflegeeinrichtungen aufzusuchen. Dabei informierte sie sich eingehend über Arbeitsorganisation und Arbeitsbedingungen der Pflegerinnen. Mehr und mehr wurde ihr die Notwendigkeit einer Krankenpflegereform bewußt, die mit der Qualifizierung des Pflegepersonals beginnen mußte. In Dr. Bowmann, der das Heim ärztlich betreute, hatte sie einen aktiven Förderer ihrer Bestrebungen. Er empfahl ihr, zur besseren Vorbereitung eine leitende Stellung im Kings-College-Hospital zu übernehmen.

Als im Sommer 1854 in den Slums um St. Giles die Cholera ausbrach, verließ Florence Nightingale das Heim, dessen Insassen überwiegend „eingebildete Kranke“ waren, und ging ohne Furcht vor Ansteckungsgefahr in das Middlesex-Hospital, dem Cholerakrankenhaus. Tag und Nacht arbeitete sie aufopferungsvoll und linderte die Not der Armen, die meist auf den Straßen zusammengebrochen waren.

Die harte Schule pflegerischer Praxis unter erschwerten Bedingungen war eine wirksame Vorbereitung für die bald folgende große Aufgabe, die zum bestimmenden Lebensinhalt der Florence Nightingale werden sollte.

Die große Tat

Internationale Konflikte

Seit Abschluß der Industriellen Revolution konnte Großbritannien seine Vormachtstellung in der kapitalistischen Welt weiter verstärken. Als Beherrscher der Weltmeere betrieb die britische Bourgeoisie auf allen Kontinenten aktive Eroberungspolitik. Einer ihrer aktivsten Verfechter, zunächst 1830 bis 1841 und 1846 bis 1851 als Außenminister, später auch als Premierminister, war Henry John Temple Viscount Palmerston (1784–1865). Unter seinem Regime errang die Ostindische Kompanie die Herrschaft über Indien (siehe S. 120ff.), wurden die kolonialen Besitzungen auch in anderen Teilen der Erde erweitert. 1839 überfielen die Engländer Afghanistan, in China machten sie sich im sogenannten Opium-Krieg (1839–1842) zum Herren über Hongkong, 1840 wurden Neuseeland, 1842 das Fürstentum Sawarak auf Borneo und 1843 Gebiete in Südafrika annektiert.

Mitte des 19. Jahrhunderts war Großbritannien die größte Kolonialmacht der Welt. In seinen Kolonien mit mehr als zwei Millionen Quadratkilometern lebten über hundert Millionen Menschen. Die ungeheuren Werte, die aus den Kolonialvölkern herausgepreßt wurden, beschleunigten die kapitalistische Entwicklung im „Mutterland". Die kolonialen Gebiete wurden im Zusammenhang mit dem weiteren Anstieg der Industrieproduktion zur Quelle billiger Rohstoffe und zum günstigen Absatzmarkt britischer Fertigwaren. Das hatte vor allem für das indische Volk überaus verhängnisvolle soziale Auswirkungen. Diese aggressive Außen- und Kolonialpolitik führte zu einer Verschlechterung der internationalen Beziehungen. Die englisch-französischen Interessengegensätze im Kampf um Ägypten, Neuseeland und andere Gebiete führten zur Gefahr eines bewaffneten Konflikts. Die USA wurden auf dem amerikanischen Kontinent zu einem ernsthaften Kontrahenten, und im

Nahen Osten spitzten sich die Widersprüche mit Rußland zu. Hauptstreitpunkt bildete hier die sogenannte „orientalische Frage".

Die bereits im 18. Jahrhundert einsetzende tiefe Krise des türkischen feudalen Militärstaates hatte die ökonomische und politische Expansion der europäischen Mächte erleichtert, wobei Großbritannien als Weltmacht besondere Erfolge erzielen konnte. Die Niederlage der bürgerlichen Revolution von 1848/49 hatte wiederum den internationalen Einfluß des Zarismus verstärkt, der, mit der Rolle des „Gendarmen" betraut, der europäischen Reaktion als Instrument zur Niederhaltung demokratischer Bestrebungen diente. Rußland war bemüht, diesen Einfluß auch in außenpolitischer Hinsicht zu nutzen, das um so mehr, da es damit der wachsenden inneren Krise des Leibeigenschaftssystems entgegenzuwirken hoffte. Engels schrieb: „Um im Innern absolut herrschen zu können, mußte das Zarentum nach außen mehr als unbesiegbar, es mußte ununterbrochen siegreich, mußte imstande sein, den unbedingten Gehorsam zu belohnen durch chauvinistischen Siegesrausch, durch immer neue Eroberungen." Hauptfeld dieser Bestrebungen waren der Vordere Orient und der Balkan. Zar Nikolaus I. (1796–1855) versuchte die Schwäche des „kranken Mannes am Bosporus" zur Stärkung seiner Einflußsphäre zu nutzen. „Großzügig" schlug er den europäischen Mächten eine Aufteilung der Türkei vor, stieß dabei aber auf Ablehnung, da die Folge vor allem ein Machtzuwachs Rußlands und dessen Zugang zum Mittelmeer gewesen wäre.

Bei seinem Konzept hatte Nikolaus nicht die inzwischen veränderte internationale Situation berücksichtigt. Die Türkei befand sich in einem Zustand halbkolonialer Abhängigkeit von den führenden kapitalistischen Ländern, die im Interesse der Festigung ihrer Einflußbereiche sich zu arrangieren bereit waren. Sie waren sich einig darin, das ihnen willfährige und nützliche System des Sultans zu erhalten. Der russische Rivale stand ihren Plänen im Nahen Osten im Wege. Auf keinen Fall durfte er die strategisch wichtige Kontrolle über die Dardanellen und den Bosporus erlangen. Vielmehr beabsichtigten die herrschenden Kreise Englands und Frankreichs, Rußland von der Schwarzmeerküste weitgehend zu verdrängen, die Meerengen zu kontrollieren und die finanziell abhängig gewordene

Türkei zu unterwerfen. England verfolgte unter Lord Palmerston das Ziel, den russisch-türkischen Konflikt anzuheizen, um bei einem Kriegsausbruch unter der Parole „Schutz der Türkei“ in einem Koalitionskrieg den Hauptrivalen aus dem Felde zu schlagen.

Mit Rückenstärkung der Westmächte lehnte der Sultan alle russischen Ultimaten ab und war zu keinerlei Konzessionen bereit. Als Rußland seinerseits den am 9. Oktober 1853 geforderten Abzug der Truppen aus der Moldau und Walachei unbeantwortet ließ, erklärte die Türkei, gesichert durch ein mit England und Frankreich Anfang des Jahres abgeschlossenes Geheimabkommen, am 16. Oktober Rußland den Krieg. Trotz mangelhafter Ausrüstung erzielten die russischen Truppen zunächst auf allen Kriegsschauplätzen Erfolge. Als die türkische Schwarzmeerflotte am 30. November 1853 in der Seeschlacht von Sinope vernichtend geschlagen wurde, war es höchste Zeit: Englische und französische Flottenverbände wurden in das Schwarze Meer beordert. Mit dem Eingreifen der Westmächte (deren Koalition später auch das Königreich Sardinien und Schweden beitraten), begann im März 1854 die zweite Periode des Krimkrieges. Preußen und Österreich hatten es vorgezogen, weder den russischen noch den englischen Koalitionsangeboten zu folgen.

Dem Ansturm der modern ausgerüsteten Armeen der mächtigen europäischen kapitalistischen Staaten waren die zaristischen Streitkräfte nicht gewachsen. Im Herbst 1854 konzentrierten sich die Alliierten auf die Eroberung der Krim, insbesondere Sewastopols als Stützpunkt der russischen Schwarzmeerflotte. Damit hatte im September 1854 die dritte Periode des Krieges, die mit der Niederlage Rußlands endete, begonnen.

Unter Oberbefehl Fürst Menschikows ließ Nikolaus mit 33 000 Mann auf der Krim Verteidigungsstellung beziehen. Die militärische Unfähigkeit des Befehlshabers erleichterte es der gegnerischen Koalition, Anfang September in Eupatoria eine Armee in nahezu doppelter Stärke zu landen. An der Alma wurde am 8. September der vergebliche Versuch unternommen, die auf dem Vormarsch befindlichen Angreifer aufzuhalten. Der Patriotismus der russischen Soldaten stand im krassen Gegensatz zu dem Unvermögen ihrer Führung. Voller Heldenmut und Einsatzbereitschaft fügten sie den Alliierten hohe Verluste zu, mußten sich aber zur Verteidigung Sewastopols zurückziehen. Unerwartet verstarb Nikolaus im Februar 1855. Sein Sohn Alexander II. (1818–1881) trat ein schweres Erbe an. Nahezu ein Jahr verteidigte sich die belagerte Heldenstadt gegen den an Menschen und Material weitaus überlegenen Gegner. Die Atmosphäre der heldenhaften Verteidigung hat der auf der Krim weilende Sekondeleutnant Leo Nikolajewitsch Tolstoi (1828–1910) in seinen „Sewastopoler Erzählungen" überzeugend überliefert. Ursprünglich als offizieller Rapport über das historische Ereignis gedacht, begründete er mit diesem Frühwerk seinen literarischen Weltruhm.

Nach elf Monaten drohten auch die Kräfte der Belagerer zu erlahmen. Durch einen tollkühnen Streich gelang es der französischen Infanterie, einen strategisch wichtigen Punkt, den Malachow-Hügel zu nehmen und die Verteidiger zu zwingen, sich auf das Nordufer der Bucht von Sewastopol zurückzuziehen.

Der Fall von Sewastopol besiegelte am 10. September 1855 praktisch die zaristische Niederlage. Der Krieg, der von allen Seiten als Eroberungskrieg geführt wurde, hatte die Überlegenheit der kapitalistischen Länder über den überlebten russischen Feudalstaat unter Beweis gestellt. Die stärkste Bastion der feudalen Reaktion hatte einen schweren Schlag erlitten. Bereits im März 1853 hatte Friedrich Engels, der wie alle Demokraten im Interesse des welthistorischen Fortschritts eine Niederlage Rußlands erhoffte, in seiner Arbeit „Worum es in der Türkei in Wirklichkeit geht" geschrieben: „Gelangt aber Rußland in den Besitz der Türkei, so wird sich seine Stärke fast verdoppeln, und es gewinnt das Übergewicht über das ganze übrige Europa zusammengenommen. Ein solches Ereignis wäre ein unbeschreibliches Unglück für die revolutionäre Sache. Die Aufrechterhaltung der türkischen Unabhängigkeit oder – im Falle eines möglichen Zerfalls des Osmanischen Reiches – die Vereitelung der russischen Annexionspläne sind Dinge von höchster Bedeutung. Hierin stimmen die Interessen der revolutionären Demokratie und die Englands überein, weder die einen noch die anderen können es dem Zaren gestatten, daß Konstantinopel zu einer seiner Hauptstädte wird ..."

Mit der Niederlage des Zarismus, der Bastion der europäischen Reaktion, war das System der „Heiligen Allianz", das

Bündnis der Dunkelmänner gegen Demokratie und bürgerliche Umwälzungen endgültig zerfallen. Neue, durch die voranschreitende kapitalistische Entwicklung hervorgerufene Widersprüche waren bereits wirksam.

Defätistische Gerüchte?

Die britische Armee hatte im Verein mit ihren Koalitionspartnern den Sieg davongetragen, doch sie mußte den Erfolg, den sich die herrschende Klasse zunutze machte, mit unermeßlichen Verlusten erkaufen. Die Opfer aber wurden um die Früchte ihres Sieges betrogen. Als die britische Krimarmee im Frühjahr 1854 mobilisiert wurde, herrschte allgemeiner Siegestaumel, was konnte den Nachfahren der Helden von Waterloo passieren? Wer war stärker als die mächtigste Nation der Welt? Die Verantwortlichen in der Heeresverwaltung, die offensichtlich von der plötzlichen Einberufung überrascht wurden, wußten freilich sehr wohl von den schweren Mängeln in Bekleidung, Ernährung und vor allem der medizinischen Betreuung der Truppe. In der Zuversicht auf einen „Blitzkrieg" sah man jedoch „großzügig" darüber hinweg.

Als die britische Armee mit annähernd dreißigtausend Mann, einer Kavallerie- und fünf Infanteriedivisionen, im Juni 1854 in Warna an Land ging, war praktisch nichts vorbereitet. Aufgrund der mangelnden Autorität des Oberbefehlshabers konnte man ohnehin schwerlich von einer Armee sprechen. Dem siebenundsechzigjährigen Lord Raglan war die Kräftekonstellation nicht recht verständlich. Für ihn waren alle Feinde schlechthin „Franzosen", da er vor vierzig Jahren gegen sie gekämpft hatte. Jetzt sollten sie eigenartigerweise Verbündete sein?

Lord Lucan, der Chef der Kavallerie war nahezu zwanzig Jahre nicht mehr im Militärdienst gewesen und kannte nicht einmal mehr die Kommandos. Nicht viel besser sah es mit der übrigen Generalität aus. Völlig vergreist und senil wetteiferte man darum, sich mit unsinnigen Befehlen zu überbieten.

Bis zu der im Jahre 1871 eingeführten Armeereform war es üblich, daß sich Aristokraten und Landbesitzer wie Lord Lucan, der in Irland ein unmenschlich-grausames Regime auf seinen Gütern führte, die Offizierspatente kauften und damit das Recht, sich mit einer prachtvollen Uniform zu schmücken. Um Oberst zu werden, zahlte man z. B. 35000 Pfund Sterling. Hochgediente Offiziere mit militärischer Erfahrung wurden wegen ihrer „kleinen Verhältnisse" über die Schulter angesehen.

Die erste militärische Aufgabenstellung, die von den russischen Truppen belagerte rumänische Stadt Silistra freizukämpfen, konnte nicht in Angriff genommen werden, da eine plötzlich auftretende Choleraepidemie die kaum gelandete Truppe nahezu kampfuntauglich machte.

Nächstes Kampfziel war die Festung Sewastopol. Als die Dreißig-Tausend-Mann-Armee nach der Krim verladen werden sollte, zeigte sich das nächste Fiasko. Der zur Verfügung stehende Transportraum war völlig unzureichend. Die ohnehin nur allzu dürftige Ausrüstung mußte weiter dezimiert werden. Man pferchte die Soldaten auf den Schiffen zusammen, „verzichtete" aber auf Zelte, Proviantvorräte, Transportmittel für Verwundete und Kranke sowie auf medizinische Ausrüstungen, die man in Warna zurückließ.

Die Operationsbasis der vom 14. bis 17. September auf der Krim gelandeten „Light Division" war in dem auf der asiatischen Seite des Bosporus gelegenen Städtchen Skutari (Üskudar), heute einem Stadtteil von Istanbul (Konstantinopel). Hierher mußten auch die an Cholera Erkrankten und später auch die Verwundeten transportiert werden. Das erste Gefecht, an dem englische Truppen beteiligt waren, die Schlacht an der Alma (20. September 1854), verlief siegreich, da die mit modernen Gewehren ausgerüsteten Verbündeten der mit veralteten Büchsen geringerer Reichweite versehenen russischen Armee überlegen waren. Doch das Gefecht und der Vormarsch nach Süden forderten hohe Verluste. Während sich die Londoner City am Triumph der Siegesmeldung berauschte, lagen die Verwundeten unversorgt auf bloßem Boden. Es mangelte an allem. Selbst die Operationen und Amputationen mußten, soweit sie überhaupt möglich waren, obwohl der führende Chirurg Robert Liston (1794–1847) die Narkose bereits Ende Dezember 1846 in England eingeführt hatte, häufig ohne Betäubung ausgeführt werden.

Tausende Verwundete und Kranke wurden nach Skutari verschifft, doch auch hier erwartete sie das Chaos. Die türkische

Armee hatte ihrem Verbündeten eine Kaserne und das dazugehörige Spital als Sammellager überlassen. Zur Unterbringung für Verwundete eines „Blitzkrieges“ hätte es allenfalls ausgereicht, mit einem längeren, verlustreichen Krieg und Tausenden Cholerafällen hatte man jedoch nicht gerechnet. So war das Spital bereits mit Cholerakranken überbelegt, bevor die ersten Verwundeten eintrafen. Chefarzt Edward Menzies hatte keine andere Wahl, als auch die völlig unzureichend ausgestattete und verfallene Artilleriekaserne zusätzlich als Behelfslazarett zu verwenden. Völlig entkräftet trafen die Patienten nach tagelanger Fahrt über das Schwarze Meer auf Lastschiffen ein. Verwundete waren mit Cholerapatienten zusammengepfercht worden, so daß sie sich zusätzlich infizierten. An eine ärztliche Betreuung oder Pflege war ohnehin nicht zu denken. In der Hoffnung, diesen Notstand bald zu überwinden, kamen sie nach Skutari, wo sie die Hölle erwartete.

Ohne daß sie gewaschen und von ihrer verschmutzten Kleidung befreit werden konnten, wurden sie in Decken auf schmutzigem Fußboden gelagert.

Dieses Inferno konnte nicht geheimgehalten werden. Bereits Ende September gelangten Informationen über die Mißstände nach England, die zunächst als Gerüchte abgetan wurden. Die „Times“, ein zu der seit 1852 herrschenden Regierung des Georg Hamilton Gordon Earl of Aberdeen (1784–1860) in Opposition stehendes Blatt, entsandte den Journalisten William Howard Russel als Sonderberichterstatter auf den Kriegsschauplatz. Voller Entsetzen mußte die Bevölkerung seinen Berichten entnehmen, daß die Wirklichkeit noch weitaus entsetzlicher war, als es die schrecklichsten „Gerüchte“ zu schildern in der Lage gewesen waren: „Mit Empfindungen des Staunens und der Entrüstung wird die Öffentlichkeit hören, daß keine genügenden Vorbereitungen für die Verwundeten getroffen sind. Nicht bloß fehlt es an Chirurgen – das, könnte man behaupten, sei unvermeidlich; nicht bloß fehlt es an Assistenzärzten und Pflegerinnen – das könnte ein Organisationsfehler sein, an dem niemand schuld wäre; aber was wird man dazu sagen, daß nicht einmal Leinwand zu Binden für die Verwundeten da ist – daß, nachdem die Truppen sechs Monate im Lande sind, keine Vorkehrung für die einfachsten chirurgischen Eingriffe getroffen ist? In manchen Fällen haben die Männer nicht nur eine ganze Woche gelegen, ohne daß die Hand eines Arztes ihre Wunden auch nur berührt hätte; man läßt sie nicht nur in Qualen sterben, unbeachtet und vom Arzt abgewiesen, obgleich sie sich bei jeder Runde, die er durch das stinkende Schiff macht, verzweifelt an ihn klammern. Sondern jetzt, wo sie in dies geräumige Gebäude (Feldlazarett von Skutari) gelegt werden, findet man, daß die einfachsten Hilfsmittel des Krankensaales eines britischen Arbeitshauses fehlen."

Über den Schiffstransport informierte er weiter: „Niemand kann die trostlosen Szenen der letzten Tage mit ansehen, ohne mit Erstaunen und Empörung die Unzulänglichkeit unseres ärztlichen Systems zu empfinden. Die Art und Weise, wie die Kranken und Verwundeten behandelt worden sind, ist völlig unwürdig ... Das Schiff war buchstäblich mit hilflos daliegenden Menschen so bedeckt, daß es kaum noch zu regieren war. Die Offiziere konnten nicht zu ihren Sextanten, und die Fahrt wurde auf gut Glück gemacht.

Die schlimmsten Fälle wurden auf das Oberdeck gelegt, das nach einigen Tagen eine faulige Masse war. In den vernachlässigten Schußwunden entwickelten sich Würmer, die nach allen Seiten krochen. Die Fäulnis verursachte einen solchen Gestank, daß Offiziere und Mannschaften nahezu davon überwältigt wurden. Es sind keine Hilfsärzte und Pflegerinnen da ... Die Mannschaften müssen sich untereinander helfen, oder sie erhalten überhaupt keine Pflege."

Spontane Hilfsbereitschaft

Ein Aufschrei des Entsetzens ging durch das Land. Russel, der in seinem Bericht auf die wesentlich bessere Verwundetenbetreuung des französischen Verbündeten durch Barmherzige Schwestern hingewiesen hatte, machte sich zum Sprecher eines allgemeinen Aufrufs: „Sind unter uns keine hingebenden Frauen, die fähig und willens wären, zu unseren Kranken und leidenden Soldaten im Orient in das Lazarett von Skutari hinauszuziehen und sie zu pflegen? Sind von den Töchtern Englands in dieser Stunde äußerster Not keine zu solchem Werk der Barmherzigkeit bereit? Frankreich hat seine Barmherzigen Schwestern in reicher Zahl hinausgesandt, und in diesem Augenblick sind sie an den Betten der Verwundeten und Sterbenden tätig, um den Trost und die Hilfe zu geben, den nur die Hand der Frau in solchen schrecklichen Leidenszeiten spenden kann. Unsere Soldaten haben mit gewiß nicht geringem Mut und Aufopferung in einer der blutigsten und schrecklichsten Schlachten, über die je berichtet worden ist, neben den französischen Truppen gefochten. Müssen wir so weit hinter Frankreich zurückstehen an Opferwilligkeit und Hingebung ...?"

Zur finanziellen Sicherung der Pflegemaßnahmen wurde von der „Times" ein Fonds ins Leben gerufen. Auch zahlreiche spontane Freiwilligenmeldungen trafen ein. Doch außer gutem Willen und Enthusiasmus hatten die meisten hilfsbereiten Frauen nichts aufzuweisen. Ohne pflegerische Erfahrung und Organisationstalent aber wäre ihr Einsatz alles andere als eine wirksame Hilfe gewesen.

Einen Schritt voran tat Maria Forester, die Tochter eines irischen Landedelmannes. Sie hatte drei erfahrene Pflegerinnen geworben und wandte sich an Florence Nightingale mit der Bitte, mit diesen nach der Krim zu fahren. Die Kosten für den Einsatz wollte Lady Forester übernehmen.

Florence Nightingale war sofort bereit, wollte sich aber zunächst noch mit Liz Herbert beraten, die das Komitee der Anstalt von der Richtigkeit ihrer Entscheidung überzeugen mußte und die sie bitten wollte, Lady Stratford, die Frau des britischen Gesandten in Konstantinopel, von dem Vorhaben in Kenntnis zu setzen. Leider traf Florence Nightingale die Freundin bei ihrem Besuch nicht an. Sie hatte sich offenbar zurückgezogen, denn ihr Gatte, Sidney Herbert, war unmittelbar von dem Sturm der Entrüstung betroffen. Erst im Dezember 1852 zum Kriegsminister berufen, hatte er zwar kaum noch die Möglichkeit gehabt, an den bestehenden Mißständen etwas zu ändern, doch richteten sich die Proteste mit Recht gegen die von ihm bekleidete Funktion und das von ihm geleitete Ministerium.

Im Gegensatz zu der leichtfertigen Haltung führender Militärs, die die Meldungen der „Times" als mißlichen Defätismus abtaten, wurde er von dem Alarmruf wachgerüttelt. Er wies den britischen Gesandten in Konstantinopel, Lord Stratford de Redclyffe Canning an, sofort Abhilfe zu schaffen. An Miß Nightingale richtete er die Bitte, mit einer Gruppe ausgewählter Pflegerinnen die Betreuung der Verwundeten und Kranken zu übernehmen: „Sie werden in den Zeitungen gelesen haben, daß in unserem Lazarett in Skutari ein großer Bedarf an Pflegerinnen herrscht. Die anderen Mängel, besonders an Ärzten, Linnen, Bettüchern usw., müssen, wenn sie jemals bestanden haben, mittlerweile behoben sein.“

Auch Sidney Herbert zweifelte also an der Richtigkeit der Meldungen. Er wurde in dieser Auffassung von Andrew Smith, dem Leiter des Heeres-Sanitätsamtes bestärkt, der ihm versicherte, daß inzwischen in Skutari geradezu Überfluß herrsche und weitere Vorräte aus Warna unterwegs seien.

Sidney Herbert hatte neben der Weisung an den Gesandten für den Abtransport von Hilfssendungen gesorgt, die allerdings, wie sich noch zeigen wird, nicht ihren Bestimmungsort erreichten.

„Der Mangel an Pflegerinnen“, setzte er sein Schreiben an Florence Nightingale fort, „ist unbezweifelbar, da bisher nur Pfleger in Militärlazaretten zugelassen waren. Es dürfte unmöglich sein, einen größeren Stab Pflegerinnen mit der Feldarmee umherziehen zu lassen. Aber da wir in Skutari ein festes Lazarett haben, besteht kein militärischer Einwand, sie dort einzuführen. Ich vertraue darauf, daß das sehr segensreich sein wird, denn die Lazarettgehilfen müssen rauhe Burschen sein, und die meisten haben für Fälle wie diese zu wenig Erfahrung.

Ich erhalte zahlreiche Angebote von Damen, die hinausgehen möchten, aber es sind Damen, die keinen Begriff davon haben, was ein Lazarett ist, noch welcher Art ihre Pflichten dort sein werden. Sie würden im Ernstfall entweder vor der Arbeit zurückschrecken oder völlig nutzlos sein und deshalb – was schlimmer ist – durchaus im Wege. Auch würden diese Damen wahrscheinlich nie die Notwendigkeit strenger Unterwerfung unter die Dienstvorschrift ansehen, die in einem Militärlazarett besonders geboten ist.

Ich kenne in ganz England nur eine Person, die in der Lage ist, ein solches Vorhaben zu organisieren und zu überwachen, und verschiedene Male habe ich dazu angesetzt, Sie unverbindlich zu fragen, ob Sie, falls der Versuch gemacht würde, bereit wären, ihn durchzuführen. Die Auswahl und Einteilung der Pflegerinnen wird in jeder Hinsicht nicht leicht sein: niemand weiß das besser als Sie selbst. Groß ist auch die Schwierigkeit,

Frauen zu finden, die dieser Arbeit gewachsen sind. Denn sie ist nicht nur voller Schrecken, sondern erfordert neben Wissen und gutem Willen auch Entschlußkraft und Mut. Die Aufgabe, diese Frauen zu führen und unter ein festes Regiment zu bringen, ist nicht weniger schwer, und am größten wird die Schwierigkeit sein, diese Unternehmung ohne Reibung mit den ärztlichen und militärischen Vorgesetzten draußen durchzuführen.

Aus diesem Grunde ist es von großer Wichtigkeit, daß das Experiment von jemand geleitet wird, der über Organisationstalent und Erfahrung verfügt. Läßt man eine Gruppe begeisterter, sentimentaler Damen auf das Lazarett von Skutari los, so würden sie wahrscheinlich schon nach ein paar Tagen von denen vor die Tür gesetzt, deren Arbeit sie unterbrechen und deren Autorität sie anfechten würden.

Meine einfache Frage ist also: Würden Sie Ihr Ohr der Aufforderung nicht verschließen, dieses Unternehmen zu leiten? Sie erhielten natürlich die Befehlsgewalt über alle Pflegerinnen, und ich denke, Ihnen den uneingeschränkten Beistand und die Mitwirkung der ärztlichen Dienststellen sichern zu können. Außerdem hätten Sie unbegrenzte Vollmacht, auf Regierungskosten alles zu beschaffen, was Ihnen für den Erfolg Ihrer Mission notwendig erscheint."

Herbert schlug vor, weitere Einzelheiten in einem persönlichen Gespräch zu klären: „Ich will Sie mit keinem Wort drängen. Sie sind der einzige Mensch, der beurteilen kann, welche von sich widerstreitenden oder unvereinbaren Pflichten die erste und die höchste ist; aber ich darf Ihnen nicht verhehlen, daß meiner Überzeugung nach von Ihrer Entscheidung letztlich Erfolg oder Scheitern des Planes abhängt. Ihre ganz persönlichen Gaben, Ihr Wissen und Ihr Organisationstalent, unter anderem aber auch Ihr Rang und Ihre gesellschaftliche Stellung sichern Ihnen für ein solches Unternehmen Vorteile, wie sie niemand anderes besitzt.

Wenn es gelingt, wird im Augenblick sehr viel Gutes getan, und zwar an Leuten, die alles verdienen, was wir zu tun vermögen. Und ein Vorurteil wird durchbrochen und ein Präzedenzfall geschaffen werden, der das Gute für alle Zukunft vervielfachen wird.

Ich wage kaum, Ihrer Antwort zuversichtlich entgegenzusehen. Wenn sie ‚ja' lautet, so würden die Bracebridges gewiß mit

Ihnen reisen und Ihnen die Bequemlichkeit verschaffen, die Sie brauchen, und die nur ihre Gesellschaft und ihr Verständnis Ihnen zu geben vermag. Mein Brief ist sehr lang, aber der Gegenstand liegt mir sehr am Herzen."

Er bat Miß Nightingale, möglichst bereits am kommenden Tage um ihre Entscheidung. Abschließend versicherte er sie nochmals des hohen nationalen Ranges und der großen offiziellen Wertschätzung ihrer Mission: „Da Sie Ihre Vollmacht unmittelbar von der Regierung erhalten, werden Sie des Respekts und der Würdigung eines jeden sicher sein, besonders in einem Dienst, wo der offizielle Rang so viel Gewicht hat. Dadurch ist Ihnen jegliche Aufmerksamkeit und Bequemlichkeit unterwegs und am Ziel Ihrer Reise gewährleistet. Ich weiß, daß diese Dinge Ihnen gleichgültig sind, außer wenn sie den großen Zielen dienen, die Sie sich vorgesetzt haben; aber sie sind nicht ohne Bedeutung, und vor allem für die nicht, die ein Recht haben, an Ihrer persönlichen Lage und an Ihrem Wohlergehen interessiert zu sein.

Ich weiß, daß Sie zu einem weisen Entschluß gelangen werden. Gott gebe, daß er mit meinen Hoffnungen übereinstimmt."

Sidney Herbert lief offene Türen ein. Miß Nightingales Entscheidung war auf Grund des Angebots von Lady Forester bereits getroffen. Da sie ihre Freundin Liz nicht angetroffen hatte, schrieb sie ihr folgende Zeilen, die sich mit Sidney Herberts Brief überkreuzten: „Meine Teure, ich ging heute morgen zum Belgrave-Square, um Dich vielleicht zufällig zu erreichen, oder doch Mr. Herbert, wenn er in der Stadt gewesen wäre. Es ist eine kleine, private Expedition von Pflegerinnen aufgestellt worden, und ich bin aufgefordert worden, sie zu führen. Ich will damit nicht sagen, daß ich den Berichten der ‚Times' Glauben schenke (!), aber ich bin wohl der Meinung, daß wir den armen, unglücklichen Verwundeten von Nutzen sein können." Sie bat Liz Herbert als Mitglied des Verwaltungskomitees ihrer Arbeitsstelle, diesem die Notwendigkeit ihrer Entscheidung klar zu machen, und stellte die Frage: „Was meint Mr. Herbert zu der Sache? Könnte er uns irgendwelche Ratschläge oder Empfehlungen geben? Und sind irgendwelche Vorräte für das Lazarett vorhanden, die er uns mitzunehmen raten würde?" Sie bat Liz, der Gattin des britischen Gesandten eine Empfehlung zu übermitteln, etwa: „Dies ist keine Lady, sondern eine richtige Spitalpflegerin mit Erfahrung." Sidney Herberts Brief nahm ihr eine große Last von der Seele. Sie hatte sogar befürchtet, mit ihrem Vorhaben seinen Unwillen zu erregen. Um nicht den Anschein zu erwecken, in das Lager seiner Kritiker gewechselt zu sein, hatte sie gewisse Zweifel an der Richtigkeit der Timesmeldungen angedeutet, insgeheim aber befürchtet, daß die Lage doch der Schilderung entspräche. Sie vermutete richtig, daß all die Versäumnisse weniger die Fehler einzelner, die jetzt als Sündenbock büßen sollten, sondern systemimmanente Widersprüche waren.

Von der persönlichen Lauterkeit Sidney Herberts, den sie seit Jahren gut kannte, war sie überzeugt. Sein Schreiben schien ihr dafür erneute Bestätigung zu sein. Allerdings erwies sich sein Optimismus als folgenschwere Fehleinschätzung. Als Chef eines Ministeriums hätte er mit seinem Einblick in das schwerfällige Räderwerk der Instanzen und Beamten eigentlich eines schlechteren belehrt sein müssen. Hier trug die Hoffnung einen fadenscheinigen „Sieg" über die Erfahrung davon.

Uneingeschränkt akzeptierte Miß Nightingale alle von Sidney Herbert unterbreiteten Bedingungen und Vorschläge. Die fehlende Zustimmung der Eltern, deren er sich gern versichert hätte, war ein Umstand, der sie am wenigsten belastete, so gern sie auch mit deren moralischer Unterstützung ihre schwere Aufgabe begonnen hätte.

Der Brief legte eindeutig klar, daß ihr Arbeitsgebiet nicht die praktische Krankenpflege, sondern deren Organisation und Leitung sein sollte. Ihr Wirken sollte den Durchbruch auch für den künftigen Einsatz von Pflegerinnen zum Ziel haben. Das erhöhte ihre Verantwortung und die Bedeutung der Aufgabe. Mit der in Aussicht gestellten Hilfe und den Vollmachten der Regierung glaubte sie in der Lage zu sein, den Anforderungen gerecht zu werden. Endlich erhielt sie einen anspruchsvollen Auftrag, denn die Verwaltungstätigkeit in der Harley-Street befriedigte sie längst nicht mehr.

Miß Nightingale war sich bewußt, daß die Lösung ihrer Aufgabe weitestgehend von der richtigen Auswahl der sie begleitenden Pflegerinnen abhing. Fachliche Kompetenz, praktische Erfahrung und moralische Qualität waren die Kriterien, nach denen sie ihre Mannschaft zusammenstellen wollte. Gern hätte sie die Zahl der Schwestern wegen der besseren Überschaubarkeit auf zwanzig begrenzt, schließlich aber gab sie Sidney Herbert recht, daß erst mit vierzig die dringend notwendige Wirkung erzielt werden könnte.

Da die Mission im offiziellen Regierungsauftrag erfolgte, war noch eine formale Bestätigung erforderlich, die am 18. Oktober auf Antrag Herberts durch das Kabinett einhellig erteilt wurde. Am folgenden Tage erhielt Florence Nightingale ihre Berufung als „Superintendent of the Female Nursing Establishment of the English General Hospitals in Turkey". Ihre Vollmacht bezog sich auf „alles, was die Einteilung der Pflegerinnen, ihre Dienststunden, ihren Einsatz für besondere Aufgaben betrifft".

Die Reisevorbereitungen liefen auf vollen Touren. Sie wurden vom Haus der Herberts, dem „Stabsquartier", aus geleitet. Die Auswahl der Bewerberinnen erfolgte gewissenhaft nach Miß Nightingales Prinzipien. Schließlich hatte man vierzehn erfahrene Pflegerinnen zusammen, die in verschiedenen Spitälern gearbeitet hatten. Jede von ihnen mußte einen Vertrag unterzeichnen, der aufs genaueste alle Rechte und Pflichten festlegte. Bei dem geringsten Vergehen wurde die sofortige Entlassung angedroht. Über jede einzelne wurde bereits in London eine „Kaderakte" angelegt, die über Herkunft, Verhalten und Entwicklung Aufschluß geben sollte.

Vierundzwanzig weitere Begleiterinnen waren Angehörige religiöser Gemeinschaften. Florence Nightingales Standpunkt war auch ihnen gegenüber eindeutig: „Pflegerinnen müssen nach ihrer Eignung ausgesucht werden und nicht nach ihrem religiösen Bekenntnis, ob es nun katholische Nonnen, Diakonissen einer Sekte, protestantische Krankenpflegerinnen oder anglikanische Schwestern sind."

In der Wahrung der richtigen Proportionen der verschiedenen Glaubensbekenntnisse lag bereits eine besondere Schwierigkeit. Hinzu kam, daß die Glaubensschwestern zum unbedingten Gehorsam gegenüber ihrer Leiterin verpflichtet werden mußten, während sie sich jedoch entsprechend ihrer Ordensregeln an das Gebot ihrer Oberin oder des Bischofs gebunden fühlten.

Dank Mannings Einfluß bereitete das bei den zehn römisch-katholischen Nonnen (fünf aus einem Kloster in Bermondsey und fünf aus einem Waisenhaus in Norwood) keine Probleme.

Auch die acht Angehörigen der anglikanischen Schwesternschaft, nach deren Gründerin Sellonitinnen genannt, machten keine Schwierigkeiten. Sie hatten während der Choleraepidemie reiche pflegerische Erfahrungen sammeln können. Hingegen schienen die Protestanten ihren Namen mißverstanden zu haben, sie widersetzten sich kategorisch, eine andere als die kirchliche Autorität anzuerkennen. Zu den achtunddreißig Frauen gesellten sich das Ehepaar Bracebridge, Mrs. Clark, die Wirtschafterin des Harley-Heims, und ein Kurier.

Trotz aller Versicherungen der Heeres-Dienststellen, daß sich die Lage normalisiert habe, war Sidney Herbert mißtrauisch und bereitete die Entsendung einer aus zwei Ärzten und einem Rechtsanwalt bestehenden „Kommission zur Untersuchung der Lazarette und der Lage der Verwundeten" vor. Er bat Florence Nightingale, mit diesem Gremium eng zusammenzuarbeiten und ihn zusätzlich in offiziellen und, wenn sie es für zweckmäßiger hielt, auch in privaten Schreiben über die tatsächliche Lage in Kenntnis zu setzen und Vorschläge für deren Verbesserung zu unterbreiten.

Am 21. Oktober 1854 begab sich Florence Nightingale mit ihrer Reisegesellschaft nach Frankreich. Ungeachtet aller Versicherungen, daß es in Skutari inzwischen zum Besten bestellt sei, wollte sie, um sicher zu gehen, hier noch eine Anzahl Pflegeartikel und weitere Vorräte erwerben.

Von Marseille aus trat sie am 27. Oktober mit der „Vectis", einem Postboot, die Fahrt nach Konstantinopel an. Zwei Tage vor ihrer Abreise war die britische leichte Kavallerie durch einen taktischen Fehler ihres Befehlshabers bei Balaklawa in einem selbstmörderischen Todesritt gegen Kanonen praktisch vernichtet worden. Nach zwanzigminütigem blutigem Gemetzel kehrten von 700 Mann nur 195, zum großen Teil verwundet, in die Stellungen zurück.

Bereits auf der Reise hatte Miß Nightingale „Probleme" zu klären, mit denen sie nicht gerechnet hatte. Einige Ordensschwestern hielten es für unter ihrer Würde, mit den Pflegerinnen zusammen zu reisen. Ja, sie erwarteten sogar, daß diese für sie Hilfsdienste verrichteten. Florence Nightingale mußte, um aus diesen scheinbaren Lappalien keine Konflikte entstehen zu lassen, sofort die Fronten klären. Für sie gab es keine zwei Rangkategorien. Wer mit ihr fuhr, mußte bereit sein, harte Arbeit jeglicher Art zu leisten. Alle hatten gleiche Rechte und Pflichten, niemand konnte irgendwelche Sonderprivilegien erwarten oder glauben, nur für geistlichen Zuspruch zuständig zu sein, während andere die körperliche Arbeit verrichteten. Um diese Grundregel ihrer Mission zu unterstreichen, aß und trank sie mit den Pflegerinnen und legte, wenn notwendig, selbst Hand an.

Die Seereise bereitete Miß Nightingale erhebliche Schwierigkeiten. Bei einem kurzen Zwischenaufenthalt in Malta war sie zu erschöpft, um mit den anderen an Land zu gehen. Endlich am 3. November fand die Marter ein Ende. Die „Vectis" ging in Konstantinopel vor Anker. Der britische Gesandte, Lord Stratford, hatte seinen Sekretär Robert Napier, der sich später (1868) als Oberkommandierender der britischen Invasionstruppen in Abessinien einen unrühmlichen Namen machte, zur Begrüßung geschickt.

Mit einem Boot wurde die Reisegesellschaft nach Skutari gerudert. Es geschah in großer Eile, denn man erwartete einen größeren Verwundetentransport aus der verlustreichen Schlacht von Inkerman (5. November 1854), in der den Verbündeten endgültig klar geworden war, daß mit einer blitzartigen Erstürmung Sewastopols nicht mehr zu rechnen war und eine langwierige, verhängnisvolle Winterbelagerung folgen würde.

Erwartungsvoll blickten die Ankommenden nach dem nahenden Ufer. Auf einem steilen Hang war das Kasernenspital auszumachen. Doch als man näher kam, war zu sehen, daß nicht einmal ein Fußpfad hinauf führte. Schlamm und Unrat, durch den man sich mühsam den Weg bahnen mußte, bedeckten den Hang. Nachdem die Mannschaft über einen höchst brüchigen Landungssteg das Ufer betreten hatte, hieß es, den beschwerlichen steilen Anstieg zu erklimmen. Am Eingang des Spitals standen der Chefarzt Dr. Menzies und der militärische Befehlshaber Major Sillery zum Empfang bereit.

Verlorene Illusionen

Miß Nightingale verschaffte sich als Erstes einen Überblick, der die schlimmsten Befürchtungen in den Schatten stellte. Was sie sah, war kein Lazarett, sondern eine Folterhöhle. Das große rechteckige, mehrstöckige Gebäude war völlig abgewirtschaftet. Ein Flügel der ehemaligen Kaserne war ausgebrannt. Im Hof häufte sich der Schmutz. Die völlig mangelhafte Kanalisation machte das ganze Gebäude zu einer wahren Pesthölle. Unvorstellbarer Gestank durchdrang alle Räume. Die Verwundeten und Kranken lagerten auf schmutzigen Fußböden. Es fehlte an allem: Weder Lebensmittel noch Medikamente oder Verbandstoff waren auch nur annähernd im notwendigen Maße vorhanden. Von Pflege oder ärztlicher Versorgung konnte keine Rede sein. Ursprünglich war die am kleinasiatischen Ufer gelegene Kaserne nur als Sammelstelle für die, so hoffte man, im „Blitzkrieg" nur wenigen Verwundeten gedacht gewesen.

Es war vorgesehen, an den Dardanellen bei Renikiöi ein größeres transportables Lazarett zu errichten, in dem die eigentliche Behandlung erfolgen sollte. Der Bautechniker Isambard Brunel hatte einen entsprechenden Auftrag erhalten, und im Mai 1855 war mit den Montagearbeiten der hölzernen Bauelemente, die zu Hütten im Pavillonsystem zusammengefügt wurden, begonnen worden. Doch die Ereignisse überstürzten sich. Weitaus mehr (in der Berechnung völlig außer acht gelassene) Cholerakranke als Verwundete mußten untergebracht werden. Nur etwa 1 300 Patienten konnten das Lazarett bei Renikiöi beziehen, wesentlich mehr mußten im „Sammellager" von Skutari Aufnahme finden.

Die Annahme, daß Miß Nightingale in dieser Situation als Helferin in größter Not höchst willkommen gewesen wäre, erwies sich als großer Irrtum. Im Gegenteil, so wie sich das Heeres-Sanitätsamt lange gegen die von Sidney Herbert beabsichtigte Einführung von Pflegerinnen gesträubt hatte, da das der „ärztlichen Disziplin und der Genesung der Patienten durchaus abträglich sei", so wurden diese auch von den Militärärzten als unliebsame Störenfriede betrachtet. Zwar wahrten sie als britische Gentlemen bei der Begrüßung noch die Form und ließen es selbst an Komplimenten nicht fehlen. Doch als die Damen ihr Quartier zugewiesen bekamen, verblaßte alsbald die Politur der guten Manieren, und die harte Realität kam zum Vorschein: Sie erhielten insgesamt vier Räume, eine kleine Küche und ein winziges Kämmerchen als Unterkunft zugewiesen. Das entsprach größenmäßig etwa dem Wohnraum, den ein Offizier in einem anderen Teil des Gebäudes in Anspruch nehmen konnte.

Ohne längere Diskussionen aufkommen zu lassen, nahm Miß Nightingale die Raumaufteilung vor: die vierzehn Pflegerinnen bezogen das größte Zimmer, zehn Nonnen und acht Sellonitinnen ein weiteres. Mr. Bracebridge quartierte mit dem Kurier in dem „Büro“, Mrs. Clark und ihre Helferinnen richteten sich in der Küche ein, während sie sich selbst mit Mrs. Bracebridge das Kämmerchen teilte. So gern man sich auch an die Arbeit gemacht hätte, um die Räume zu säubern, war man dazu nicht in der Lage, da Reinigungsmittel fehlten. Selbst Wasser stand nur unzureichend zur Verfügung. Täglich gab es pro Person nach langem Anstehen einen halben Liter. Wie sollte man da groß reinemachen? Möbel waren Luxus, so daß man auf dem „türkischen Diwan“, einer flachen hölzernen Erhöhung entlang der durchnäßten schmutzigen Wände schlafen mußte.

Die schlechte Behandlung ließ für die Zukunft noch Schlimmes befürchten. Als Miß Nightingale mit ihren Helferinnen die Arbeit aufnehmen wollte, stießen sie auf eine eiserne Wand des Widerstandes. Die Ärzte weigerten sich, ihre Anwesenheit auch nur zur Kenntnis zu nehmen. So groß die Not auch war, die „Schande“, auf die Hilfe und Vorräte einer Zivilistin zurückzugreifen, verbot ihnen ihre militärische Ehre. Schlimmer noch, Miß Nightingale, die mit dem Kriegsminister befreundet war und in offiziellem Auftrag reiste, galt als gefährliche „Spionin“. Man konnte sich nur vor ihr schützen, wenn man sie völlig isolierte und von dem Lazarettbetrieb fernhielt.

Noch nach der Ankunft der Pflegerinnen informierte Chefarzt Dr. Menzies den britischen Gesandten, daß das Lazarett durchaus ausreichend versorgt sei und in Kürze weitere Lieferungen aus Warna erhielte, so daß auf keinen Fall die Vorräte der Miß Nightingale und schon gar nicht die Spenden des Times-Fonds notwendig wären. Lord Stratford, der nur wenige hundert Meter von dem Schreckensort entfernt, einem Potentaten gleich, in einem prunkvollen Palast residierte, hielt es während des ganzen Krimkrieges für unter seiner Würde, persönlich nach den Verwundeten zu sehen und das Lazarett zu inspizieren. Die gute Nachricht war ihm gerade recht. Sie enthob ihn der Aufgabe, den Sachverhalt zu überprüfen. Während Tausende Verwundete und Kranke ihrem schrecklichen Schicksal ausgeliefert waren, schrieb er an Sidney Herbert, alles sei in bester Ordnung, und empfahl ihm, den für den Zweck der Verwundetenfürsorge überflüssig gewordenen Times-Fonds einer anderen, besseren, im nationalen Interesse stehenden Verwendung zuzuführen: dem Bau einer anglikanischen Kirche inmitten des mohammedanischen Konstantinopel. Das würde so recht der britischen Autorität Geltung verschaffen und neidischen Widersachern zeigen, auf wessen Seite die tatsächliche Gunst des Sultans stehe.

Florence Nightingale befand sich in einer schwierigen Lage. Auf der einen Seite trieb sie die unsagbare Not zu humanitärer Hilfe, andererseits aber wollte sie mit ihrer Mission der weiblichen Krankenpflege zum Durchbruch verhelfen. Das aber setzte voraus, daß es zu keinerlei Auseinandersetzungen mit den Ärzten kam, die alle Zwischenfälle zum willkommenen Anlaß nehmen konnten, die unliebsamen Eindringlinge als Störenfriede abzuschieben. Sie mußte sich, so unglaublich schwer ihr es auch fiel, vor allem mit Geduld wappnen.

Der Schlüssel zum Erfolg schien ihr zu sein, unter den Ärzten Vertrauen zu gewinnen, so daß diese nach besserer Einsicht, um das Leiden der Patienten zu lindern, sie selbst um ihre Mitwirkung baten. Sie war gewillt, die Autorität der Ärzte um jeden Preis zu wahren. Mit dem Wissen um die größeren Zusammenhänge konnte sie diese auch für sie schwierige Entscheidung schweren Herzens treffen. Weitaus komplizierter war das bei ihren Mitarbeiterinnen, die, zumeist von dem echten humanitären Anliegen zu helfen erfüllt, die Strapazen auf sich genommen hatten. Und nun sollten sie, konfrontiert mit dem schrecklichen Elend, tatenlos herumsitzen, nur um ein ihnen unbegreifliches „Prinzip" zu wahren? Miß Nightingale beschäftigte sie in den ersten Tagen mit dem Sichten und Sortieren der Vorräte.

Am 6. November trafen die angekündigten Verwundetentransporte ein. Auf behelfsmäßigen Tragen wurden die Unglücklichen über den baufälligen Landungssteg den steilen Pfad hinauf verfrachtet. Eine wahre Marter, und mancher überstand nicht die Qualen dieses Transportes. Oben angekommen, wurde die blutige Last, da die Räume bereits überfüllt waren, in den endlosen Korridoren abgestellt. Vorbereitungen für ihre Aufnahme waren nicht getroffen worden. Es gab nicht einmal einen Operationstisch.

Trotz dieses Infernos mußten sich die Schwestern weiter in Geduld fassen. Bei Strafe der sofortigen Entlassung verbot es Miß Nightingale, ohne ausdrückliche Anforderung eines Arztes die Krankenzimmer zu betreten. Nur so war es möglich, den Verdacht zu zerstreuen, man sei gekommen, um von dem Lazarett Besitz zu ergreifen und die Mißstände an die große Glocke zu hängen.

Die erste Bresche in die Mauer des Argwohns wurde in der Küche geschlagen. Im Kasernenlazarett gab es praktisch keine Kochmöglichkeit, so daß die Soldaten geradezu zu verhungern drohten. Miß Nightingale hatte in Marseille Fleischextrakt und transportable Öfen gekauft, mit denen sie in der Lage war, größere Mengen Brühe zuzubereiten, die sie mit Genehmigung der Ärzte den Erschöpften reichen konnte. Allmählich wurde die zu ihrem Bereich gehörende Küche zur Zubereitungsstätte der Sonderkost für Schwerkranke. Nahezu ein halbes Jahr bot sie im ganzen Kasernenspital die einzige Möglichkeit, Verpflegung für die Verwundeten zuzubereiten. Mutter Bermondsey und Mrs. Clark verwendeten dafür ausschließlich Miß Nightingales Vorräte. Sie achtete streng darauf, daß dabei die Dienstvorschriften eingehalten wurden. Erst auf schriftliches Attest eines Arztes wurden die Speisen ausgegeben, so sehr sich auch die Pflegerinnen gegen diesen Formalismus sträubten. Doch nur so konnten Vernunft und Menschlichkeit einen ersten Sieg erringen. Man durfte nicht, um einzelnen zu helfen, die Rettung Tausender aufs Spiel setzen.

Erste Erfolge

So war die Lage bis zum 9. November 1854. Trotz der ersten Erfolge blieben die schrecklichen Zustände in den Lazaretten im wesentlichen unverändert. Augenzeugen berichteten, es gab „... weder Gefäße für Wasser, noch Geräte irgendwelcher Art, keine Seife, Handtücher oder Hospitalkleidung. Die Leute lagen in ihren Uniformen, die vom geronnenen Blut steif waren und von Schmutz in einer Art und bis zu einem Grade starrten, die kein Mensch schildern kann. Ihre Körper waren mit Ungeziefer bedeckt, das auf den Böden und Wänden der scheußlichen Höhle des Schmutzes, der Pest und des Todes herumkroch ... Die Ärzte arbeiteten mit unermüdlichem Eifer, aber ihre Zahl war völlig ungenügend.“

Reverend Sidney Godolphin Osborne, der am 8. November in Konstantinopel eintraf, bestätigt diesen Bericht, versuchte aber zugleich eine Erklärung für die Ursachen zu finden: „Dr. Menzies führte mich durch einige Säle des Gebäudes, und auf meine wiederholten Anerbietungen, aus meinen eigenen oder anderen Fonds in jeder Weise, die möglich sei, Hilfe zu leisten, erhielt ich die Antwort, man habe alles – es fehle an nichts ... Ich ließ mich keinen Augenblick durch Dr. Menzies Erklärung täuschen ...

Es würde die große Masse der Leser nur ermüden, wenn ich Tag für Tag auf die Vorkommnisse eingehen wollte, die mir bald in rascher Folge bewiesen, daß nicht nur diese Riesenhospitäler durchaus ohne die einfachsten Vorkehrungen waren, deren sie bedurften, um den Anforderungen zu genügen, die an sie gestellt werden, sondern daß auch auf dem ganzen Kriegsschauplatz ein vollständiger Mangel an der Übereinstimmung unter den leitenden Persönlichkeiten jeder Abteilung herrschte, die allein imstande gewesen wäre, eine wirklich kraftvolle Betätigung zu sichern, um den Anforderungen zu genügen, die der Krieg über kurz oder lang mit Bestimmtheit an sie stellen mußte.

Es ist ganz richtig, daß, als Schiff auf Schiff die entsprechende Ladung von Kranken und Verwundeten herbeiführte, die Ärzte, wie auch Beamte, mit Miß Nightingale und ihrem Pflegerinnen-Korps bis in die Nacht hinein und die Nacht hindurch arbeiteten und versuchten, dem Hochdruck mit ihren dürftigen Hilfsmitteln zu begegnen; aber das Ganze war nur der Ausfluß einer erregten, fast rasenden Energie, denn wo so vieles Nötige fehlte, konnte mit allem Eifer und aller Arbeit mittels verschiedener Notbehelfe doch nur etwas zustande gebracht werden, das sich als völlig unzulänglich demgegenüber erwies, das wirklich erforderlich gewesen wäre. Ich habe alles gesehen, was die Verwundeten von Balaklawa und Inkerman durchmachen mußten; ich erfuhr aus dem Munde der Hauptbeteiligten, worin die Vorbereitungen bestanden, welche die Verwundeten von ‚Alma‘ vorfanden. Ich weiß, was der Kaplan und die Beamten damals zu tun hatten, die ‚Schwestern‘ waren noch nicht angekommen – es gab keine Miß Nightingale mit jener wunderbaren Fähigkeit, Hilfsmittel zu beschaffen, mit jenem raschen Blick dafür, wo sie am meisten nützen würden ... Und doch konnte ich nicht feststellen, daß von Lord Redcliffe sogar bis in die Zeit, wo ich selbst das Hospital sah, irgend etwas verlangt worden wäre. Warum hätte man ihn auch um Hilfe bitten sollen? Die Oberleitung befand sich offenbar in dem Glauben, daß es an nichts fehle ... Wenn ich jetzt mit Ruhe auf die ersten drei Wochen nach der Ankunft der Verwundeten von Inkerman zurückblicke, kann ich mir nicht vorstellen, wie ein in seiner Fürchterlichkeit nicht auszudenkender Zustand hätte vermieden werden sollen, wenn nicht Miß Nightingale dagewesen wäre und die Hilfsmittel gehabt hätte, die ihr Mr. Macdonald (ein mit erheblichen finanziellen Mitteln ausgestatteter Vertreter der Times) zur Verfügung stellte. Ich könnte Stück für Stück ein langes Verzeichnis von für den Hospitalvorrat unbedingt notwendigen Dingen aufzählen, die entweder nicht vorhanden, oder so verpackt waren, daß man sie nicht erlangen konnte ... Ich stelle hier ausdrücklich meine Überzeugung fest, daß die Regierung zu Hause nicht nur gröblich durch die aus dem Orient erhaltenen Berichte getäuscht wurde, sondern daß sie auch daheim aufs gröbste von den verschiedenen Behörden betrogen worden sein muß, denen es oblag, diese Hospitäler mit allem Nötigen zu versorgen ... Hier fehlte es gänzlich an jeglicher Ordnung; es herrschte nur ein ziemliches Durcheinander, das Personal war der Zahl nach völlig unzulänglich, die Verpflegungs- und Lieferungs-Abteilung war ebenso machtlos wie unfähig; es gab kein wirkliches Oberhaupt, und auf allen Seiten herrschte eine Stimmung, die jedes Eingreifen von nichtmilitärischer Seite übel zu vermerken drohte, während es sich gleichzeitig mit beschämender Deutlichkeit erwies, daß keine Spur von militärischer Ordnung vorhanden war. Die Beamten, eifersüchtig untereinander, eifersüchtig auf jedermann, verhielten sich mit wenigen glänzenden Ausnahmen nicht eben ermutigend gegen diejenigen, die aus reiner Güte Hilfe leisteten. Das hartnäckige Ableugnen der schändlichen Zustände im Hospital gegenüber den Behörden daheim ließ sich eben an Ort und Stelle nicht durchführen, die Beamten standen daher unter dem Druck des Schuldbewußtseins."

Das Fiasko hatte schwerwiegende objektive und subjektive

Ursachen. Objektiv waren sie in den tiefen gesellschaftlichen und sozialen Widersprüchen der ihrer Blütezeit entgegenstrebenden Industrie- und Kolonialmacht begründet. Die Whigbourgeoisie konzentrierte ihre Kraft darauf, ihre Stellung gegenüber den Grundbesitzern auf Kosten der Arbeiterklasse auszubauen. Das Ränkespiel um die politische Herrschaft führte zu mehrfachen Regierungsum- und -neubildungen. So gab es in den 55 Jahren zwischen 1830 und 1885 neun Regierungen, die von den Whigs oder den Liberalen gebildet wurden. Insgesamt hatten sie 41 Jahre lang die Regierungsgeschäfte inne, während in dem gleichen Zeitraum sechs Tory-Regierungen etwa 14 Jahre die politische Macht ausübten. Allein 1852, wenige Jahre vor Ausbruch des Krimkrieges, wechselte die Regierungsgewalt dreimal: Von den Liberalen unter John Russel an die von Graf Derby geführten Konservativen, die schließlich wieder einer konservativ-liberalen Koalition unter Georg Hamilton Gordon Aberdeen weichen mußten, der wiederum gegen Ende des Krimkrieges 1855 die Regierungsgeschäfte an den Liberalen Henry John Temple Viscount Palmerston verlor. All das trug kaum zur Festigung der staatlichen Lenkung und Leitung oder zur Fundierung eines qualifizierten Verwaltungsapparates bei. Ehe sich die leitenden Beamten in ihr jeweiliges Ressort eingearbeitet hatten, mußten sie mit ihren Regierungschefs bereits wieder von der Bildfläche verschwinden. Das stupide Ressortdenken wurde noch von der mangelhaften Koordinierung überboten, beides mündete schließlich in eine völlige Desorganisation. So waren zum Beispiel für die Finanzierung des Feldzuges weder das Kriegs- oder das Finanzministerium, sondern interessanterweise das Kolonialamt zuständig. Der Oberkommandierende hatte auf alle finanziellen Belange keinerlei Einfluß.

Verpflegung und Transport der Truppe gehörten wiederum in die Zuständigkeit eines Kommissariats, das nicht der Armee, sondern dem Finanzministerium unterstand. Das Kriegsministerium zeichnete grundsätzlich für die Finanzen der Armee verantwortlich, ausgenommen die Artillerie und die Pioniere, die der Obliegenheit eines Generalfeldzeugmeisters unterstanden.

Besonders grotesk war die Kompetenzverteilung bei dem dem Kriegsministerium zugeordneten Heeressanitätswesen.

Drei Regierungsstellen „regelten" die Aufrechterhaltung der Gesundheit der britischen Armee: die Intendantur, das Heeres-Sanitätsamt und die Fourageabteilung.

Die Anweisungen des Leiters des Heeres-Sanitätsamtes, Dr. Andrew Smith, wurden jedoch von dem Oberkommandierenden des Heeres als unverschämte Einmischungen eines unbedarften Stubenhockers zurückgewiesen. Der Chef der Intendantur war ein Veteran, der altersmäßig noch von dem über siebzigjährigen Fouragemeister übertroffen wurde. Beiden stand ein „Stab" von drei unerfahrenen Schreibern zur Verfügung. In den Händen dieser „Spezialisten" lag die „Versorgung" der Krimarmee. –

Auch intelligenteren Beamten wäre das System der Truppenbelieferung kaum durchschaubar gewesen. Die Intendantur fungierte als Einkäufer, Bankier, Spediteur und Lagerhalter. Sie lieferte die Lebensmittel für Truppenteile und Lazarette. Für die Verwundeten und Kranken, die keine Normalkost zu sich nehmen konnten, aber war der Fouragemeister zuständig. Während also z. B. Brot und Fleisch von dem „Intendanten" verwaltet wurden, war der Fouragemeister Lieferant von Milch, Reis, Sago und Portwein. Den Kauf dieser Produkte aber erledigte wiederum die Intendantur.

Allerdings durften nur ganz bestimmte, auf einer „Zulässigkeitsliste" enthaltene Waren erworben werden. Florence Nightingale erklärte: „Der Fouragemeister gibt nur solche Waren aus, die auf der für ihn allein maßgeblichen Liste stehen. Für alle Bedürfnisse der Soldaten in den Lazaretten, die nicht in der Liste zu finden sind, ist er nicht zuständig, mögen sie noch so selbstverständlich sein." Die Folge waren unvorstellbare Mangelerscheinungen. So enthielt die Liste z. B. weder Wäsche noch Eßbestecke, die laut Dienstvorschrift der Soldat in das Lazarett mitzubringen hatte. Wenn diese aber während der Kämpfe oder aus anderen Gründen verlorengingen, war der Fouragemeister durch keinerlei Argumente dazu zu bewegen, Ersatz zu stellen, der ja nicht auf seiner Liste stand. Hätte er es getan, dann wäre er, und das war die tiefere Ursache des Wahnsinns, persönlich dafür haftbar gemacht worden. So handelte jeder nur stur nach dem Buchstaben, um seiner „Verantwortung" gerecht zu werden.

Der Chef der Intendantur gab zu, nie begriffen zu haben, wo

seine Pflichten endeten und die Aufgaben des Fourageamtes begannen. In ihrer Verwicklung noch komplizierter und einfach nicht darstellbar waren die Beziehungen zwischen dem Fourageamt und den Ärzten, welche die Sonderkost verordneten, die der Fouragemeister genehmigen mußte. Eine Unmenge von Papier, Formularen, Anforderungsscheinen, Quittungen, Meldungen, Genehmigungen und Verzeichnissen, die mehrfach geprüft und gegengezeichnet werden mußten, erstickten jede Initiative und begruben die Menschlichkeit unter dem Bürokratismus. Die Ärzte mußten trotz Hunderter unversorgter Patienten ihre Hauptzeit damit verbringen, Formulare auszufüllen und Genehmigungen einzuholen.

Der Wahnwitz dieses unheilvollen Systems erfuhr im Lazarett von Skutari seine Krönung. Dienstweg, Formulare und Genehmigungen waren wesentlich wichtiger als die Betreuung der Patienten. „Ihre Köpfe sind zwischen den Brettern der Heeresdisziplin platt gedrückt", charakterisierte Florence Nightingale trefflich die Lage.

Von nicht wenigen Offizieren wurden Not und unsägliche Leiden sogar als völlig „normal" empfunden. Die Soldaten, das aus den Slums oder den Dorfkaten kommende „Gesindel", galten als minderwertiger Abschaum, der nur durch harte Hand gebändigt werden könnte. Mitleid erschien ihnen fehl am Platze. Was tat es, wenn einige starben, in den Slums gab es noch genug davon. Pflege und menschenwürdige Behandlung oder gar Bettwäsche und Diätkost würden als unangebrachter Luxus womöglich noch größenwahnsinnige Vorstellungen der Gleichberechtigung erwecken, die sich nach Kriegsende verhängnisvoll auswirken könnten. „Verwöhnen Sie doch diese Bestien nicht", wurde Miß Nightingale entgegengehalten. – So lagen die Mißstände in vielfältigen Ursachen begründet, nicht zuletzt trugen auch die Bereicherungssucht von Heereslieferanten und die Korruption der Beamten dazu bei, daß manche für die Truppenversorgung geplanten Finanzen in private Taschen flossen.

Als die „Times" und erste Augenzeugenberichte die Schrekken aufdeckten und das Volk von einer Welle der Empörung erfaßt wurde, sollte das Unheil durch Fehlmeldungen beschönigt und vertuscht werden. In dieser Situation war Miß Nightingale mit ihrem Gefolge höchst unwillkommen und gefährlich. Sie hatte sofort die Lage erfaßt und erkannt, daß sich ihre Aufgabe nicht auf die unmittelbare Hilfe beschränken konnte. Auch die Durchsetzung einer neuen Pflegemethode, der Einsatz weiblicher Pflegerinnen, durfte nicht ihr alleiniges Anliegen sein. Sie mußte, wollte sie diese beiden Vorhaben sichern, wesentlich mehr erreichen. Ihr Ziel war, eine neue humanitäre Grundhaltung zu den einfachen Menschen zu entwickeln, es galt auch im Bereich sozialer Reformen zu wirken und unter Nutzung ihrer guten Verbindungen zum Kabinett mit aller Konsequenz gegen den veralteten und verrotteten bürokratischen Dienstwegmechanismus anzukämpfen. Ein wahrhaft gewaltiges Programm für eine einzelne Frau. Im Moment aber kam es darauf an, die ersten mühsam errungenen Erfolge weiter auszubauen.

Der Durchbruch

Spätestens seit der Schlacht von Inkerman am 5. November 1854 war klar geworden, daß der erhoffte Blitzkrieg eine Illusion war. Die russischen Truppen hatten sich nach Sewastopol zurückgezogen. Von einem Sturm der Festung konnte angesichts der Stärke der Verteidiger keine Rede sein. Die im Innern der Krim befindlichen russischen Truppen unternahmen im Rücken der Gegner mehrfach Angriffe, um sie zur Aufhebung der Belagerung zu zwingen. Die Verluste der Verbündeten stiegen an. Sie waren vor allem auch auf die völlig unzureichende Versorgung mit Kleidung und Nahrung zurückzuführen. Die nicht eingeplante Überwinterung des Heeres auf den Höhen von Sewastopol war eine Katastrophe. Von Balaklawa, einem kleinen Fischerdorf, dem Stützpunkt der britischen Armee, in dem zu allem Überfluß die Cholera wütete, völlig abgeschlossen, war man Hunger und Kälte ausgesetzt. Die Zahl an Erfrierungen, Dysenterie, Skorbut und anderen Mangelerscheinungen Leidender wuchs ins Unermeßliche und hatte sich längst jedem Überblick entzogen. Ständig trafen weitere unangemeldete Transporte in dem völlig überfüllten Lazarett ein. Angesichts dieses totalen Chaos hatten die Ärzte keine andere Wahl, als die von Miß Nightingale gebotene Hilfe anzunehmen. Damit war die große Stunde für ihr Werk gekommen. Vorbei war die Zeit nur kleiner Hilfeleistungen in der Küche.

Florence Nightingales erster Großangriff galt dem alles bedeckenden maßlosen Schmutz. Mit zweihundert harten Scheuerbürsten ausgerüstet, wurde dem Unheil zu Leibe gerückt. Die mit Kot gefüllten stinkenden hölzernen Kübel – mehr als tausend Patienten litten an akuter Dysenterie –, die tagelang ungeleert in den Zimmern standen, gehörten der Vergangenheit an. So schuf sie systematisch erste hygienische Grundlagen, die Voraussetzungen einer grundlegenden Verbesserung. Das war nicht einfach. Nun, wo es an die harte praktische Arbeit ging, zeigten sich auch in ihren Reihen erneut Konflikte. Mancher „Dame" war diese ungewohnte unerwartete Tätigkeit zuwider. Auch in der Betreuung der Patienten schieden sich die Geister. Die Pflegerinnen, die kräftig Hand anlegten, widmeten sich der Wartung des kranken Körpers. Anders manche Nonnen, die ihr Hauptanliegen in der Seelsorge sahen und von körperlicher Arbeit wenig hielten. „Ausgezeichnete, aufopfernde Frauen", schrieb Florence Nightingale über sie, „aber sie passen besser in den Himmel als ins Spital, sie schweben wie Engel ohne Hände zwischen den Patienten umher und besänftigen ihre Seelen, lassen aber den Körper schmutzig und vernachlässigt." Zum Glück hatte sie nur wenige dieser „hehren Geister" im Geleit. Nachdem der Schmutz beseitigt war, brachte Miß Nightingale Ordnung in das Chaos der auf Strohsäcken oder auf dem bloßen Fußboden lagernden Kranken und Schwerverwundeten, die nach und nach in Betten umgelagert wurden. Ordnung brachte bessere Übersicht und schuf die Möglichkeit einer gezielten individuellen Betreuung. Sauberkeit, Ordnung, Luft und Licht wurden zu grundlegenden Kriterien der Nightingaleschen Pflegepraxis.

Als Ende November die Lazarettverwaltung völlig zusammenbrach, Intendantur und Fouragemeister außer dem Blick in ihre Listen nichts mehr tun konnten – die ständig angekündigte „große Wende" durch erwartete Vorräte war hinfällig geworden, da Sturm und schwere See die Transportschiffe vernichtet hatten –, war Florence Nightingales Reservoir die einzige Rettung vor dem Verhungern. Dank des ihr zur Verfügung stehenden Fonds von 30 000 Pfund, der glücklicherweise nicht, wie von Lord Stratford vorgeschlagen, zum Bau einer Kirche verwendet worden war, konnte sie in Konstantinopel alles notwendige erwerben. Obwohl alle Vorräte allein ihrer Initiative zu danken waren, händigte sie nichts ohne ausdrückliche Anweisung der Ärzte aus, in deren Verantwortungs- und Wirkungsbereich sie sich auf keinen Fall einmengen wollte. Auf Anforderungsscheine gab sie in zwei Monaten sechstausend Hemden, zweitausend Paar Socken, fünfhundert Unterhosen, Eßutensilien, Möbel – sogar einen Operationstisch – und vor allem auch Waschzeug aus. Anfang Januar 1855 schrieb sie an Sidney Herbert: „Ich bin eine Art Großhändler, und zwar in Socken, Messern und Gabeln, hölzernen Löffeln, Zinnbadewannen, Tischen und Bänken, Mohrrüben und Kohl, Operationstischen, Handtüchern, Seife und Zahnbürsten, Entlausungsmitteln, Scheren, Bettpfannen und Stützkissen."

Eine der freiwilligen Helferinnen schilderte sehr anschaulich das Leben der Schwestern und die an sie gestellten hohen Anforderungen: „Das Hospital ist ein ungeheures viereckiges Gebäude. Drei lange Korridore führen rund um dasselbe, und es ist drei Stock hoch. Zahllose Gemächer, die als Krankensäle dienen, öffnen sich auf alle diese Korridore. An jeder Ecke des Gebäudes ist ein Turm ...

Zum Schutz gegen die kalte Luft der langen Korridore waren hölzerne Scheidewände aufgestellt, die Räume zwischen denselben wurden Abteilungen genannt. Unser Weg führte uns durch die doppelte Reihe der Kranken zu dem Turm an der Ecke (Miß Nightingales Quartier). Bei Betreten ihres Quartiers kam man in die große Küche oder Halle, in die sich alle anderen Räume öffneten ... Die Küche diente zur Zubereitung von Miß Nightingales Extra-Diäten. Von hier aus wurden große Mengen Arrowrot, Sago, Reispudding, Gelees, Tee und Limonade nach ärztlichen Anordnungen verteilt. Das veranlaßte ein stetes Kommen und Gehen, eine große Anzahl Lazarettgehilfen wartete an der Tür mit ihren Diätzetteln. Eine der Ordensschwestern oder Damen nahm sie in Empfang, prüfte die Unterschrift und Gegenzeichnung und fertigte sie ab.

Wir pflegten die Küche unter uns den Turm zu Babel zu nennen wegen des Sprachgewirrs und Durcheinander, das dort herrschte. Mittags schien sich dort tatsächlich jeder und jedes zu befinden: Kästen, Pakete, Bündel von Bettüchern, Hemden, altes Leinen und Flanell, Tonnen mit Butter, Zucker, Brot, Kessel, Kochgeschirre, Haufen von Büchern und allerhand Plunder, abgesehen von den Speisen, die verteilt wurden; dann die Leute, Damen, Nonnen, Pflegerinnen, Lazarettgehilfen, türkisches, griechisches, französisches und italienisches Dienstpersonal, Offiziere und andere Menschen, die auf Miß Nightingale warteten. Alle kamen und gingen, alle erfüllt von ihrer persönlichen Angelegenheit und jeder seine eigene Sprache redend ..."

Im Hospital bot sich den Pflegerinnen folgendes Bild: „Zwei Tage nach meiner Ankunft ließ Miß Nightingale mich rufen, um mit mir durch das Hospital zu gehen (Miß Nightingale besuchte gewöhnlich die Schwerkranken nachts). Wir gingen durch den ganzen zweiten Stock, in viele Säle und in einen der oberen Korridore. Der Weg schien endlos und war einer, den man nicht leicht vergißt. Während wir langsam weiter gingen, herrschte die tiefste Stille, sehr selten drang ein Stöhnen oder ein Schrei aus dieser Menge von schwer Leidenden an unser Ohr. Hier und da brannte ein trübes Licht. Miß Nightingale trug ihre Laterne, die sie niederzusetzen pflegte, ehe sie sich über einen der Kranken beugte. Ich bewunderte sehr die Art von Miß Nightingale den Männern gegenüber – sie war so mild und gütig. Alle Korridore waren dicht besetzt mit Betten, die auf niedrigen, wenige Zoll über dem Fußboden erhöhten Gestellen ruhten. In den Sälen läuft eine Lagerstätte rings um die Wände, und auf dieser liegen die Strohsäcke und darauf die Kranken. Das Hospital war aufs Äußerste gefüllt. Man hat seither berechnet, daß das Gebäude bequem 1700 Mann fassen kann, damals waren zwischen drei- und viertausend darin. Miß Nightingale teilte mir meine Arbeit zu – ich bekam den halben Korridor A, den ganzen B, den halben C, den ganzen J (im dritten Stock) und alle Säle, welche in diese verschiedenen Korridore mündeten, in jedem Korridor waren deren fünfzehn, außer in Nr. J, wo nur sechs waren. Diese Arbeit hatte ich mit einer anderen Dame und einer Pflegerin zu teilen. Die unserer Fürsorge überwiesene Krankenzahl betrug, soweit ich sie schätzen konnte, etwa 1500 Mann.

Miß Nightingale sagte uns, wir sollten uns nur um die Kranken in den Abteilungen derjenigen Ärzte kümmern, die es wünschten ... und sie machte es uns zur Pflicht, niemals etwas für die Kranken zu tun ohne die Erlaubnis des Arztes ... Es erscheint einfach unmöglich, das Hospital von Skutari um diese Zeit zu beschreiben ... Selbst wer die herzzerreißenden Meldungen in der ‚Times‘ und in sonstigen Blättern las, hatte sich die vollen Schrecken der Wirklichkeit nicht vorstellen können. Wenn wir durch die Korridore schritten, fragten wir uns selbst, ob es furchtbarer Traum sei. Wenn wir des morgens erwachten, sank uns der Mut bei dem Gedanken an die Qualen, deren Zeugen wir den Tag über sein mußten. Nachts legten wir uns so erschöpft nieder, daß es keinen Ausdruck dafür gibt, aber nicht so sehr von körperlicher Ermüdung, obgleich die groß war, sondern weil einem das Herz schwer war von dem Leben unter dieser Masse hoffnungslosen Leidens.“

Hygiene und Sauberkeit waren Miß Nightingales vordringliche Anliegen. Was nutzte die Ausgabe frischer Wäsche, wenn sie bald wieder verschmutzt und voller Ungeziefer war. Sie mietete ein Haus außerhalb der Kaserne, in dem sie eine Wäscherei einrichtete, deren Unterhaltung jedoch über die Kräfte ihrer Helferinnen ging. Miß Nightingale wußte Rat, der doppelten Nutzen trug. Im Keller des Lazaretts kampierten etwa 260 Soldatenfrauen mit ihren Kindern, die ihre Männer in den Krieg begleitet hatten und nun in Elend und Schmutz dahinvegetierten. Für sie war das Waschen eine sinnvolle Tätigkeit, mit der sie auch ihren Lebensunterhalt bestreiten konnten.

Als der Zustrom in das zum Bersten volle Lazarett noch immer nicht abriß, wurde Florence Nightingale auch zum „Bauherrn“. Mit Hilfe von Dr. McGrigor, der ihr treuester Verbündeter wurde, nahm sie den Aufbau des zerstörten Flügels in Angriff und schuf mit Hilfe von zweihundert von ihr bezahlten türkischen Arbeitern die Möglichkeit einer zusätzlichen Notunterkunft für mindestens weitere tausend Patienten.

Darüber hinaus ließ sie auch die sanitären Verhältnisse der anderen Gebäudeteile verbessern. So unglaublich es scheinen mag, es gab bisher weder Kanalisation, noch Wasserleitung. Die Sterblichkeitsrate betrug nicht zuletzt aufgrund dieser Verhältnisse 1:3 und wurde bis zum Juni 1855 dank der von Miß Nightingale eingeleiteten zielstrebigen Maßnahmen auf 22 von 1 000 gesenkt.

Eine große Hilfe war für sie das Ehepaar Blackwood, das auf eigene Kosten nach Skutari gekommen war. Mr. Blackwood scheute sich als Geistlicher nicht, kräftig mit zuzufassen, und Lady Alicia übernahm die Betreuung der Wäscherei und der Soldatenfrauen. So war mit unendlicher Mühe und Einsatzbereitschaft in wenigen Wochen viel erreicht worden. Mitte Dezember konnte Florence Nightingale Sidney Herbert einen ersten Erfolgsbericht vorlegen:

„Was wir als erreicht ansehen können:

1. Die Küche für Sonderkost ist nun voll in Betrieb.
2. Wir haben noch mehr Krankenzimmer gereinigt und die Scheuertücher, Scheuerbürsten, Besen und Schrubber dafür selbst gestellt.
3. Dreitausend Hemden aus Baumwolle und Flanell ausgegeben und ihr Waschen organisiert.
4. Ein Wöchnerinnenheim aufgezogen.
5. Den Witwen und Frauen der Soldaten geholfen und sie versorgt.
6. Unsere geschicktesten Pflegerinnen haben täglich viele Verbände angelegt und komplizierte Brüche behandelt.
7. Wir haben den ganzen Betrieb hier in die Hand bekommen und ins Rollen gebracht, im allgemeinen in Zusammenarbeit mit den Chefärzten.
8. Wir haben Krankensäle für neunhundert Verwundete in Ordnung bringen lassen, die sonst unbewohnbar geblieben wären."

Eine böse Überraschung

Am gleichen Tag, an dem Miß Nightingale ihren optimistischen Bericht abgab, erfuhr sie, daß sich auf Veranlassung Sidney Herberts bereits weitere sechsundvierzig Pflegerinnen von England auf die Reise nach Skutari begeben hatten, mit deren Eintreffen in Kürze zu rechnen war. Das stand im krassen Widerspruch zu den mit ihr abgeschlossenen Vereinbarungen. Die Krönung des Affronts bestand darin, daß die neue Gruppe, über deren Unterbringung und Einsatz es keinerlei Absprachen gab, nicht ihr als „Lady-in-Chief", sondern einem der leitenden Ärzte, A. Cumming, zugewiesen werden sollte. Mit dieser Entscheidung wurde nicht nur ihre Autorität untergraben, sondern das Gelingen ihrer Mission überhaupt in Frage gestellt. Unverzüglich brachte Miß Nightingale in einem Schreiben an Sidney Herbert ihre Entrüstung zum Ausdruck: „Als ich als Ihr ‚Superintendent' nach Skutari ging, geschah es unter der unmißverständlichen Voraussetzung, daß ausschließlich auf meine Anforderung hin Pflegerinnen entsendet werden sollten, und zwar nur im Einvernehmen mit den hiesigen Sanitätsoffizieren. Sowohl in Ihrem Handschreiben wie auch in dem Artikel, den Sie der ‚Morning Chronicle' übergaben, und der hier in jedermanns Hand ist, kommt das deutlich zum Ausdruck. Sie wandten sich an mich in einer für Sie schwierigen Lage und sagten mir, daß Sie im Augenblick niemand anders für dieses Amt finden könnten und daß Ihr Plan scheitern würde, wenn ich mich nicht dazu bereit fände. Ich stellte mein eigenes Urteil zurück und reiste mit vierzig Frauen, wohl wissend, daß die Hälfte davon mehr leisten und weniger Mühe verursachen würde. Ich sah voraus, daß die Aufgabe, vierzig ungeschulte Frauen in eine so außergewöhnliche Lage zu bringen, nämlich sie auf dreitausend Männer loszulassen, herkulisch sein werde.

Die Erfahrung hat meine Voraussage bestätigt. Trotzdem ist es mir gelungen, das Vertrauen der Ärzte hier zu erringen. Durch unausgesetzte Wachsamkeit bei Tag und bei Nacht habe ich in die ungeregelten Verrichtungen dieser Frauen so etwas wie Ordnung gebracht. Und man kann sagen, daß unser Plan auf dem besten Wege war, zu gelingen. Bei diesem Stand der Dinge trifft nun auf einmal ein neuer Transport Frauen ein, die niemand angefordert hat ...

Sie haben diese Unternehmung, die mir so sehr am Herzen liegt, aufs Spiel gesetzt. Sie haben auch mich preisgegeben, was jetzt kaum noch eine Rolle spielt. Sie haben Ihr eigenes geschriebenes Wort einer Volksmeinung geopfert [Offensichtlich hatte die Öffentlichkeit die Entsendung weiterer Pflegerinnen von dem Kriegsministerium gefordert – W.G.]. Diese Pflegerinnen hier unterzubringen, ist physisch unmöglich; sie zu beschäftigen, ist moralisch unmöglich.

Sie werden verstehen, daß ich von meinem Posten zurücktreten muß, da mir Bedingungen auferlegt werden, die es mir unmöglich machen, ihn auszufüllen, und ich bleibe nur noch so lange hier, bis ich einige Maßnahmen für diese armen Wanderer getroffen habe. Sie mögen erwägen, wo Sie sie einsetzen wollen, auf Malta, Therapia oder anderswo, oder ob sie nach England zurückkehren sollen, aber bitte, setzen Sie jemand anderes an meine Stelle. Bis dahin werde ich meinen Verpflichtungen nachkommen, so gut ich kann."

Ein von Herbert völlig unbedachtes Problem war die Tatsache, daß sich nunmehr der Anteil der katholischen Schwestern wesentlich erhöht hatte. Miß Nightingale stand deshalb unter doppeltem Druck. Einerseits wuchs die Unzufriedenheit derer, die von einer „Protestantin" kommandiert werden sollten, andererseits wurde gegen eine vermeintliche „Jesuiteninvasion" Kritik laut. Unfruchtbare konfessionelle Zänkereien drohten das Erreichte in Frage zu stellen. Zu den von Mary Stanley geführten Ankömmlingen zählten neun freiwillige, meist völlig unerfahrene Helferinnen, zweiundzwanzig Pflegerinnen und fünfzehn römisch-katholische Schwestern, die sich nur ihrer Superiorin Mutter Bridgeman verpflichtet sahen, die wiederum nur der Weisung ihres Bischofs Folge leistete. Es bestand kaum ein Zweifel daran, daß die Mehrzahl der Nonnen nicht der harte Pflegedienst als vielmehr die Sorge um das Seelenheil der Kranken zu der Reise veranlaßt hatte. In Begleitung der Gruppe befanden sich der Arzt Dr. Meyer und der Unterhausabgeordnete Jocelyn Percy, ein leidenschaftlicher Bewunderer Florence Nightingales.

Mr. Bracebridge hatte sich zum „Empfang" der Reisenden am 15. Dezember nach Konstantinopel begeben. Der einzige Rat, den er den Damen geben konnte, war, möglichst das Schiff nicht zu verlassen. Der ohnehin äußerst begrenzte Wohnraum der Pflegerinnen ermöglichte es, abgesehen von all den anderen Problemen, auch beim besten Willen nicht, auch nur einer zusätzlichen Person Quartier zu gewähren. Zunächst glaubte man an eine Trotzreaktion von Miß Nightingale, doch als auch Dr. Cumming, dessen Regime sie sich ja anvertrauen sollten, keinerlei Interesse an den Angereisten zeigte und jegliche Zuständigkeit für sie ablehnte, wurde der Ernst der Lage klar. Schockierend war die Situation vor allem für all jene, die wie Mr. Percy von dem Wunsche zu helfen beseelt nach Skutari geeilt waren.

Eine erste Aussprache mit Miß Nightingale brachte keine Lösung. So begab man sich zu dem militärischen Befehlshaber des Lazaretts William Paulet, der an den gegebenen Verhältnissen natürlich auch nichts zu ändern vermochte, aber die Empfehlung gab, zunächst in das Haus der britischen Botschaft nach Therapia zu gehen. Als alle Versuche, in Konstantinopel Unterkunft und Beschäftigung zu finden, fehlschlugen, fand am 21. Dezember eine Beratung zwischen Miß Nightingale und Mary Stanley statt, an der auch Dr. Cumming und Mr. Bracebridge beteiligt waren. Mary Stanleys Vorschlag, je zehn Protestantinnen und katholische Nonnen nicht als Pflegerinnen, sondern als „Hilfsgeistliche" zu beschäftigen, trug kaum zur Lösung des Problems bei, das um so prekärer geworden war, da den Reisenden das Geld ausging und der britische Botschafter keine Möglichkeiten zu ihrer Unterstützung hatte. Miß Nightingale wiederum sah keine Veranlassung, den Times-Fonds, der ausschließlich für die Patientenhilfe gedacht war, zur Finanzierung der unangemeldeten Gäste zu verwenden. Sie war aber bereit, neunzig Pfund aus ihrem eigenen Besitz als Überbrückung zur Verfügung zu stellen, eine Summe, die sie nochmals um dreihundert Pfund erhöhte.

Der Zwang der Verhältnisse – von Mitte Dezember 1854 bis Anfang Januar 1855 wurden etwa viertausend Patienten in das Lazarett eingeliefert – führte schließlich zu einem die schwere Krise beendenden Kompromiß. Miß Nightingale unterbreitete am Weihnachtstage das Angebot, einige irische Nonnen als Pflegerinnen aufzunehmen und dafür die Schwestern von Norwood, die für sie kaum eine Hilfe gewesen waren, nach Hause zu schicken. Die anderen Damen der Reisegruppe sollten zunächst in Therapia verbleiben. Dieser gutgemeinte Vorschlag traf auf schweren Widerstand. Die Schwestern von Norwood waren tief gekränkt, „abgeschoben" zu werden, und Mutter Bridgeman verwahrte sich gegen die unkanonische Trennung von einigen ihrer Schutzbefohlenen. Zwischen den Protestanten und Katholiken entbrannte ein heftiger Streit, die Wogen schlugen schließlich bis nach England, wo am 19. Januar 1855 die „Times" meldete: „Der Erfolg dieses Versuchs [Miß Nightingales Mission – W. G.] im Rahmen des Heeressanitätsdienstes kann erst dann als gesichert gelten, wenn bestimmte religiöse Streitigkeiten, die entstanden sind, beigelegt werden ... Es besteht eine gewisse Gefahr, daß das ganze Unternehmen ein jähes Ende findet." Das war ein deutliches Alarmzeichen. Auch Miß Nightingale hatte am Weihnachtsabend an Sidney Herbert geschrieben: „Sie haben mich im Stich gelassen, aber ich habe Sie nicht im Stich gelassen ... Alles was ich Ihnen in meinem Brief gesagt habe, würde ich heute noch nachdrücklicher wiederholen ... Ich denke, man kann vernünftigerweise nicht annehmen, daß ich mich durch alle diese Schwierigkeiten hindurchfinde. Mein Boot ist gekentert … Noch klammere ich mich an seinem Boden fest. Aber wenn es einen Sturm gibt, wird er mich wegfegen."

Dank des Entgegenkommens von Chefarzt Cumming konnte die Zahl der Pflegerinnen im Behelfs- und Kasernenlazarett erhöht werden, so daß, abgesehen von der angesichts des Leids unbegreiflichen Halsstarrigkeit von Mutter Bridgeman, Mitte Januar die Wogen wieder geglättet werden konnten, wenn man von zunehmenden Disziplinvergehen einzelner Schwestern absieht. So hielten sich die Nonnen aus Mary Stanleys Gruppe nicht an ihre Dienststunden und Obliegenheiten und erteilten mit missionarischem Eifer nicht nur denen, die es wollten, im ganzen Lazarett katholische Glaubensunterweisungen. Einige Pflegerinnen, die weniger dem Gott der Christen als vielmehr dem Gott des Weines huldigten, machten sich mit den Pflegern vergnügte Abende. Für Miß Nightingale, die ihre Hauptkraft den Kranken und nicht der Schlichtung religiöser Auseinandersetzungen oder der Klärung von Entgleisungen widmen wollte, waren diese Affären eine schwere zusätzliche Belastung.

Sidney Herbert hatte ihre berechtigten Vorhaltungen voll anerkannt, ja er gab ihr sogar Vollmacht, die zweite Gruppe auf seine Kosten zurückzuschicken. Nur um eins bat er inständig, Florence Nightingale möge ihre Aufgabe zu Ende führen. Ein durch ihn verursachter Abbruch der Mission hätte für ihn höchst prekäre Folgen gehabt.

Die Empörung über die Mißstände im Sanitätswesen, die ihm zu einem erheblichen Teil angelastet wurden, erfaßte noch immer das Land. Als Vertreter der Opposition hatte im Unterhaus Mr. Roebuck die Bildung eines Komitees gefordert, das an Ort und Stelle die Verhältnisse der Krimarmee, aber auch die Tätigkeit der zuständigen Regierungsstellen überprüfen sollte. Eine Mehrheit von 157 Stimmen gab nach stürmischer Auseinandersetzung diesem Mißtrauensvotum gegen die Regierung Ende Januar 1855 ihre Zustimmung. Die konservativ-liberale Regierungskoalition unter Aberdeen wurde von dem liberalen Politiker Palmerston (der allerdings bereits unter Aberdeen das Amt des Innenministers innegehabt hatte) abgelöst. Sidney Herbert verlor sein Regierungsamt, sein Kriegsministerium wurde unter Fox Maule Panmure mit dem Verteidigungsministerium vereinigt; ein erster formaler Schritt zur Behebung der unsinnigen Zersplitterung. Panmure entsandte Ende Februar 1855 eine Sanitätskommission nach Skutari und auf die Krim, und deren Arbeit, vor allem das Wirken des Arztes John Sutherland und des Ingenieurs Robert Rawlinson, waren für Miß Nightingale eine große Hilfe. Der ersten Kommission war Anfang März eine zweite gefolgt, die allerdings nicht nach Skutari kam, sondern sich sofort auf die Krim begab und sich hier bei der Verbesserung der sanitären Verhältnisse in den Lazaretten große Verdienste erwarb.

Mary Stanley, die ihre Gruppe eigentlich nur bis Konstantinopel begleiten wollte und durch die entstandenen Mißhelligkeiten aufgehalten worden war, zeigte sich den Problemen nicht gewachsen. Sie ließ sich kaum im Lazarett blicken und zog es vor, die Tage in angeregten Gesprächen bei Lady Stratford zu verbringen. Gemeinsam hegten sie den Plan, eine türkische Kaserne in Kulali als Lazarett einzurichten. Zweifellos wäre das für Skutari eine erhebliche Entlastung und für die überzähligen Pflegerinnen die beste Lösung gewesen, doch Mary Stanley, die sich zur Leitung des Vorhabens entschloß, entbehrte ebenso jeder Erfahrung in Pflege und Pflegeorganisation wie die sie begleitende Mutter Bridgeman nebst ihren Nonnen. Fünf Nonnen und einige Pflegerinnen der Stanley-Gruppe blieben in Skutari, und elf Pflegerinnen, zu denen auch einige aus Florence Nightingales Gruppe zählten, die sich ihrer straffen Disziplin entziehen wollten, wurden unter Aufsicht der Sellonitinnen-Oberin in das Hauptlazarett nach Balaklawa entsandt, so daß schließlich alle Neuankömmlinge untergebracht waren.

Wie Florence Nightingale befürchtet hatte, erwies sich das mit „leichter Hand" lady-like geführte Lazarett von Kulali allzubald als Fiasko. Warnend hatte sie am 12. Februar an Sidney Herbert geschrieben: „Ich habe jede Einzelaktion vermeidend, bei strikter Unterordnung unter die Vorgesetzten eine Anzahl Einrichtungen getroffen – nur innerhalb der Dienstvorschriften –, die sich im großen gesehen als nützlich erweisen werden, wenn auch wenig interessant für Damen. Zum Beispiel vier Krankenküchen, von denen zwei, die ich verwalte, täglich siebenhundert der schlimmsten Fälle verköstigen; ferner habe ich Möbel und Kleidung geliefert, Wasch- und Badehäuser eingerichtet, verschließbare Schränke beschafft usw. usw. Das ist nicht so vergnüglich, wie herumzutändeln und ab und zu eine Fleischbrühe für die armen Helden persönlich zu kochen ... An meiner Arbeit finden die sehr verehrten Damen nur wenig Gefallen. Das verstehe ich, aber zur gleichen Zeit ist es offenkundig, daß das, was ich getan habe, nicht möglich gewesen wäre, wenn ich nicht mit den ärztlichen Vorgesetzten zusammengearbeitet hätte, sondern gegen sie ... Cumming und ich haben einander in die Hände gearbeitet, und alles, was unter diesen schrecklichen Schwierigkeiten möglich war, habe ich mit seiner Hilfe ausgeführt. Jeden Abend besprechen wir uns.

Ich protestiere mit allem Nachdruck, und zwar jetzt, bevor es zu spät ist, gegen die Art und Weise, wie in Kulali verfahren wird, das heißt gegen das ‚damenhafte' Verfahren. Es führt zu nichts als zu geistigem Flirt zwischen den Damen und den Soldaten. Ich hab davon hier genug gesehen. Der einzelne wird dadurch verhätschelt, aber für die Allgemeinheit geschieht nichts ... Die Damen streiten nur miteinander. Die Ärzte lachten über ihre Hilflosigkeit, aber sie haben sie nicht ungern um sich, weil sie dadurch ein bißchen weibliche Gesellschaft genießen, was natürlich ist, aber nicht gerade unser Ziel."

Als ein Lazarettschiff unvorhergesehen dreihundert Kranke brachte, saßen Mary Stanley und Lady Stratford gerade beim Lunch, doch für die Aufnahme der Patienten war nichts vorbereitet. Als sich die Zahl der Eingelieferten in den kommenden Tagen weiter erhöhte, sah die völlig überforderte Mary Stanley den einzigen Ausweg in einem Hilfeersuchen nach Skutari. Da mit der zunehmenden Patientenzahl die Konfusion wuchs, suchte die völlig kopflos gewordene „Leiterin" ihr Heil in der Flucht nach der Heimat.

Rettung aus dem „Stabsquartier"

Eben zu dieser Zeit aber erreichten die Leiden der britischen Truppen ihren Höhepunkt. Anfang 1855 befanden sich etwa elftausend Soldaten in den Stellungen vor Sewastopol und zwölftausend in den Lazaretten. Die Zahl der Kranken und Verwundeten stieg weiter an. – In dieser Sturmflut des Grauens, vor der viele Ärzte resignierten, behielt Florence Nightingale einen kühlen Kopf und rettete mit Aufopferung und großer Umsicht Tausenden das Leben.

Von ihrem „Stabsquartier" gingen alle Initiativen aus. Hier wurden alle Hilfsmaßnahmen beraten und ihre Durchführung bis ins Detail festgelegt. Von dem geschäftigen Treiben im Turm der Schwestern berichtet S. G. Osborne: „Von diesem Turm ging jener wohlgeleitete Strom unerschöpflicher Güte und barmherziger Bemühungen aus, der mit Recht Gegenstand so vielen Lobes gewesen ist. Hier gab es keinen Müßiggang, keinen Stillstand, kein Warten auf Befehle von daheim, keine Ausflüchte gegenüber irgend einem Begehren, das an jene gestellt wurde, die so freudig die ihnen zur Verfügung stehenden Vorräte verwalteten.

Trat man durch die Tür im Turm der Schwestern, so war man sofort Zuschauer einer geschäftigen und äußerst interessanten Szene ... In der vorderen Ecke war rechts der Eingang zu dem Wohnzimmer der Miß Nightingale und ihrer Freunde, den Bracebridges. Ich werde mich der häufigen Besuche in diesem Raum stets mit der lebhaftesten Befriedigung erinnern. Hier fanden unter Miß Nightingales außerordentlich geschickter Leitung die Beratungen statt, bei denen die notwendigen Maßnahmen für die sich täglich ändernden Erfordernisse des Hospitals besprochen wurden. Von hier gingen die Anordnungen für das weibliche Personal aus, welches unter diesem hochbegabten Oberhaupt arbeitete. Dies war auch der Geschäftsraum, aus dem die vielen Schreiben an die Regierung, die Freunde und Helfer daheim abgingen, welche so schreckliche Berichte von den Leiden der Kranken und Verwundeten und dem Fehlen ihrer dringendsten Bedürfnisse erhielten. Hier konnte man den Almosenverwalter der Times sehen, wie er Tag für Tag in sein Notizbuch die Liste der Dinge eintrug, die er gedrängt wurde zu beschaffen und die ebenso leicht von der Hospitalverwaltung hätten erlangt werden können, wenn diese ein wenig mehr Eifer gezeigt hätte. Ein Versuch, die in diesem Raum vor sich gehenden Geschäfte aufzuzählen, würde mein Können übersteigen. Sie umfaßten etwas von den Einzelheiten jeder Ministerialabteilung; jedes Pflichtversäumnis der Behörden daheim und an Ort und Stelle wurde hier erörtert, von hier aus erstrebte man die Schaffung von Ordnung und Menschlichkeit durch beschränkte Mittel, die man gegen das denkbar weiteste Gebiet der Zerrüttung richten mußte."

Bei aller Überlastung durch die täglichen Organisations- und Pflegearbeiten fand Florence Nightingale die erforderliche Zeit, um in umfangreichen Aufzeichnungen das Erlebte festzuhalten, in Auswertung der Erfahrungen erste Schlüsse als Grundlage von Empfehlungen für notwendige Reformen der Krankenpflege und des Heeressanitätswesens insgesamt zu ziehen. Darüber hinaus schickte sie an Sidney Herbert, dem sie nichts mehr nachtrug, umfangreiche offizielle und private Berichte. Ihr Wirken hatte auch das wohlwollende Interesse von Königin Viktoria gefunden, das Florence Nightingale geschickt, nicht für ihre persönlichen Interessen, sondern für die Verbesserung der Lage ihrer Schützlinge zu nutzen verstand. Die zur Weihnachtszeit verschickten Liebesgaben an die Soldaten waren von einer persönlichen Botschaft der Königin an Miß Nightingale begleitet, in der sie zum Ausdruck brachte, „sie möge versichert sein, daß ihre Güte, ihre Hingabe und Selbstlosigkeit in der sanften Betreuung dieser kranken und verwundeten Soldaten mit höchster Billigung und Bewunderung angesehen werde".

Das ermutigte Florence Nightingale, Königin Viktoria die Bitte vorzutragen, die bisherige ungerechte Besoldungspraxis für erkrankte Soldaten, von denen bei einem Lazarettaufenthalt doppelt soviel Sold wie bei Verwundeten einbehalten wurde, zu verändern. Dank dieser Intervention wurden Kranke und Verwundete gleichgestellt.

In ihren an Sidney Herbert gerichteten umfangreichen Briefen und Berichten sind bereits die Grundgedanken zur Reform des Heeressanitätswesens enthalten, die sie in ihren späteren Werken weiter ausführte und, mit konkreten Hinweisen zur Verwirklichung versehen, umfassend begründete (siehe S. 103ff.). Dabei ging es nach ihrer Auffassung „darum, ob das System oder das Un-System, das in Friedenszeiten noch angehen mochte, aber für die Erfordernisse des Krieges völlig unzureichend ist, bleiben soll, wie es ist; ob es für eine Zeitlang ein bißchen geflickt werden soll – so wie man einem Bettler ein paar Pfennige gibt –, oder ob man es den Bedürfnissen, die in Zeiten schrecklicher Not sich nicht vermindern, sondern steigern, von Grund auf anpassen soll".

Sie ließ Sidney Herbert bereits Anfang 1855 wissen: „Ich habe einen Plan für eine systematische Reform dieser Lazarette ausgearbeitet, der auf dem Grundsatz der Vereinheitlichung beruht, wobei die verschiedenen Abteilungen aufeinander abgestimmt werden können. Aber mit Rücksicht darauf, daß eine so große Veränderung unter dem schweren Druck des gegenwärtigen Unglücks nicht durchführbar ist, verzichte ich auf eine Veröffentlichung und lege statt dessen die Skizze eines Plans vor, der große Verbesserungen bringt, ohne die Formen aufzugeben, unter denen der Dienst jetzt durchgeführt wird."

Sie unterbreitete konkrete Vorschläge zur Einrichtung eines Korps von Sanitätern, zur Umformierung der Fourageabteilung und zu weiteren praktischen Einzelheiten der Lazarettbetreuung und -verwaltung. Als wichtige Voraussetzung, die notwendigen Veränderungen nicht nur aus Erfahrungswerten empirisch abzuleiten, sondern wissenschaftlich begründen zu können, forderte sie die Einführung einer gewissenhaft zu führenden Krankenstatistik. Viele ihrer Vorschläge und Wünsche führten bereits während des Krimkrieges zu spürbaren Verbesserungen der Truppenbetreuung.

Eine reizende Repräsentantin des schönen Geschlechts

Bei aller Bedeutung des von Miß Nightingale Geleisteten wollen wir nicht ihre persönliche Ausstrahlungskraft außer acht lassen. Manche von Künstlerhand skizzierten Abbildungen der „Dame mit der Lampe", wie sie genannt wurde, weil sie zu später Stunde mit einer Kerze ihre Runde bei den Schwerkranken machte, zeigen ein ältliches, unscheinbares, gebückt gehendes Persönchen, das dem Betrachter mehr Mitleid einflößt als die am Boden lagernden Patienten. Weit gefehlt, Miß Nightingale stand in der Blüte ihrer Jahre und hatte alles andere als die abgezehrten asketischen Züge einer im Leben zu kurz gekommenen Feministin. Hören wir dazu einige Helfer, die ihr in Skutari zur Seite standen: Alexis Soyer, der unverwüstliche französische Küchenchef verstand es, ein beeindruckendes Bild ihrer Persönlichkeit zu zeichnen: „Sie ist ziemlich groß gewachsen, von heller Gesichtsfarbe und schlanker Figur. Ihr Gesichtsausdruck ist sehr anziehend, ihre blauen Augen reden

Bände und blitzen vor Verstand. Ihr Mund ist klein und gut geformt, während ihre Lippen sich im Einklang bewegen und die Empfindungen ihres Herzens äußern ... Die Ausdrucksfähigkeit ihres Antlitzes ist sehr merkwürdig, man kann fast voraussehen, was sie sagen wird: wenn sie über Sachen von ernster Bedeutung spricht, erleuchtet ein sanftes Lächeln ihr Gesicht und beweist die Gleichmäßigkeit ihres Temperaments. Dann wieder, wenn ein Witz oder Scherz die Oberhand gewinnt, verschwindet die Heldin in dem munteren, gütigen Lächeln, welches ihr Gesicht erfüllt und man sieht nur die reizende Frau. Ihr Kleid ist gewöhnlich von blaugrauer oder schwarzer Farbe, sie trägt eine einfache weiße Haube und oft eine grobe Schürze. Mit einem Wort, ihre ganze Erscheinung ist von religiöser Schlichtheit und Natürlichkeit. In der Unterhaltung kann keine Angehörige des schönen Geschlechts liebenswürdiger und sanfter sein als Miß Nightingale. Ihren schweren und ritterlichen Pflichten entrückt, welche den Mut eines Herkules erfordern – und den hat sie, wenn es darauf ankommt –, ist sie Rachel auf der Bühne sowohl in der Tragödie wie in der Komödie."

Ihre Leitereigenschaften hob der Geistliche Sidney Godolphin Osborne hervor, der angesichts des Mangels an medizinischem Hilfspersonal seine Hauptbeschäftigung nicht im geistlichen Zuspruch, sondern in der Assistenz am Operationstisch sah: „Miß Nightingale ist dem Äußeren nach ganz das, was man von jeder wohlerzogenen Frau, die vielleicht etwas über dreißig Lebensjahre hinter sich hat, erwarten würde: ihr Wesen und ihr Gesicht sind einnehmend, und zwar ohne daß sie eigentlich schön wäre, es ist ein Antlitz, das man nicht leicht vergißt, mit angenehmem Lächeln, mit einem Auge, das große Selbstbeherrschung verrät und, wenn sie will, jedem Zug den ruhigen Ausdruck fester Entschlossenheit verleiht. Ihre gewöhnliche Art ist ruhig und eher zurückhaltend; aber ich müßte mich sehr irren, wenn sie nicht einen lebhaften Sinn für das Komische hätte. In der Unterhaltung spricht sie über die geschäftlichen Angelegenheiten mit einem tiefen Ernst, den man bei ihrer ganzen Erscheinung nicht erwarten würde. Sie hat augenscheinlich ihren Geist geschult, jedes Gefühl zu unterdrücken, das dem Grundgedanken der augenblicklichen Handlung hinderlich sein könnte. Sie hat sich selbst dazu erzogen zu befehlen und den Wert schätzen gelernt, den es hat, anderen entgegen zu kommen und sich selbst in der Hand zu haben. Ich kann mir vorstellen, daß sie auf strenge Disziplin hält, sie setzt sich ganz für eine Sache als deren Haupt ein. Als solches weiß sie genau, wie sehr der Erfolg von der buchstäblichen Erfüllung eines jeden Befehls abhängt. Sie scheint gründliche Geschäftskenntnisse zu besitzen, obwohl sie nach meiner Ansicht den Fehler vieler Leiter hat, eine zu große Vorliebe, alle Einzelheiten selbst anzuordnen, die besser anderen überlassen bleiben. Ihr Mut ist wunderbar, ich habe mit ihr sehr ernsten Operationen beigewohnt, und sie war dem mehr als gewachsen. Vor Ansteckungen hat sie keinerlei Furcht. Ich habe gesehen, wie sie stundenlang um Leute war, die an Cholera oder Fieber [Wundinfektionen – W. G.] starben. Je fürchterlicher ein besonderer Fall alle Sinne beleidigte, besonders wenn es sich um Sterbende handelte, um so sicherer konnte man sein, ihre schlanke Gestalt über den Kranken gebeugt zu sehen, um ihm jede mögliche Erleichterung zu schaffen, um selten von seiner Seite zu weichen, bis der Tod ihn erlöst hatte."

Ihre selbstlose Einsatzbereitschaft würdigt auch der Bevollmächtigte der „Times", Mr. Macdonald: „Wo auch immer Krankheit in ihrer gefährlichsten Form und die Hand des Verderbers beunruhigend nahe ist, da kann man sicher sein, diese unvergleichliche Frau zu finden, ihre wohltuende Gegenwart hat einen tröstlichen Einfluß selbst im Kampf der vergehenden Natur. Sie ist in diesen Hospitälern ohne Übertreibung ein ‚helfender Engel', und wenn ihre schlanke Gestalt langsam durch die Korridore gleitet, erhellt sich das Gesicht jedes armen Burschen vor Dankbarkeit bei ihrem Anblick. Wenn alle Ärzte sich für die Nacht zurückgezogen haben und Stille und Dunkelheit über den meilenlangen Reihen der darniederliegenden Kranken ruht, kann man sie allein mit einer kleinen Lampe in der Hand ihre einsamen Runden machen sehen. Der Volksinstinkt hatte nicht geirrt, der sie als Heldin begrüßte, als sie England auf ihrer Mission der Barmherzigkeit verließ. Ich hoffe zuversichtlich, daß sie diese Bezeichnung nicht durch einen höheren, aber traurigeren Ruf ernten möge. Niemand, der ihre zerbrechliche Gestalt und zarte Gesundheit beobachtet hat, kann sich den Befürchtungen entziehen, daß sie versagen könnten."

Wer solchen Ruhm und so hohes Ansehen genoß, der hatte natürlich auch Kritiker, Neider und als Auswuchs des Neids das Geschmeiß von Verleumdern am Halse. Wenn letztere es angesichts ihres weltweit gerühmten humanitären Wirkens auch erst Jahre später in vereinter Front wagten, das Haupt zu erheben, so gab es doch auch jetzt schon einzelne, die, um ihre eigene Schuld zu verdecken, das Mittel der Diffamierung suchten (siehe S. 92). Manches, was kritisch vermerkt wurde, erwies sich bei näherer Betrachtung unter den gegebenen Umständen als nicht anders durchführbar. So erregte ihre vermeintliche Kleinlichkeit den Ärger der Gefährtinnen. Das Wohl der Kranken hängt allzu oft von Kleinigkeiten ab, und so nahm sie die Qualität jeder einzelnen Kost, das möglichst ruhige Schließen von Türen ebenso ernst wie grundsätzliche Auseinandersetzungen mit der Intendantur oder dem Fouragemeister. Ihr war nichts zu belanglos, wenn es um das Wohl der Patienten ging. Darauf verwendete sie alle Sorgfalt und wachte darüber, daß auch alle anderen nach diesem Grundsatz handelten. Sparsamkeit und Achtsamkeit auch bei den kleinsten Dingen verbanden sich mit der Großzügigkeit ihrer Verwaltung und ihren in Skutari reifenden weitsichtigen Reformplänen der Krankenpflege und Hospitaleinrichtungen. Sie war ein Genie der Verwaltung, dem es mit eiserner Energie gelang, eine chaotische Hölle in ein gut geleitetes Lazarett zu verwandeln.

Die ungewöhnlichen Anstrengungen forderten ihren Tribut. Nachdem im Frühjahr 1855 die schweren Belastungen des Winters vorüber waren und sich das Leben in den Lazaretten zu normalisieren begann, stand Florence Nightingale praktisch vor ihrem physischen Zusammenbruch. Dieser bedenkliche Zustand wurde noch dadurch verstärkt, daß sie mit erneuten Intrigen und das Vertrauensverhältnis beeinträchtigender Illoyalität, ja Wortbrüchigkeit, konfrontiert wurde. Das führte zu einer tiefen Depression und dem bedrückenden Gefühl des Versagens. Nur mit aller Kraft vermochte sie sich zu ihrer Arbeit aufzuraffen, doch Freude und Zuversicht schienen erloschen. Neider ihres Erfolges erhoben eifersüchtig auf ihren Ruhm das Haupt.

Rädelsführer ihrer Widersacher war der Generalarzt der britischen Armee und Beherrscher des Heeressanitätswesens, John Hall, ein übler Ränkeschmied und Karrierist, als Freund „höherer Kreise“ jedoch ein gefährlicher, keineswegs zu unterschätzender Gegner. Im Oktober 1854 war er zur Inspektion der Lazarette nach Skutari gesandt worden und hatte über deren „wohlvorbereiteten“ Zustand nur das Beste zu melden gewußt. Keiner der ihm untergebenen Ärzte wagte auch nur den leisesten Widerspruch. Auch den „Gerüchtemacher“ der Times hätte man noch kaltgestellt. Doch dann kam diese verflixte Zivilistin, die von ihrem humanitären Anliegen besessene Florence Nightingale, die mit ihren Berichten endgültig das schreckliche Ausmaß der ganzen Wahrheit an den Tag brachte. Die Lazarettkommissionen hatten schließlich alles bestätigt. Die Folge war, daß der Chefarzt von Balaklawa, Dr. Lawson, seiner Funktion entbunden und John Hall von dem britischen Oberbefehlshaber, Lord Raglan, schwer gerügt wurde. Diesen Makel an seinem Ruf verzieh er Florence Nightingale nie, sich an ihr zu rächen, war sein erklärtes Ziel. Als Werkzeug seiner Revanche hatte er Lawson, der Florence Nightingale nicht minder „zugetan“ war, auserkoren. Obwohl „wegen Gleichgültigkeit und mangelndem Interesses am Wohle der Kranken“ in Balaklawa abgesetzt, wurde er von Hall zum Chef des Kasernenlazaretts in Skutari ernannt. Florence Nightingale war entsetzt. Sie ahnte die Folgen: „Die Leute hier werden versuchen, das alte System gegen die Reformen der Regierung durchzusetzen, und zwar mit einer Zielsicherheit und einem Zusammenhalt untereinander, die Sie ihnen kaum zutrauen.“ Die folgenden Ereignisse sollten ihr Recht geben. Diejenigen Ärzte, die ihrem Wirken ohnehin wenig geneigt gewesen waren, sahen ihre Stunde gekommen, Florence Nightingales Mitstreiter, wie Dr. Cumming, steckten ängstlich den Kopf in den Sand, und selbst ihre Freunde, wie McGrigor, die sich den Widersachern nicht gewachsen glaubten, zogen es vor, sich zurückzuziehen.

Im Gegensatz zu all den Schwächlingen wollte Miß Nightingale auf keinen Fall kapitulieren: „Was ich getan habe, werde ich auch weiterhin tun ... aber ich bin dieses hoffnungslosen Werkes müde.“

Inspektionsreisen auf die Krim

Da die Arbeit in Skutari jetzt im großen und ganzen in geordneten Bahnen verlief und sie sich nicht in formalen Mißhelligkeiten aufreiben wollte, hielt es Miß Nightingale für besser, nun auch auf der Krim „nach dem Rechten zu sehen“ und ihre in Skutari erzielten Erfolge hier wirksam werden zu lassen. Von der Lage in den Lazaretten von Balaklawa und Kulali hatte sie wenig Erfreuliches gehört, und die hier arbeitenden Schwestern drohten sich mehr und mehr ihrem Einfluß zu entziehen. Nun wirkte sich ein Versäumnis bei ihrer Bestallung, die nur für die Türkei ausgesprochen worden war, äußerst negativ aus. Nach Auffassung des Generalarztes John Hall hatte sie deshalb auf der Krim „nichts zu suchen“, und er unterließ nichts, um auch die Schwestern gegen sie aufzuwiegeln, was ihm nicht schwer fiel, da sich ja ohnehin alle renitenten Damen, die sich ihrer Disziplinargewalt entziehen wollten, nach der Krim begeben hatten. Insbesondere Miß Clough sowie Elizabeth Davis aus Mary Stanleys Gruppe und die von Mutter Bridgeman geführten Nonnen waren ihre erbitterten Kontrahenten.

So war sich Florence Nightingale völlig darüber im klaren, daß ihre Anfang Mai 1855 angetretene Fahrt alles andere als eine „Vergnügungsreise“ würde. In ihrer Begleitung befanden sich vier Pflegerinnen, zwei Köche, ein Boy und Mr. Bracebridge. Auf Befehl des Kommandanten traten mit ihr auch vierhundertzwanzig nur notdürftig wiederhergestellte Patienten die Reise an, „die wieder zu ihren Regimentern zurückgeschickt werden, damit man wieder auf sie schießen kann“, stellte Miß Nightingale resignierend fest.

Die Heeresführung brauchte nach den außerordentlich hohen Ausfällen im Winter jeden Mann, um nach dem im April 1855 eingeleiteten verstärkten Artilleriebeschuß der Festung Sewastopol im Mai den beabsichtigten großen Sturmangriff zu führen. Die Lage der von W. A. Kornilow und P. S. Nachimow geleiteten Verteidigung war mit jedem Tag schwieriger geworden. Die Besatzungen der teilweise vor der Einfahrt zur Bucht von Sewastopol selbst versenkten russischen Schwarzmeerflotte hatten zwar mit ihren Schiffsgeschützen die Verteidigungsstellungen verstärkt, so daß bisher alle Versuche, die Festung zu nehmen, heldenhaft abgewiesen werden konnten. Es mangelte keineswegs an Tapferkeit und Opferbereitschaft, aber das Pulver ging aus. Auf drei, später sogar auf acht Schüsse des Belagerers konnten die Verteidiger nur mit einem Schuß antworten. Die Verluste an Toten und Verwundeten wuchsen an.

Nun sollte die Armee der Verbündeten verstärkt werden, um im ungleichen Kampf die bereits monatelang belagerte Festung zu stürmen. Florence Nightingale war natürlich nicht in die Pläne der Heeresführung eingeweiht. Sie wußte aber, daß der kriegsentscheidende Sturm auf Sewastopol bevorstand, der trotz Überlegenheit hohe Verluste fordern würde. Sie wollte das in ihren Kräften Stehende tun, um die Lazarette rechtzeitig darauf vorzubereiten. Bei ihrer Ankunft war in Balaklawa alles überfüllt, so daß sie das Angebot des Kapitäns, auf dem Schiff ihr Quartier aufzuschlagen, gern annahm. Ihre Anwesenheit hatte sich in Windeseile herumgesprochen, und die Soldaten begrüßten jubelnd ihre Wohltäterin.

Ganz anders war ihr „Empfang" bei den Verantwortlichen der Lazarette. Feindselig versuchte man, sie möglichst fernzuhalten. Doch ihrem sachkundigen kritischen Blick blieben weder der Schmutz noch die völlig unökonomische Leitung verborgen. Kaum eine der von den Sanitätskommissionen geforderten Veränderungen war durchgeführt worden. Die Mißstände riefen die „alte" Miß Nightingale wieder auf den Plan. Sie war erneut fest entschlossen, den Kampf für die Humanität, koste es, was es wolle, fortzusetzen. Doch sie hatte ihre Kräfte überschätzt. Bevor sie das Gefecht beginnen konnte, brach sie zusammen. Zwei Wochen schwebte sie im Burglazarett von Balaklawa zwischen Leben und Tod. Auf Anraten der Ärzte sollte sie nach den ersten Anzeichen einer Besserung in die Heimat zurückkehren. Das aber wollte sie auf keinen Fall. Sie mußte unbedingt ihr Werk zu Ende führen.

Generalarzt Hall und Dr. Hadley, der Chef des Burglazaretts, ersannen eine List, um den lästigen Kontrolleur, von dem neue Schwierigkeiten drohten, abzuschieben. Miß Nightingale war einverstanden, sich zu ihrer weiteren Genesung nach Skutari zurückzubegeben. Die beiden Verschwörer aber ließen sie auf ein Schiff bringen, das direkten Kurs auf England nahm. Buchstäblich in letzter Minute wurde das Husarenstück durch Mr. Bracebridge entdeckt und die Kranke auf einer Jacht nach Skutari gebracht.

Von den Spuren der Krankheit tief gezeichnet, konnten sie ihre Freunde kaum wiedererkennen. Die Heimtücke der Gegner hatte ihr nur noch mehr gezeigt, wie wichtig ihre weitere Anwesenheit war, wie sehr man aber auch die Macht ihrer Menschlichkeit fürchtete. Sobald sie auch nur einigermaßen wieder bei Kräften war, wollte sie auf die Krim zurückkehren, um die wohl schwierigsten Auseinandersetzungen ihrer Mission zu führen.

Der Genesungsprozeß verlief sehr langwierig. Endlich, Anfang Oktober 1855, war sie in der Lage, auf die Krim zu fahren, mußte aber wegen einer Choleraepidemie nach wenigen Wochen wieder nach Skutari zurückkehren, wo sich während ihrer langen Krankheit sehr unliebsame Vorkommnisse ereignet hatten, deren Beseitigung ihre ganze Kraft in Anspruch nahm. Viele der in Auftrag gegebenen Instandsetzungsarbeiten waren ins Stocken geraten, einige Pflegerinnen, die ihrer festen Hand entglitten waren, ließen an Disziplin zu wünschen übrig, die Ärzte beschwerten sich über eine zu verschwenderische Wirtschaftsführung. Vor allem aber waren zu Miß Nightingales Leidwesen Bracebridges, die ihr neun Monate als wertvolle Helfer zur Seite gestanden hatten, nach Hause zurückgekehrt. Als Nachfolgerin von Selina Bracebridge wurde Miß Salisbury zur Verwaltung des Liebesgabenlagers eingesetzt, die aber Miß Nightingale bitter enttäuschte und sich größere Mengen an Nahrungs- und Genußmitteln sowie Wäsche widerrechtlich aneignete. Großmütig hatte es Florence Nightingale dabei bewenden lassen, sie nach England zurückzuschicken. Hier aber verbreitete die Betrügerin üble Verleumdungen und fand dabei in der noch immer erbosten Mary Stanley eine willfährige Partnerin. Beide verfaßten eine jeder Grundlage entbehrende „Klageschrift", die auch im Kriegsministerium, in dem keineswegs nur Freunde Florence Nightingales saßen, die Runde machte. Die von Unterstaatssekretär Benjamin Hawes geführten Reformgegner nutzten die Verdächtigungen für ihre dunklen Zwecke, und Miß Nightingale wurde zu einer „Rechtfertigung" veranlaßt. Als die Nightingales von den Diffamierungen hörten, begab sich Tante Mai sofort nach Skutari, um Florence zu helfen. In ihrer Begleitung befand sich ein sachkundiger Verwalter, der das Liebesgabenlager bald wieder in Ordnung brachte. Tante Mai berichtete am 18. September 1855 über ihre

Nichte: „Die Leute stellen sie sich gewöhnlich am Bett des Soldaten vor … Die eigentliche Mühsal besteht in der Unmenge der Schreibereien und Gespräche, in dem Verkehr mit Gemeinheit, Selbstsucht und Dummheit.“

Wenige Wochen nach Eintreffen von Tante Mai war Florence Nightingale wieder auf die Krim zurückgekehrt, wo sich die militärische Lage inzwischen grundlegend verändert hatte: Am 8. September war es der zahlenmäßigen Überlegenheit der Verbündeten gelungen, die Befestigungen auf dem Mallachowhügel im Sturmangriff zu nehmen, von dem aus sie die Stadt beherrschen konnten. Das russische Kommando sah sich veranlaßt, das Südufer der Bucht von Sewastopol und damit auch die zerstörte Stadt zu räumen und sich auf das Nordufer zurückzuziehen. Damit war praktisch der Ausgang des Krieges, der sich auf dem transkaukasischen Kriegsschauplatz noch bis Ende 1855 hinzog, entschieden. Glücklicherweise waren durch die strategisch richtige Entscheidung des russischen Kommandos, die sinnlos gewordene Verteidigung der Festung nicht fortzusetzen, die Verluste auf beiden Seiten nicht so hoch, wie zunächst befürchtet werden mußte. Nun, kurz vor dem sich abzeichnenden Ende des Kriegs und damit ihrer Mission, mußte Florence Nightingale besonders darüber wachen, daß ihr die Leitung der Pflegedienste nicht aus der Hand glitt und die Betreuung verwundeter und kranker Soldaten durch weibliche Pflegerinnen nicht infolge der Disziplinlosigkeit einzelner diskreditiert wurde, galt es doch, auf Grund der Erfolge und Erfahrungen ihrer Arbeit weitreichendere, dringend notwendige Reformen in die Wege zu leiten. Im Interesse dieses hochgesteckten Ziels war Florence Nightingale bereit, mit all ihren Kontrahenten und Widersachern einen Ausgleich zu suchen. Das war schwer genug, denn Mutter Bridgeman hatte ihr erneut große Schwierigkeiten gemacht. Sie war mit ihren Nonnen nach Kulali gegangen, wo sie ein recht verschwenderisches Regime führte, das großen Unwillen hervorrief. Als der Chefarzt, dessen Autorität sie sich ebenfalls nicht beugen wollte, dagegen protestierte, war sie kurzerhand mit ihrer Gefolgschaft ohne jede Absprache, geschweige denn Zustimmung, Ende September 1855 nach dem Hauptlazarett von Balaklawa gewechselt.

Ein schwerer Schlag gegen die von Miß Nightingale beabsichtigten Versöhnungsbestrebungen insbesondere mit den Militärärzten und Verwaltungsstellen war auch ein wohlgemeinter, aber völlig unbedachter Schritt von Mr. Bracebridge. Nach England zurückgekehrt, wollte er hier für die Sache der Wahrheit streiten, in der Hoffnung, damit Florence Nightingale Unterstützung zu geben. Das Gegenteil war jedoch der Fall. In der Stadthalle von Coventry hatte er eine erbitterte öffentliche Attacke gegen die Machenschaften der militärischen Befehlshaber geführt und ließ darüber am 16. Oktober 1855 einen ausführlichen Bericht veröffentlichen. Sofort schlugen alle inzwischen einigermaßen geglätteten Wogen zu neuer Empörung hoch, zumal Bracebridge, wenig sachkundig, sich nicht nur an nachweisbare Fakten gehalten und auch zu Übertreibungen geneigt hatte. Es half wenig, daß sich Florence Nightingale schweren Herzens von den Ausführungen ihres Freundes distanzieren mußte, „erstens weil es nicht unser Amt ist und ich ausdrücklich in Abrede gestellt habe, ein Sanitätsoffizier zu sein ..., zweitens, weil der Vortrag alle Angriffe gegen uns wegen unerwünschter Einmischung und Kritik rechtfertigt; drittens, weil ich die Darstellung der Verhältnisse für ungerecht halte."

Die von dem Angriff Betroffenen nahmen an, daß sie letzten Endes Initiator der Fehde war und gingen zu hinterhältigen Gegenmaßnahmen über. Die Fronten verhärteten sich, wodurch die Lage der Florence Nightingale erschwert wurde. Doch sie blieb standhaft und ließ sich auch durch persönliche Kränkungen, ja Demütigungen, nicht aus der Reserve locken. An Sidney Herbert schrieb sie: „Hier gibt es keinen Beamten, der mich, wenn er nur könnte, nicht verbrennen würde, wie die Jungfrau von Orleans, aber sie wissen, daß das Kriegsministerium mich nicht vor die Türe setzen kann, weil die Nation auf meiner Seite steht. Das ist meine Lage."

Liebe des Volkes

Während gehässige Militärs und böswillige Beamte Florence Nightingale das Leben vergällten, wurde die Retterin Tausender einfacher Soldaten von einer Woge der Liebe des Volkes getragen. Ausdruck der nationalen Verehrung war eine am

29. November 1855 auf Initiative von Sidney Herbert einberufene öffentliche Versammlung, „um der allgemeinen Meinung Ausdruck zu geben, daß die Dienste Miß Nightingales in den Lazaretten des Ostens die dankbare Anerkennung des gesamten britischen Volkes verlangten".

Bei dieser Veranstaltung hatten bezeichnenderweise fortschrittliche Persönlichkeiten das Übergewicht, dogmatisch Konservative und die höhere Geistlichkeit fehlten fast ganz. Im Namen der Ärzte würdigte James Clark das Wirken der Heldin der Nation. Sidney Herbert brachte zum Ausdruck, daß sie „im Verlaufe des Krieges mehr Organisationstalent, mehr Vertrautheit mit Einzelheiten, einen umfassenderen Blick für die Tragweite der Verhältnisse bewiesen habe als irgend jemand, der während des Krieges mit den Lazaretten zu tun gehabt habe".

Die Versammlung, der ähnliche öffentliche Veranstaltungen in verschiedenen Teilen des Landes folgten, stellte sich die Aufgabe, die Bildung eines nationalen Nightingale-Fonds zu fördern, der auf Wunsch der Geehrten vor allem für die Schwesternausbildung Verwendung finden sollte.

Fanny Nightingale war in ihrem Element. Sie gab einen großen Empfang, zu dem sie viele berühmte Persönlichkeiten begrüßen konnte. Sie sonnte sich im Ruhm ihrer Tochter, deren Entwicklung sie wahrlich nicht gefördert hatte. Sie schrieb an Florence: „Der 29. November. Der interessanteste Tag im Leben Deiner Mutter. Es ist sehr spät, mein Kind, aber ich kann nicht ins Bett gehen, ohne Dir zu sagen, daß Deine Versammlung einfach glorreich war ... So etwas ist noch nie dagewesen, aber in Zukunft werden, wie Dein Beispiel zeigt, sich die Herzen mancher Mütter freuen können."

Florence Nightingale selbst ließen all die Huldigungen kalt; sie hatte andere Probleme zu bedenken. Der Mutter antwortete sie: „Meine Berühmtheit ist kein Segen für meine Arbeit, aber wenn es Dir gefallen hat, bin ich zufrieden." Parthe ließ sie wissen: „Mich so oft im Bilde zu sehen und die vielen Lobsprüche zu lesen, war mir weniger willkommen. Ich möchte keine Gleichgültigkeit gegen *echte* Anteilnahme heucheln, aber der ‚Eclat', mit dem man meine Erlebnisse umgibt, hat mich sehr unangenehm berührt, um so mehr, je öfter ich davon höre ... Die Eitelkeit und Leichtfertigkeit, die diesen Wirbel hervorgerufen haben, haben uns nur geschadet und Unglück auf das vielleicht verheißungsvollste Unternehmen herabgezogen, das je von England aus in See gegangen ist. Unsere alte Gruppe, die ihr Werk in Bedrängnis und Mühe, in Kampf und Finsternis begann, hat Besseres geleistet als alle anderen ... Der kleine stille Anfang, die einfache Härte, der schweigende und langsame Kampf aufwärts, das ist das Klima, in dem ein Unternehmen wirklich wächst und gedeiht."

Es war eine beträchtliche Geldsumme gezeichnet worden, und im offiziellen Armeebulletin wurde vorgeschlagen, daß sich auch die Soldaten mit einer Spende von etwa einem Tagessold an der Bildung des Fonds beteiligen sollten. Für John Hall kam das „nicht in Frage". Die einfachen Soldaten aber trugen zur Nightingale-Stiftung bei. Das Hauptquartier meldete: „Die Sammlung war der Ertrag freiwilliger, persönlicher Gaben und der einfache Ausdruck des allgemeinen Dankbarkeitsgefühls unter den in der Krim stehenden Truppen für die ihnen und ihren Kameraden in der Zeit ihrer größten Leiden durch die geschickten Einrichtungen, die unermüdliche, dauernde, persönliche Aufmerksamkeit Miß Nightingales und der ihr zur Seite stehenden Damen erwiesene Fürsorge und Hilfe."

Das Komitee hatte sich an Florence Nightingale gewandt und ihr die gestiftete Summe zur freien Anwendung zur Verfügung gestellt. Noch immer von ihren Aufgaben auf der Krim belastet, konnte sie nicht noch das zusätzliche Amt der Fondsverwaltung übernehmen: „Wenn man, wie ich, auf einem neuen, komplizierten und vielen, die darüber zu Gericht sitzen, fern liegenden Arbeitsgebiet, Mißverständnissen und falschen Auffassungen ausgesetzt ist, so ist es in der Tat eine dauernde Hilfe, wenn einem mitten in der fast überwältigenden Arbeitslast und Not soviel Teilnahme und Anerkennung entgegengebracht wird. Ich muß jedoch hinzufügen, daß ich meine jetzige Tätigkeit nie für eine andere im Stich lassen würde, solange meine Aufgabe hier noch nicht erfüllt ist. Darf ich Sie daher bitten, der Kommission auszusprechen, daß ich ihren Vorschlag annehme, ihr Einverständnis vorausgesetzt, daß ich es noch ganz unsicher lasse, wann es mir möglich sein wird, ihn auszuführen."

Florence Nightingale wandte sich im Zusammenhang mit ihrer humanitären Mission nun in verstärktem Umfang auch sozialen Aufgaben zu. „Was die Schrecken des Krieges sind“, hatte sie im Mai 1855 geschrieben, „kann sich niemand vorstellen. Es sind nicht nur Wunden und Blut, Fieber und Krankheiten, Kälte und Hitze und Hunger“, Verrohung der Sitten, Grausamkeiten, Kulturbarbarei, sondern auch „Geiz, Gleichgültigkeit und Selbstsucht bis zur Unmenschlichkeit bei den Oberen“. Florence Nightingale haßte den Krieg, doch sie war mangels tieferer historischer und politischer Erkenntnisse der Ansicht, daß sich der Kampf gegen den Krieg vor allem auf die Milderung seiner Schrecken beschränken müsse. Der Kampf um die Erhaltung des Friedens und die Enthüllung der Ursachen der Kriege war eine Zielstellung, die erst auf einem höheren historisch-gesellschaftlichen Standort möglich war.

Florence Nightingale bekämpfte zugleich die Auswirkungen des Militarismus. Sie betrachtete ihre Bestimmung vor allem als moralisch-ethische Funktion. Im Rahmen dieses Aufgabenbereichs, in dem die Pflege Verwundeter und Kranker und die Pflegereform den Schwerpunkt bildeten, hatte auch das Bestreben, gegen die unmenschliche Behandlung des einfachen Soldaten anzukämpfen, hohen Stellenwert. Sie hatte die Notwendigkeit erkannt, seine Lage zu verändern, nicht nur, wenn er krank oder verwundet war, sondern auch während seiner ganzen Militärzeit. Entschieden wies sie die Auffassung zurück, es sei sinnlos, dieser „ungebildeten Masse“ Hilfe zu leisten: „Man gebe dem Soldaten die Möglichkeit, sein Geld schnell und sicher heimzusenden, und er wird sie benutzen. Man gebe ihm Schulen und Vorlesungen, und er wird sie besuchen. Man gebe ihm Bücher, Spiele und Zeitvertreib und er wird aufhören zu trinken.“

Dabei erkannte sie nicht, daß es keinen klassenlosen „gemeinen Soldaten“ gab, sondern daß dieser als ausgebeuteter Proletarier Angehöriger der tiefsten Stufe der sozialen Klassenhierarchie der britischen Gesellschaft war. Nicht das Aufbegehren gegen soziales Unrecht, sondern Mitgefühl diktierte ihr Handeln. Florence Nightingale gab sich der Illusion hin, durch Appelle an die Menschenfreundlichkeit der Herrschenden die Mißverhältnisse ändern zu können. Dabei wollte sie durch ihr persönliches Handeln ein Beispiel geben. Zum Entsetzen der Vorgesetzten richtete sie im Mai 1855 ein Lesezimmer ein. Die meisten Verwundeten waren jedoch Analphabeten. Ihr Vorschlag, sie Lesen und Schreiben zu lehren, wurde von der Truppenführung empört zurückgewiesen. Höheres Wissen erziehe zur Aufsässigkeit. Insofern trage Florence Nightingale zur Zersetzung der Truppendisziplin bei, da mögen die Soldaten lieber trinken. Betrunkene dachten nicht über ihre Lage nach.

Doch Florence Nightingale war von dem, was ihr richtig und notwendig erschien, nicht so leicht abzubringen. Dank ihres unermüdlichen Einsatzes wurden schließlich doch vier von Berufsschullehrern geleitete Soldatenschulen eröffnet. Der Erfolg überstieg alle Erwartungen: „Die Lehrstunden wurden in solchem Übermaß besucht, daß die Soldaten die Türe der Hütte aushängten, um hören zu können. Singklassen wurden eingerichtet, und die Mitglieder durften in der Garnisonskapelle singen. Die Soldaten bauten sich ein kleines Theater, für das Kostüme und Requisiten von privater Seite geliehen wurden, und dieses Theater wurde, glaube ich, immer durchaus ordentlich geführt. Fußball und andere Rasenspiele für die gesunden, Domino und Schach für die Kranken waren immer sehr gefragt. Eine anständigere Bevölkerung als die des Kommandos von Skutari in den Jahren 1855/1856 kann man sich kaum vorstellen.“ Die Lesezimmer wurden eifrig besucht: „Die Soldaten saßen da und lasen oder schrieben Briefe, und die Bibliothek des Britischen Museums hätte keinen ruhigeren und ordentlicheren Anblick bieten können.“

Auch gegen die verbreitete Unsitte des Trinkens wußte Miß Nightingale Rat. Getrunken wurde zum einen, um Schmerzen und Kummer zu betäuben, zum anderen aber auch, da der Soldat für seinen kärglichen Sold keine sinnvolle Verwendung hatte. Mit Recht mißtrauten sie dem „Anerbieten“ des Zahlmeisters, das Geld in die Heimat zu schicken. Das änderte sich sofort, als Miß Nightingale sich diese zusätzliche Last aufbürdete. Wöchentlich einmal nahm sie Einzahlungen entgegen, die auf Heller und Pfennig den Angehörigen übermittelt wurden.

All diese Aktivitäten vertieften den Unwillen gegen die „Unruhestifterin“, die sich nun nicht nur auf die Lazarettangelegenheiten beschränkte, sondern gar in die Truppenbetreuung „einmischte“. Die Armeeführung stand ohnehin erneut unter schwerer Kritik. Eine Untersuchungskommission hatte festgestellt, daß die Winterkatastrophe 1854/1855 keineswegs unvermeidbar gewesen war, sondern in hohem Maße auf das Konto unfähiger, gleichgültiger und korrupter Offiziere kam. Doch keiner von den Schuldigen wurde zur Rechenschaft gezogen. Im Gegenteil, einige von ihnen, so auch John Hall, wurden ausgezeichnet. Florence Nightingale war über das Unrecht empört: „Ich bin in einem Zustand ständiger Wut, denn ich habe den ganzen endlos langen Winter hindurch gesehen, wie die Soldaten daherkamen, mit nichts als einer schmutzigen Decke und einer alten Soldatenhose, während die Lager zum Brechen voll waren von warmen Sachen. Es waren lebende Skelette, von Ungeziefer verzehrt, mit Geschwüren bedeckt, ohne Hoffnung und Sprache ... Können wir, die das miterlebt haben, die Beförderung der Leute, die dieses ungeheure Unglück verschuldeten, mit Gleichmut aufnehmen? Was würden die dazu sagen, die heute nicht mehr reden können, weil sie in den trüben Wassern der Calamita-Bay elendig umgekommen sind?"

Sie machte aus ihrer Verachtung der Schuldigen keinen Hehl und ließ keine Zweifel offen, daß sie ihren Kampf für Humanität und Gerechtigkeit mit aller Konsequenz fortsetzen werde. Die Gegenreaktionen ließen nicht auf sich warten. John Hall und seine Vasallen, unter denen sich besonders David FitzGerald „hervortat", bereiteten ihr ständig größere Schwierigkeiten, dachten sich immer neue hinterhältige Schikanen aus. Dabei kam ihnen die Tatsache zustatten, daß Florence Nightingale noch immer keine offizielle Bestallung für ihre Zuständigkeit auch auf der Krim erteilt worden war. Sie drängte deshalb auf diese Bestätigung, da sie sonst nicht nur gehindert wurde, ihre Arbeit zu verrichten und kostbare Zeit verstreichen lassen mußte, sondern weil sogar die Gefahr bestand, daß ihr ganzes Reformwerk in Frage gestellt war. Sie machte ihrem Ärger Luft: „Vom Kriegsministerium erhalte ich Lob und Schmeichelei genug, an denen mir aber gar nichts liegt. Es weigert sich jedoch, mir den richtigen geschäftsmäßigen und wirksamen Rang anzuweisen, den ich dringend brauche ... Das Kriegsministerium hat mich hierher geschickt. Und es sollte mich jetzt nicht den Kampf allein ausfechten lassen ... Wenn die Leute dort meinen, ich hätte meine Arbeit nicht gut verrichtet, so mögen sie mich zurückrufen. Wenn das aber nicht der Fall ist, so dürfen sie mich jetzt in dem sich immer erneuernden und erschöpfenden Kampf um jeden Zoll Boden, den mir die ursprüngliche Übereinkunft zugesichert hatte, nicht im Stich lassen."

Endlich hatte sie das, die Auseinandersetzungen mit ihren Widersachern zu ihren Gunsten entscheidende Dokument in den Händen. Eine solche klare Entscheidung hätte sie nicht zu hoffen gewagt. Offensichtlich hatte ein Abgesandter des Ministeriums, Colonel Lefroy, der sich einige Zeit zur Prüfung der Angelegenheit in Skutari und auf der Krim aufgehalten und hier sehr objektiv erkannt hatte, daß Miß Nightingale nicht nur im Recht war, sondern sich ungeachtet aller Schikanen auch weiterhin aufopferungsvoll für ihre gerechte Sache einsetzte, am Entstehen des an den Oberkommandierenden der Streitkräfte gerichteten Papiers mitgewirkt, in dem es hieß: „Es sind Anzeichen vorhanden, daß leitende Ärzte der Armee die Stellung Miß Nightingales, wie sie von mir beabsichtigt war, nicht richtig gewürdigt haben. Deshalb scheint es angebracht, Ihnen zur Aufklärung dieser Herren und zur Orientierung der Armee eine Erklärung über den Rang dieser ausgezeichneten Dame abzugeben. Miß Nightingale ist von der Regierung Ihrer Majestät eingesetzt als Superintendent sämtlicher Krankenpflegerinnen in den Lazaretten der Armee. Ohne sie zu befragen, kann keine Dame, Schwester oder Pflegerin von einem Lazarett in ein anderes versetzt oder überhaupt in ein Lazarett aufgenommen werden. In Ansehung der ihr auferlegten Verantwortlichkeit müssen jedoch ihre Anweisungen vom Chef des Sanitätswesens gebilligt werden. Dieser wird sich daher mit Miß Nightingale über alles verständigen, was mit der Krankenpflege, soweit sie von Frauen ausgeübt wird, zusammenhängt, und wird seine diesbezüglichen Anordnungen im Einvernehmen mit der Dame treffen."

Miß Nightingale hatte gesiegt, doch sie versagte sich die Genugtuung, als Siegerin zu triumphieren. Im Gegenteil, sie versuchte im Interesse ihres weitergesteckten Ziels, trotz aller weiterhin betriebener kleinlicher, nunmehr versteckter „Fouls", Frieden zu schließen.

Bei stürmischem Wetter machte sie, stundenlang im Sattel oder einer kleinen Kutsche reisend, ihre im März 1856 begonnene dritte Krim-Inspektion. Mutter Bridgeman hatte sich mit ihren Nonnen bereits nach England zurückbegeben, so daß sie bis zur Entlassung der Patienten das Lazarett übernehmen mußte. Im Juli kehrte sie wieder nach Skutari zurück.

Nachdem die Kampfhandlungen bereits im Vorjahr aufgehört hatten, war im Februar 1856 zunächst ein Präliminarfrieden geschlossen worden. Noch am Ende des gleichen Monats hatten sich Vertreter Rußlands, Frankreichs, Großbritanniens, Österreichs, Preußens, der Türkei und Sardiniens in Paris versammelt, um den Friedensvertrag auszuarbeiten. Dabei kam es zwischen den Mitgliedern der siegreichen Allianz zu ernsten Meinungsverschiedenheiten. England forderte, Transkaukasien und weitere Gebiete von Rußland abzutrennen und dem russischen Zarenreich den Unterhalt einer Flotte auf dem Schwarzen Meer und in der Ostsee zu verbieten. Frankreich aber wandte sich gegen eine weitgehende Schwächung des einstigen Gegners, um zu verhindern, daß die Positionen Englands im Vorderen Orient und auf der Balkanhalbinsel zu sehr gestärkt würden, was sich gegen die Interessen des Kaiserreiches gerichtet hätte. Der am 30. März 1856 unterzeichnete Friede von Paris beendete offiziell den Krimkrieg, dessen Ausgang weitgehend die soziale und politische Situation der europäischen Staaten beeinflußte. Als schließlich am 16. Juli 1856 der letzte Patient aus dem Kasernenlazarett entlassen werden konnte und sie die Auflösung aller Spitäler überwacht hatte, sah auch Miß Nightingale ihre Aufgabe als beendet an. Sie schied schweren Herzens: „Oh, meine armen Soldaten, ich bin eine schlechte Mutter, heimzugehen und euch in euren Gräbern auf der Krim zurückzulassen! Dreiundsiebzig Prozent von acht Regimentern in sechs Monaten allein durch Krankheit umgekommen: Wer denkt jetzt noch daran?“ Sie fürchtete: „In einem halben Jahr werden alle diese Leiden vergeblich gewesen sein.“ Daß das nicht eintraf, dafür wollte sie weiterkämpfen.

Noch ein wichtiges Ergebnis ihrer Leistungen während des Krimkrieges ist nachzutragen: Florence Nightingale hatte neben der Rettung Tausender Verwundeter und Kranker nicht nur der weiblichen Krankenpflege im Heeressanitätsdienst zum Durchbruch verholfen, sie hatte nach Kräften auch zur Förderung der Wissenschaft beigetragen, die sie zur Grundlage der Krankenpflege machen wollte. Nachdem sie Ordnung, Übersicht und Hygiene in dem Lazarettbetrieb durchgesetzt hatte, wurde von ihr ein Haus erworben, das sie interessierten Ärzten für wissenschaftliche Forschungen zur Verfügung stellte. Alle dafür notwendigen Einrichtungen und Instrumente wurden auf ihre Kosten beschafft.

Ringen um Reformen

Schnelle Tat erhöht die Siegeschance

Am 28. Juli 1856 hatte sich Florence Nightingale, um unliebsamen Begrüßungszeremonien zu entgehen, mit Tante Mai unter falschem Namen in Konstantinopel an Bord begeben. Als „Kriegsbeute“ führte sie einen amputierten Schiffsjungen und ein russisches Waisenkind mit sich, für die sie sorgen wollte, weiterhin einen Hund und eine Katze, die ihr in treuer Anhänglichkeit über schwere Stunden hinweggeholfen hatten.

Über Marseille und Paris erreichte sie unerkannt die britische Insel und fuhr mit dem Zug in ihre Heimat. Die letzte Wegstrecke legte sie zu Fuß zurück und traf gegen Abend in Lea Hurst ein, als die Familie nichts ahnend im Salon beim Lunch saß.

Tief erschöpft hätte Florence Nightingale dringend der Ruhe bedurft. Mutter und Schwester, die sich in ihrem Ruhme sonnten, hofften sehr, daß ihr Unternehmungsdrang nun vollauf befriedigt sei und sie sich endlich in Ruhe auf den Familiensitz zurückziehen würde. Es wäre falsch anzunehmen, daß sich nicht auch Florence Nightingale gern von den Anstrengungen erholt hätte, zumal sie noch immer von Krankheit gezeichnet war. Doch sie gönnte sich nur ein kurzes Atemschöpfen. Tod und Leid der unschuldigen Opfer ließen ihr keine Ruhe: „Es ist an uns, danach zu trachten, daß sie nicht vergeblich gelitten haben – danach zu trachten, aus der Erfahrung zu lernen, solche Leiden in Zukunft zu verringern durch Vorsorge und gute Einrichtungen.“

Es war erschreckend: Die Schuldigen an der Katastrophe blieben ungestraft im Amt, der seelenlose bürokratische Apparat arbeitete weiter nach alten „bewährten“ Prinzipien. Keiner der der Hölle Entronnenen erhob seine Stimme. Es schien, als trachteten alle danach, das schreckliche Geschehen so schnell wie nur möglich zu vergessen.

Für Florence Nightingale gab es keine persönliche Schonung; was niemand tat, hielt sie für ihre Pflicht, es zu tun: die widrigen Zustände im Heeressanitätswesen zu verändern. „Solange ich lebe, werde ich dafür kämpfen“, war ihre Devise. Doch sie mußte das Werk sofort beginnen, solange die Öffentlichkeit noch unter dem unmittelbaren Eindruck des Debakels stand. Es galt, keine Zeit zu verlieren. Auch deshalb nicht, weil sie ihre Kräfte schwinden fühlte und fürchtete, daß ihre Tage gezählt seien. Wer würde ihr Vorhaben fortsetzen? Sie war sich bewußt, als Frau wenig Gehör zu finden. Sie brauchte dringend Mitkämpfer, möglichst einen einflußreichen Wortführer.

Um nicht erneuten Unwillen zu erregen, verhielt sie sich zunächst sehr zurückhaltend. Sie legte zwar die gewünschten Berichte vor, doch fand sich in diesen kein Wort der Beschuldigung, keinerlei Polemik. Waren nicht die dargelegten Tatsachen ohnehin anklagend genug? In ihren Mitteilungen versäumte sie es nicht, die Notwendigkeit von Reformen darzulegen und Hinweise zum Beheben der Mängel zu geben: „In den allgemeinen Militärlazaretten, wie sie jetzt gestaltet sind, fehlt die Oberleitung, die durch ihre überlegene Autorität die nebeneinander geordneten Abteilungen im Hospital zu dem vollkommenen Zusammenwirken zwingen kann, das zum Erfolg notwendig ist ... Ein ausführendes, verantwortliches Oberhaupt ist, wie mir scheint, in einem allgemeinen Krankenhaus nötig, mag man es nun Gouverneur nennen oder Kommandant oder wie man will, und dieses sollte daneben keine anderen Kommandos haben.

Es darf nicht zu viele Verwaltungsabteilungen geben:

1. Ein Direktor, der für alles allein verantwortlich ist, außer für die ärztliche Behandlung.
2. Ein Oberarzt nebst den dazu gehörigen Unterärzten, denen keine Verwaltungspflichten obliegen und die nur streng beruflich tätig sind.
3. Ein Inspektor, der das Amt eines Proviantmeisters und Kaserneninspektors versieht und unter Verantwortung des Direktors für alles zu sorgen hätte.
4. Ein Schatzmeister, der Wechsler und Zahlmeister wäre.
5. Ein Aufseher für die Lazarett-Angestellten, der die Aufsicht über Küche, Wäsche, Hospitaleinrichtung und Verteilung der Lazarettgehilfen übernähme.“

Zur allgemeinen Überraschung hatte sich Miß Nightingale nach ihrer Rückkehr weitgehend aus der Öffentlichkeit zurückgezogen. Zweifellos hätte sie, von der Woge des Volkszorns getragen, ihren Forderungen starken Nachdruck verschaffen können. Die Fülle der täglichen Post zeugte von dem hohen Grad ihrer Bewunderung und Anerkennung. Es waren nicht nur Briefe einzelner, die den täglichen Postsack füllten. Eintausendachthundert Arbeiter von Newcastle sandten ihr ebenso eine Grußadresse wie die Messerschmiede von Sheffield. Doch Miß Nightingale wollte und konnte kein Volkstribun sein. Sie sah das Proletariat als leidende, nicht als kämpfende Klasse. Sie stellte sich das Ziel, seine Lage zu verbessern, die Möglichkeit einer aktiven Mitwirkung der Ausgebeuteten und Rechtlosen bei der Veränderung ihrer Lage kam ihr nicht in den Sinn.

Sie suchte nach einem einflußreichen Verbündeten, dessen Stimme im Parlament und bei Hofe von Gewicht war. Es lag nahe, daß sie Sidney Herbert als Partner für den bevorstehenden Kampf zu gewinnen suchte. Dieser aber hatte sich, der dunklen Machenschaften überdrüssig, auf seine Ländereien in Irland zurückgezogen. Es war unverkennbar, daß er bestrebt war, ihr auszuweichen, und es vorzog, den Dingen ihren Lauf zu lassen.

Florence Nightingale versuchte, auch auf direktem Wege ihr Ziel zu erreichen, und bat den Kriegsminister Lord Panmure um eine Aussprache, doch auch er vertröstete sie auf später.

Durch Vermittlung ihres Freundes James Clark, den sie in Schottland aufsuchte, erhielt sie Gelegenheit zu mehrfachen Audienzen bei Königin Viktoria und Prinzgemahl Albert, die in ihrem schottischen Schloß Balmoral weilten. Beide waren von der Ausstrahlungskraft ihrer Persönlichkeit tief beeindruckt und empfingen sie auch zu privaten Gesprächen. So hatte Miß Nightingale gründlich Gelegenheit, ihnen, ausgehend von den unzähligen Mängeln des Lazarettsystems, die Notwendigkeit umfassender Reformen zu begründen.

Ihr Ziel, die Bildung einer königlichen Kommission zur Prüfung aller mit dem Lazarettwesen im Zusammenhang stehenden Fragen, war jedoch ohne Mitwirkung des Kriegsministers schwerlich zu verwirklichen, zumal sie davon überzeugt war, daß Erfolge nur erzielt werden könnten, wenn vor allem die schwerfällige Verwaltungsstruktur verändert würde: „Das

Kriegsministerium ist ein sehr langsames Amt, und es ist ein ungeheuer kostspieliges Amt, da die Absichten des Ministers durch seine Unterabteilungen ständig vereitelt werden können und die Pläne jeder Unterabteilung wieder durch eine andere."

Königin Viktoria hatte Verständnis für ihr Vorhaben und kam ihr, wie ein Brief Miß Nightingales an ihre Mutter zeigt, sehr entgegen: „Die Königin wünscht, daß ich bleibe und Panmure hier sehe und nicht in London, weil sie meint, man könne mehr mit ihm anfangen, wenn sie dabei sei, um mir den Rücken zu stärken."

Am 5. Oktober 1856 fand die von Florence Nightingale seit langem erwartete Begegnung statt. Panmure hatte sich nur sehr widerwillig zu der Aussprache eingefunden. Er fühlte sich nicht zu unrecht in eine Falle gelockt. Die Königin hatte ihm die von Miß Nightingale skizzierten Reformvorschläge übermitteln lassen und dabei nicht verschwiegen, daß sie diesen „huldvoll geneigt sei". Damit war der Minister festgelegt, er konnte in dem Gespräch nicht mehr auf unverbindliche Konversation schalten. Eine nähere Prüfung der Anregungen ließ ihn die Tragweite erkennen. Was ihm all seine beamteten Mitarbeiter zu geben bisher nicht in der Lage gewesen waren, wurde hier auf der Grundlage eigener Erfahrungen mit großer Überzeugungskraft dargelegt. Die persönliche Ausstrahlungskraft von Miß Nightingale tat ein Übriges, um ihn für ihre Ziele zu interessieren. Hier war weder eine Wichtigtuerin am Werke, noch wollte eine männerhassende Feministin ihre Aggressionen abreagieren oder gar selbstsüchtig-egoistische Ziele verfolgen. Alle Vorurteile, die man gegen Miß Nightingale erhoben hatte, erwiesen sich als pure Verleumdung. Bescheiden und selbstlos, doch deshalb keineswegs weniger selbstbewußt, erläuterte sie ihren wohldurchdachten Plan.

Panmure war mit der Bildung einer königlichen Kommission einverstanden und erbat schließlich in Übereinstimmung mit Premierminister Palmerston von Florence Nightingale einen vertraulichen Bericht. Sie war überglücklich. Alles war ihren Wünschen entsprechend verlaufen, der Sieg schien greifbar nahe. Nun kam es darauf an, eine optimale Zusammensetzung der Kommission zu gewährleisten. Nicht subalterne Beamten, keine Karrieristen oder willfährige Parteigänger waren gefragt, sondern Fachleute mit kritischem Blick, Stehvermögen und

Konsequenz. Um bei keiner Seite Anstoß zu erregen, mußte freilich eine paritätische Auswahl ziviler und militärischer Vertreter gewährleistet sein. Neben Experten des Sanitätswesens und Sachverständigen der Verwaltung legte Miß Nightingale größten Wert auch auf einen versierten Statistiker, der aus der Fülle des vorliegenden und noch zu ergänzenden Zahlen- und Faktenmaterials verallgemeinerungsfähige Aussagen abzuleiten vermochte. Ein solcher Mann war William Farr, ein Wegbereiter mathematisch-statistischer Verfahren, der ihr zur Seite stand.

Kommissionen und Ausschüsse

Als Leiter der Sanitätskommission von 1855 hatte John Sutherland Miß Nightingales besonderes Vertrauen erworben. Er wurde in ihren personellen Vorschlägen ebenso bedacht wie der wohl fähigste Mann im Heeressanitätswesen, Thomas Alexander, der den Krimkrieg mit all seinen Schrecken in den vordersten Linien miterlebt hatte. Seine selbstlose Einsatzbereitschaft war allerdings nicht belohnt worden. John Hall verzieh ihm seine offene Kritik nicht, und so war er im Gegensatz zu den hochdekorierten Drückebergern abgeschoben worden. Ausgerechnet ihn setzte Miß Nightingale nun auf ihre Liste! Diese wurde vervollständigt durch Henry Starks, Colonel Lefroy und Dr. Balfour, die sie in Skutari schätzen gelernt hatte. Zum Vorsitzenden der Kommission, der sie selbst – sie war ja „nur" eine Frau – nicht angehören konnte, hatte sie Sidney Herbert vorgesehen. Er trat dieses belastende Amt nur höchst ungern an, wohl wissend, in dieser Funktion bei „höchsten Kreisen" nur Anstoß zu erregen. Die ersten Diskussionen entbrannten bereits um die vorgeschlagenen Mitglieder. Den größten Unwillen erregte Dr. Alexander. Um die Sache nicht zu gefährden, zeigte sich Miß Nightingale kompromißbereit.

Doch die Zeit verging, ohne daß eine offizielle Berufung der Kommission erfolgte oder ihre Mitglieder bestätigt wurden. Offensichtlich hatten die Reformgegner im Kriegsministerium das Übergewicht erlangt und Minister Panmure, der zwischen Befürwortern und Gegnern der Reformen eine Mittlerstellung einzunehmen versuchte, handlungsunfähig gemacht. Miß Nightingale, die sich bereits am Ziel ihrer Wünsche gesehen hatte, war tief enttäuscht. Am Ende des Jahres 1856 notierte sie: „Man ist es leid, von der Krimkatastrophe zu hören. Man will nichts mehr wissen von den kalten und feuchten Gräbern, von den Lagern, in denen der Hunger- und Kältetod lauerte, von den fehlenden Rationen, von den ungenutzten Vorräten, die der großen Armee der Toten hätten helfen können; von den Generälen, die zuschauten ... und die nichts weiter zu sagen wußten als: ‚Sie verwöhnen diese Untiere.' Von den Stabsoffizieren, die die Pferde mit Zwieback fütterten, den die Leute nicht essen durften ... Man hat genug über die große Krimkatastrophe geredet."

Zuweilen neigte sie dazu, sich in das scheinbar unabwendbare Schicksal zu fügen. Doch die schrecklichen Erlebnisse des Krimkrieges machten es ihr unmöglich zu resignieren. Immer wieder kämpfte sie gegen Widersacher und Teilnahmslosigkeit an. Dabei mußte sie ihre Freunde aufrütteln, die zu verzagen drohten. Sie schwor sich: „Ich werde Panmure nicht in Ruhe lassen, bis etwas geschehen ist."

Erstmals wurde ihr deutlich bewußt, daß ihre Widersacher für ihre Haltung auch soziale Motive hatten: „Diese Leute ... haben alle ihre Kinder aus dem Fett des Landes genährt und sie in Samt und Seide gekleidet, während wir fort waren. Ich mußte zusehen, wie meine Kinder [so nannte Miß Nightingale die Soldaten – W. G.] nur mit einer alten Soldatenhose und einer schmutzigen Decke bekleidet waren und nichts als rohes Salzfleisch zu essen hatten, und neuntausend meiner Kinder liegen um leicht vermeidbarer Ursachen willen in ihren vergessenen Gräbern. Aber ich kann es niemals vergessen."

Schließlich sah sich Panmure nach monatelanger Verzögerung Mitte Februar 1857 doch veranlaßt, von ihr den bereits während der Unterredung auf Schloß Balmoral erwähnten „vertraulichen Bericht" offiziell anzufordern: „Ihre persönlichen Erfahrungen und Beobachtungen während des letzten Krieges müssen Sie in den Stand gesetzt haben, sehr wichtige Auskünfte nicht nur über die ärztliche Betreuung und Behandlung der Kranken und Verwundeten, sondern auch über die sanitären Zustände der Armee im allgemeinen abzugeben. Ich habe nun die Ehre, Sie zu bitten, mir die Ergebnisse Ihrer Erfahrungen zugute kommen zu lassen ... ich werde mich bemühen, soweit es in meiner Macht liegt, die weitherzigen und großzügigen Anschauungen zu fördern, die Sie über diesen wichtigen Gegenstand hegen."

Er war zu diesem Schritt unter dem Druck der Volksmeinung gezwungen worden. Die Empörung hatte neue Wellen geschlagen, als durchgesickert war, daß alles versucht wurde, die Schuld der Verantwortlichen an der Krimkatastrophe zu vertuschen. Nach dem Bericht des sogenannten Chelsea-Ausschusses sollte das Nichteintreffen einer einzigen Warenlieferung Ursache des ganzen Debakels gewesen sein. Personen hätten sich angeblich nichts zu schulden kommen lassen. In Protestversammlungen wurde die schonungslose Aufklärung des Sachverhaltes gefordert. Die Unruhen hatten ihre Auswirkungen bis in das Unterhaus, wo man in erregten Debatten Rechenschaft forderte. Nun konnte Panmure nicht länger zögern.

Florence Nightingale hatte inzwischen gelernt, daß man für den Sieg der guten Sache auch kluge Schachzüge nutzen mußte. Sie erklärte deshalb, daß sie, falls das Kriegsministerium seine Verzögerungstaktik fortsetze, ihre Aufzeichnungen der Öffentlichkeit übergeben werde: „Bis jetzt hat Lord Panmure – und ich bin jetzt sechs Monate daheim – nichts anderes getan als versucht, Zeit zu gewinnen. Er hat Dr. Sutherland, mir und der Krimkommission gegenüber sein feierlichstes Versprechen gebrochen. Und heute in drei Monaten veröffentliche ich meine Erfahrungen aus dem Krimkrieg und meine Vorschläge zur Besserung, wenn bis dahin nicht ein richtiges und greifbares Unterpfand für eine Reform vorhanden ist."

Das war deutlich. Eine Veröffentlichung, die ja einer Entlarvung der Schuldigen gleich kam, konnten sich Panmure und die Partei der Reformgegner angesichts der angespannten politischen Situation nicht leisten. Das umso weniger, da Mitte des Jahres 1857 nicht nur Informationen über den Ausbruch des indischen Volksaufstandes nach England gelangten, sondern auch Klagen über die noch immer unverändert mißlichen Verhältnisse im Heeressanitätswesen. Hier eröffnete sich für Miß Nightingale ein neues großes Aufgabengebiet (siehe S. 126ff.).

Es galt weiterhin wachsam zu sein. Die aufgeschreckte Reaktion würde nichts unversucht lassen, um eine Demaskierung und fortschrittliche Reformen zu vermeiden. Das begann damit, daß man bestrebt war, in der Kommission genehme Leute unterzubringen, vor allem aber die mit Einzeluntersuchungen zu betrauenden Kommissäre „richtig“ auszuwählen, ja sie sogar zu bestechen.

Miß Nightingale war die Seele des Unternehmens. Zweifellos konnte sich Sidney Herbert, der den Vorsitz der Kommission innehatte, in seiner Rolle nicht recht wohlfühlen, da er ja, darüber bestand kein Zweifel, bei Ausbruch des Krimkrieges als Kriegsminister für das Fiasko nicht geringe Mitverantwortung trug. Eigenartigerweise verschloß Florence Nightingale vor diesem Tatbestand ihre Augen und deutete sein Zögern nur als subjektive Schwäche und Ausdruck von Krankheitssymptomen.

Miß Nightingale arbeitete fieberhaft. Sie entwarf bis Ende April die Richtlinien für die Kommissionsarbeit. Dabei begründete sie deren Aufgaben, orientierte auf Schwerpunkte, steckte aber zugleich auch die Grenzen des Wirkungsfeldes ab, um zu vermeiden, daß man sich in Nebenfragen verlor oder dem Gegner gar durch Überschreiten der Kompetenzen Ansätze zu wirksamer Gegenwehr bot. Es war keine leichte Aufgabe, die sie zu bewältigen hatte, zumal einer ihrer Hauptwidersacher, Andrew Smith, ein Mann von erheblichem Einfluß, festen Platz in dem Gremium gefunden hatte. In seiner Funktion als Chef des Heeres-Sanitätswesens zählte er von Amts wegen zu den „gesetzten“ Kommissionsmitgliedern.

Miß Nightingale begnügte sich nicht mit der Fülle des bereits vorliegenden Materials. Von früh bis spät war sie auf den Beinen und sammelte in Hospitälern, Heimen und Kasernen weitere Informationen, die sie bearbeitete und verdichtete. So entstand in den Nachtstunden in mühevoller Arbeit ihr ausführlicher Bericht, der Eingang in den Gesamtbericht fand, der bald auf viele Hundert Seiten angewachsen war. Gründlich und gewissenhaft wurde von ihr auch jede Kommissionssitzung, jede einzelne Zeugenbefragung vorbereitet.

Sie achtete darauf, daß ihre Gegner, die ihr auf der Krim und in Skutari das Leben zur Hölle gemacht hatten, sich bei den Verhören nicht gekränkt fühlten. Rache lag ihr fern. Sie wollte nur „das herausholen, was für die Sache das Beste ist“. Schließlich war sie im Juli 1857 selbst in den Zeugenstand getreten. Sidney Herbert hatte ihr empfohlen, sich dabei sehr zurückzuhalten und möglichst nur über technische Fragen zu sprechen. Das entsprach aber nicht ihrer Konzeption. Zwar war auch sie der Meinung, „daß es unpassend und unrichtig ist, alte, vergangene Missetaten wieder aufzutischen; aber es würde unwahr und gewissenlos sein, über verhältnismäßig gleichgültige Dinge, wie über Spitalbauten zu sprechen und die großen Probleme nicht zu berühren, die für unsere Kranken entscheidender sind und waren als Fragen der Architektur. Es wäre Verrat am Andenken der Toten ... Dieser Plan, mich zu verhören und mich doch nichts sagen zu lassen, scheint mir die schlechteste Möglichkeit zu sein." Sie legte ihre Aussagen, die sie ihrer umfangreichen Ausarbeitung entnahm, der Kommission schriftlich vor.

In ihrem „Hauptquartier", dem Burlington-Hotel, liefen alle Fäden zusammen, von hier gingen alle Initiativen aus. „Wer nicht Tag für Tag mit ihr gearbeitet hat, kennt sie nicht und kann sich gar keine Vorstellung machen von der Stärke und Klarheit ihres Geistes, von den außerordentlichen Kräften, die sich mit ihrer Herzensgüte paaren", schrieb ihr Freund und Mitstreiter John Sutherland.

Während der Kommissionsarbeit hatte sich ein aktiver Kern herausgebildet, dem neben Florence Nightingale und Sidney Herbert auch Sutherland angehörte. Der Motor dieses „Schattenministeriums" aber war eindeutig Miß Nightingale.

In ihrem umfangreichen Werk, dem sie den Titel „Notes on matters affecting the health, efficiency, and hospital administration of the British Army" (Bemerkungen über Fragen der Hygiene, Wirksamkeit und Lazarettverwaltung der Britischen Armee) gab, beschränkte sie sich nicht auf die Ereignisse während des Krimkrieges. Sie analysierte zwar bis ins Detail Ursachen, Verlauf und Auswirkungen der Katastrophe, wobei alle Mängel in der Organisation des Transports, des Verpflegungs- und Lieferungswesens, der medizinischen Versorgung bis hin zu den sozialen Verhältnissen der Soldaten erfaßt wurden, doch das vor allem, um ihre Änderungsvorschläge aus konkreten Vorfällen abzuleiten.

Da die Mehrzahl der Toten nicht Opfer von Kampfhandlungen, sondern an Cholera und Skorbut gestorben waren, begründete sie die Notwendigkeit einer speziellen militärmedizinischen Ausbildung und Betreuung: „Es läßt sich nicht leugnen, daß ein großer Teil der britischen Streitkräfte aus Ursachen zugrunde ging, die nicht unvermeidliche und notwendige Folgen des Krieges waren ... (10053 Mann oder 60 % pro Jahr, gingen in sieben Monaten nur an Krankheiten zugrunde bei einer Durchschnittszahl von 28 939 Mann. Diese Sterblichkeit übersteigt jene der großen Londoner Pestepidemie) ... Da erhebt sich die Frage, muß das, was hier geschah, sich wiederholen?"

Sie stellte sich das Ziel, die Lebensbedingungen der einfachen Soldaten auch in Friedenszeiten zu verbessern: „Laßt die Vergangenheit begraben sein, aber ändert das System, so daß der Soldat wenigstens in Zukunft menschenwürdig behandelt wird! Es wäre sowohl nutzlos als auch ungerecht, wenn einzelne Beispiele oder Persönlichkeiten als Gegenstand der Kritik herausgegriffen würden. Man muß sich das System ansehen, das ihnen den Platz anwies, auf dem sie standen. Versuchen wir doch, ein System zu erfinden, in dem Durchschnittsmenschen zum Heil und nicht zur Zerstörung eines Heeres arbeiten können! Offiziere, die für ihren Beruf begeistert waren, haben gesagt, daß der Mensch aus drei Gründen Soldat werden könne: entweder weil er keine Arbeit habe, oder weil er betrunken sei, oder weil sein Liebchen ihn habe sitzenlassen. Aber der Anreiz, Soldat zu werden, den wir doch gerne steigern möchten, kann von Engländern des neunzehnten Jahrhunderts kaum in dieser Form geboten werden, das heißt, nicht durch *mehr* Armut, *mehr* Trunksucht und *mehr* treulose Liebchen."

Ihre Abhandlung, in der der einfache britische Soldat erstmals als Mensch, ja als gleichberechtigter Partner angesehen wurde, war eine Herausforderung an die Reaktion. Leider konnte sie sich nicht zu einer Veröffentlichung entschließen, sondern gab der Vorlage des Kommissionsberichts, der im wesentlichen ihr Werk war, den Vorzug. Nur wenige Exemplare wurden von ihr in Buchform auf eigene Kosten herausgegeben.

Sidney Herbert hatte den Kriegsminister noch vor Abschluß des Berichts über dessen Inhalt informiert. Als Präventivmaßnahme gegen die zu erwartenden heftigen Angriffe im Unterhaus unterbreitete er der Regierung den Vorschlag, rechtzeitig vier Unterausschüsse ins Leben zu rufen, die sich mit den im Bericht gegebenen Empfehlungen beschäftigen und diese schließlich, mit Exekutivvollmacht ausgestattet, auch in der Praxis durchführen sollten. Im Vordergrund standen dabei die Hygiene in den Kasernen, die Gründung eines statistischen Amtes der Armee, die Errichtung einer Sanitätsschule und die Umgestaltung des Heeres-Sanitätswesens.

Lord Panmure hatte der Bildung von Ausschüssen zunächst pro forma seine Zustimmung gegeben, doch bald behandelte er diese Angelegenheit mit der gleichen Verzögerungstaktik wie die Bildung der Kommission. Die Hauptlast bei der Vorbereitung der Ausschußarbeit lag wiederum auf den Schultern von Florence Nightingale.

Netley-Affäre

Hauptfeld der Auseinandersetzungen war die Durchsetzung der notwendigen Reformen. Es gab aber auch noch einen „Nebenkriegsschauplatz", auf dem Miß Nightingale mit Lord Panmure die Klingen kreuzte. Sie hatte sich, das war unbestritten, durch Erfahrungen und jahrelange Studien einen Namen als Sachkundige in Fragen des Lazarettbauwesens erworben. Das Kriegsministerium legte ihr deshalb den Bauplan des „Royal Victoria Hospital" in Netley vor. Noch vor Ausbruch des Krimkrieges geplant, entstand hier ein riesiges Bauwerk für tausend Betten. Die Anlage widersprach jedoch allen an der Front gesammelten Erfahrungen. Zu Panmures Entsetzen lehnte Miß Nightingale das Projekt wohlbegründet eindeutig ab.

Die Wahl des Standortes war gut. Nahe der Küste baute man das Lazarett neben der alten Netley Abbey auf einem grünen Hügel. Doch der Bau war eine endlose Fassade, die nur durch vorspringende Seitenabschnitte etwas gegliedert war. An der Rückseite des einzigen geraden Ganges lagen paarweise angeordnet die Krankenzimmer. Im Rahmen dieses Korridorsystems war die von Miß Nightingale als unabdingbar geforderte Licht- und Luftzufuhr stark eingeschränkt. Das Schlimmste aber war, daß die angefügte Dreiflügelanlage der Wirtschaftsräume einen nahezu geschlossenen Hof entstehen ließ, in dessen Zentrum sich in viel zu kurzem Abstand zu den Nachbargebäuden die geruchsbelästigende Küche befand. Ein Trauma für Florence Nightingale als konsequenter Verfechterin des Pavillonsystems!

Doch der Bau, der allen modernen Anforderungen der Hygiene und des Betreuungsmilieus Hohn sprach, war inzwischen so weit fortgeschritten, daß Änderungen schwerlich möglich waren. Ein Abbruch des Riesenbauwerks kam natürlich auch nicht in Betracht. Versuche, Florence Nightingale umzustimmen, hatten nur den „Erfolg", daß sie sich an den Premierminister wandte. Dieser machte sich ihre Auffassungen zu eigen und schrieb dem Kriegsminister: „Es scheint mir, daß alle Erwägungen, was dem Wohlergehen und der Gesundung der Patienten am dienlichsten sein möchte, der Eitelkeit des Architekten geopfert worden sind, dessen einziges Ziel es war, ein Bauwerk herzustellen, was von den Ufern des Southampton-Flusses aus in die Augen fällt ... Bitte lassen Sie daher die Arbeit einstellen, bis die Angelegenheit neuerlich überprüft worden ist."

Schließlich aber hatte das „Argument" bereits verbauter siebzigtausend Pfund doch das größere Gewicht. Es wurde weiter gebaut, wobei, soweit das noch möglich war, Verbesserungen berücksichtigt wurden. Wichtiges Ergebnis der Auseinandersetzungen waren Florence Nightingales Darlegungen der Grundprinzipien des Hospitalbaus in den „Notes on the sanitary condition of hospitals, and on defects in the construction of hospital wards" (Bemerkungen über die sanitären Verhältnisse der Hospitäler und über Fehler bei der Konstruktion von Hospitaleinrichtungen) (1858). Eine überarbeitete und erweiterte Fassung erschien 1863 im Verlag Longman und Green unter dem Titel „Notes on hospitales" (Bemerkungen über Hospitäler) (siehe auch S. 158). Florence Nightingales Kritik kam späteren Neubauten, wie dem „Herbert-Hospital" (1859–1864), vor allem aber dem jüngeren „St. Thomas Hospital" in London (1866–1871), sehr zu nutze.

Mit ihren „Notes on hospitales" widmete sich Florence Nightingale gleichzeitig Grundfragen der Krankenpflege, einem Hauptfeld ihrer Wirksamkeit, das sie seit Ende der 50er Jahre neben dem Kampf um Sanitätsreformen bearbeitete und das im Zusammenhang mit ihrem sich verstärkenden sozialen Engagement schließlich in den 60er Jahren Schwerpunkt ihrer Arbeit wurde (siehe S. 178ff.), ohne daß sie dabei die Notwendigkeit der Reformen im Heeressanitätswesen aus den Augen verlor.

Die Netley-Kontroverse hatte nicht gerade das gegenseitige Verhältnis zwischen Lord Panmure und Miß Nightingale verbessert. Arbeit und Zwietracht versetzten sie in einen Zustand völliger Erschöpfung, der durch das rücksichtslose Verhalten von Mutter und Schwester verstärkt wurde. Beide hatten sich im gleichen Hotel eingenistet und dabei so breit gemacht, daß Florence allenfalls in ihrem Schlafzimmer und einem kleinen Nebenraum Platz zum Arbeiten fand, während die Damen Nightingale im Salon Empfänge gaben. Für sie stand jederzeit ein Wagen bereit, während Florence Nightingale für ihre Inspektionsgänge quer durch London und dessen Umgebung auf den Omnibus angewiesen war.

Als Parthe erkrankte, war es für sie und die Mutter selbstverständlich, daß Florence die Pflege übernahm, obwohl sie sich gerade auf die entscheidenden Auseinandersetzungen mit Lord Panmure vorzubereiten hatte.

Schließlich waren auch finanzielle Fragen Anlaß ständiger Auseinandersetzungen. Fanny, die sich der Regelung ihres Mannes, Florence jährlich fünfhundert Pfund zur Verfügung zu stellen, seit Anfang an widersetzt hatte, war kleinlich bestrebt, ihrer Tochter jede Ausgabe in Rechnung zu stellen. So kamen zu den vielen anderen Sorgen noch die bedrückenden finanziellen Verhältnisse hinzu, zumal Florence im privaten Leben äußerst großzügig war.

Die Monate unerfreulichen Zusammenlebens verliefen gespickt mit widerwärtigen Szenen. Während Florence, an den Grenzen der Belastbarkeit stehend, erschöpft nächtelang arbeitete, bestand für Mutter und Schwester die „ganze Beschäftigung darin, auf dem Sofa zu liegen und einander zu bitten, sich doch ja nicht beim Blumenordnen zu überanstrengen“. Sie klagten Florence sogar noch an, sich zu wenig um sie zu kümmern, warfen ihr vor, sie auszunutzen. „Es war“, wie Florence Nightingale feststellte, „wie eine Szene aus Moliere, zwei Leute in erträglicher, eigentlich vollkommener Gesundheit, die den ganzen Tag auf dem Sofa liegen, reden sich und anderen ein, daß sie die Opfer ihrer Hingabe für jemand anders seien, der selbst an Überarbeitung stirbt.“

Voller Bitterkeit schrieb sie dazu: „Für jedes meiner achtzehntausend Kinder, für jedes dieser armen Geschöpfe in Harley-Street habe ich in einer Woche mehr mütterliches Gefühl gehegt und mehr mütterliche Taten vollbracht als meine Mutter für mich in zweiunddreißig Jahren.“

Alle diese Belastungen hinterließen tiefe Spuren: Am 11. August 1857 brach Florence Nightingale entnervt und völlig entkräftet zusammen. Man befürchtete das Schlimmste. Der „Daily News“ bereitete sicherheitshalber schon den Nachruf vor. – Dr. Sutherland war um seine alles andere als unkomplizierte Patientin liebevoll bemüht. Es gelang ihm jedoch nicht, sie trotz ihres äußerst beängstigenden Zustands von der Arbeit abzuhalten. Die Vorarbeiten für die Unterausschüsse sollten bewältigt werden. – Eines aber hatte sich seit ihrem Zusammenbruch grundlegend geändert: Sie lebte in völliger Zurückgezogenheit. Endlich war sie auch von ihren familiären Plagegeistern befreit. Nur Tante Mai, die sie bereits in Skutari unterstützt hatte und deren Schwiegersohn, Arthur Hugh Clough, standen ihr zur Seite. In einem ruhigen Nebengebäude des Hotels hatten sie ein kleineres Appartement bezogen. Alle, auch Florence Nightingale selbst, waren überzeugt, daß ihre Tage gezählt wären. Sie machte ihr Testament und gab Anweisungen für die Beisetzung. Ihre größte Sorge war, wer ihr Werk, das Reformprogramm, fortsetzen werde. Nur die engsten Mitarbeiter der Kommission hatten Zugang zu ihr. Mitte Oktober trat eine leichte Besserung des Zustands ein. Sofort setzte sie die neugewonnene Kraft wieder in ihrem Kampf ein. Während ihrer Krankheit hatten die Reformgegner Oberwasser erhalten. Es galt aufzuholen und das mit Hilfe der mächtigsten Waffe, die ihr zur Verfügung stand, der öffentlichen Meinung.

„Als ich anfing, begegnete ich dort [im Kriegsministerium – W. G.] Unfähigkeit und Gleichgültigkeit“ – beiden sagte sie Kampf an. Sie lieferte Material für Artikel, die in damals vielgelesenen „heavies“, Vierteljahresschriften und Revuen veröffentlicht wurden. Um Schlimmeres zu verhüten, berief Panmure nach langem Zögern Ende 1857 die vier Unterausschüsse ein.

Als im Februar 1858 die Konservativen unter E. G. Derby die Regierung Palmerston vorübergehend ablösten und auch Panmure sein Amt zur Verfügung stellen mußte, stand das weitere Schicksal der Reformen erneut in Frage. Es war sogar zu befürchten, daß Florence Nightingales mächtigster Gegner John Hall ein hohes Amt erhalten würde. Dank der Einflußnahme Sidney Herberts berief der neue Kriegsminister General Peel mit Dr. Alexander einen fähigen Mann zum Leiter des Heeres-Sanitätswesens, der als Freund Florence Nightingales Reformen sehr aufgeschlossen war.

Die Zeit schien günstig. Noch nie war auch von offizieller

Seite so intensiv an der Vorbereitung von Reformen gearbeitet worden. Miß Nightingale verließ zwar noch immer kaum ihr „Stabsquartier", doch in ihren Zimmern des Burlington-Hotels gaben sich wieder die Gäste die Klinke in die Hand. Zu ihnen zählten höchst „erlauchte" Persönlichkeiten des europäischen Kontinents und Abgesandte mancherlei Gremien. Eine wichtige Erweiterung ihres Freundeskreises war der Ingenieur Hauptmann Douglas Galton, ein Spezialist des Kasernenbaus und Mitglied des Unterausschusses für Kasernen.

Als sich Miß Nightingale im Herbst 1858 dazu entschloß, neben den Zeitschriften nun auch noch die breitere Kreise erfassende Tagespresse für die Propagierung ihrer Ziele zu nutzen, geschah das weniger als Druckmittel gegen die Regierung als vielmehr zur besseren Popularisierung des Reformprogramms.

Unerbittlich gegen sich und andere

Sidney Herbert, dem nicht nur die Last aufgebürdet wurde, die Unterausschüsse zu konstituieren, sondern diese auch zu leiten, zeigte zunehmend Spuren einer schleichenden Nervenentzündung. So rücksichtslos wie sie gegen sich selbst war, trieb Miß Nightingale nun auch den Freund zur Arbeit an und fand in diesem Bestreben durch Liz Herbert tatkräftige Mitwirkung. Beide ahnten nicht, wie es um ihn tatsächlich stand. Was waren schon Kopfschmerzen, allenfalls etwas für hysterische Weiber, damit konnte man uralt werden. Arbeit war die beste Therapie. Und an der sollte es nicht fehlen: Als Lord Palmerston im März 1859 nach den Wahlen wieder das Amt des Premiers übernahm, berief er Sidney Herbert zum Kriegsminister. Alle Ämter von besonderem Einfluß waren nun von Reformern besetzt. Die Gegner hatten eine schwere Niederlage erlitten. Sie erhoben ihr Haupt nicht mehr öffentlich, wirkten dafür aber im Stillen mit um so größerer Aktivität. Der schwerfällige undurchschaubare Bürokratismus war ihre wirksamste Waffe, mit der sie die Reformen verzögerten und zu vereiteln suchten. Leider war Miß Nightingale nicht vergönnt, sich sorgenfrei an dem Erfolg, der sich ohnehin allzubald wieder als Scheinerfolg erweisen sollte, zu erfreuen. Kummer aus dem privaten Bereich trübte zu Beginn der sechziger Jahre ihren Optimismus.

Im Februar war Dr. Alexander, einer ihrer aktivsten Mitstreiter, an einer akuten Hirnblutung plötzlich verstorben. Sein Werk, die neue Dienstvorschrift für das Heeres-Sanitätswesen, blieb unvollendet. Tante Mai, die ihr mehr als zwei Jahre zur Seite gestanden hatte, kehrte auf Drängen ihres Mannes Samuel Smith zur Familie zurück. Ihr Schwiegersohn Arthur Hugh Clough aber blieb als treuer Helfer weiterhin in London. Sehr zum Unwillen der Familie, da seine Frau Blanche nun seit Jahren im Hause der Eltern lebte und weiter vergeblich auf die Rückkehr ihres Mannes warten mußte.

Florence Nightingale war unerbittlich. Erneut hatte sie die Hand eines attraktiven Bewerbers ausgeschlagen; Sir Harry Verney wandte sich daraufhin ihrer Schwester Parthe zu, die er 1858 heiratete. So wie sie im Interesse der Sache alles zu opfern bereit war, so erwartete sie ein Gleiches auch von den anderen. Wehe dem, der zögerte. Nahezu zwei Jahrzehnte trug sie Tante Mai das „böswillige Verlassen“ nach und lehnte sogar jeglichen brieflichen Kontakt ab.

Auch Sidney Herbert, auf dem nun all ihre Hoffnungen ruhten, bekam ihre Unerbittlichkeit zu spüren. Krankheit war für Miß Nightingale kein Argument, im Kampf um das große Ziel nachzulassen. Hatte sie sich nicht selbst bis zur völligen Erschöpfung aufgeopfert? Doch trotz allen Antreibens war nicht zu übersehen, daß er die in ihn gesetzten Erwartungen nicht mehr erfüllen konnte. Er war am Ende seiner Kraft. Miß Nightingale aber schrieb ihm im Dezember 1860: „Ich glaube nicht, daß es in Ihrer Konstitution Anzeichen dafür gibt, daß Ihre Krankheit das Übergewicht erlangt. Im Gegenteil.“ Als er Anfang Juni auf dringenden ärztlichen Rat ruhen mußte (er litt nun auch noch an einer schweren Nierenkrankheit) und Vorschläge zur Fortsetzung der Umorganisierung des Kriegsministeriums durch andere unterbreitete, behandelte sie ihn wie einen Fahnenflüchtigen: „Jemand der dabei ist, sein Amt aufzugeben, kann keine Reformen mehr durchführen ... Eine Reform ist völlig unwirksam, wenn der Reformator nicht lange genug an der Spitze bleibt, um sie wirksam zu machen ... Ich betrachte Ihren Brief als endgültigen Schlußstrich unter den Neuaufbau des Kriegsministeriums. Und ich verspreche Ihnen, niemals wieder ein Wort darüber zu verlieren ... Hawes [ein Reformgegner – W. G.] hat gewonnen. Wenn Sie es nicht für eine Entweihung halten, möchte ich sagen: ‚Die Hölle hat den Sieg davongetragen.' Ich glaube, Sie könnten noch viele Jahre nutzbringend wirken. Ich habe Ihnen meine Ansicht über Ihren Fall oft wiederholt, und ich bin in meinem Leben keiner Sache sicherer gewesen, daher will ich Sie nicht damit belästigen, zweimal dasselbe lesen zu müssen."

Wenige Wochen später verstarb Sidney Herbert am 2. August 1861. Vergeblich hatte er bis zuletzt gehofft, von Miß Nightingale im guten Einvernehmen zu scheiden. – Die Schreckensnachricht traf sie wie ein Schlag: „Mein Werk, der Sinn meines Daseins, die Möglichkeit, ihn zu erfüllen, alles zusammen geht mit ihm dahin ... ich Unselige überlebe sie alle. Ich glaube, eigentlich hätte ich sterben sollen."

Mit der Schrift „Army sanitary administration, and its reform under the late Lord Herbert" (Die Sanitäts-Verwaltung und deren Reform unter dem verstorbenen Lord Herbert) setzte sie ihrem Freund ein bleibendes Denkmal. Dabei versäumte sie nicht, die Mißstände während des Krimkrieges erneut anzuprangern. Wichtig und neu ist, daß sie diese Feststellungen mit einem nachdrücklichen Appell zur Ächtung des Krieges selbst verband: „Wer kann sagen, inwieweit systematische, von allen Völkern gemachte Versuche, die Schrecken dieses großen Fluchs des Krieges, zu verringern, nicht dazu beitragen könnten, ihn ganz von der Erde verschwinden zu lassen? Die getreuen Berichte aller Kriege sind Berichte von Leiden, Krankheit und Tod, die man hätte verhindern können." Über Sidney Herbert, den sie „den größten unter den Menschenrettern" nennt, sagt sie: „Er ließ seine für die Menschheit bestimmten Kräfte nicht in der Politik untergehen ... Der erste Kriegsminister, der es sich ernstlich zur Aufgabe machte, Leben zu retten ... Wir wollen hoffen, daß die empfangene große Lehre bei denen, welche mit der Verantwortung für den Schutz der öffentlichen Gesundheit betraut sind, ihre Wirkung haben wird."

Vorwürfe, den Verstorbenen ungerecht behandelt zu haben, machte sich Miß Nightingale nicht. Sie war sich keines Fehlverhaltens bewußt. So aufopferungs- und liebevoll sie zu Patienten war, so streng war sie sich und anderen gegenüber, wenn es um das Wohl der Leidenden ging. Die Grausamkeit der Gesellschaft ließ ihr keine andere Wahl, wenn sie etwas erreichen wollte.

Nach Sidney Herberts Tod verließ sie ihre bisherige Unterkunft: „Ich bin fest entschlossen, nicht ins Burlington-Hotel zurückzukehren, wo mir meine Mitarbeiter, die ich mir so mühsam zusammengeholt hatte, nacheinander genommen wurden.“ Sie begab sich nach dem unweit von London gelegenen Hamstead, wo sie seit dem Sommer 1859, zunächst nur zeitweilig, aus der Hotelatmosphäre fliehend, Erholung gesucht hatte. Mit Entsetzen mußte sie sehen, wie das mühsam errichtete gemeinsame Werk, das noch keineswegs vollendet war, Schritt für Schritt allmählich wieder verfiel: „Der Oberkommandierende [Herzog von Cambridge – W. G.] überfährt den schwachen und gelehrten Kriegsminister [Nachfolger Sidney Herberts war der Altphilologe George Lewis – W. G.], als ob er Stroh wäre. Mit allem ist es dasselbe, mit den Tagesräumen, den Kaserneninspektionen, den Lazaretten und allen sanitären Verbesserungen. Nichts werden sie unangetastet lassen.“ Verbittert und enttäuscht zog sie sich in die Einsamkeit zurück: „Wenn ich könnte, würde ich mich in den Erdboden verkriechen, um das alles nicht mehr mit ansehen zu müssen.“

Doch Florence Nightingale war nicht der Mensch, der sein Werk, und damit sich selbst verleugnen konnte. Gewiß gab es Phasen tiefer Resignation und Verzweiflung, die meist von erneuten körperlichen Leiden begleitet waren. Aber sie konnte nicht lange den Dingen ihren Lauf lassen. Von ihrer Mission im wahrsten Sinne des Wortes besessen, kehrte sie immer wieder zu ihrer Arbeit zurück, sammelte sie die ihr noch verbliebenen Mitstreiter zu neuem Kampf für die Sache der Humanität. Und sie hatte inner- und außerhalb des Ministeriums durchaus noch verläßliche und, was ebenso wichtig war, auch einflußreiche Anhänger. Allen voran Lord de Grey, der als Unterstaatssekretär eine Schlüsselstellung bekleidete, die er in dem Maße weiter ausbauen konnte, wie sich die militärischen Unkenntnisse des Kriegsministers zeigten.

Als Verantwortlicher für Bau und Unterhalt der Kasernen und Lazarette besaß Douglas Galton einen nicht zu unterschätzenden Aktionsbereich. Dr. Sutherland leistete in der Kasernen- und Lazarettkommission aktive Arbeit. Sidney Herberts Nachfolger, George Lewis, verstand zwar herzlich wenig von den Reformfragen, doch war er deren Zielstellungen zumindest nicht abgeneigt. Noch war die Sache also keineswegs verloren.

Weitere Fortschritte konnten jedoch schwerlich im Sturmangriff auf die Bastion der Reaktion, sondern nur im zermürbenden Kleinkrieg errungen werden. Ein bedeutsames historisches Ereignis verlieh Florence Nightingale neue Tatkraft: der 1861 von den reaktionären Sklavenhalterstaaten entfesselte Bürgerkrieg in den USA (siehe S. 140).

Aufstand gegen die Kolonialherrschaft

Die 1859 gegründete und von Sidney Herbert geleitete Sanitätskommission für Indien erwies sich bald als das schwerste Erbe, das Florence Nightingale von ihm übernommen hatte.

Als Königin Elisabeth I. den in der „Ostindischen Kompanie" vereinigten britischen Kaufleuten Ende des Jahres 1600 das Monopol für den Indienhandel erteilte, wurde der Auftakt zur Unterwerfung des vom Verfall des Feudalsystems geschwächten riesigen indischen Reiches gegeben. Die ökonomisch erstarkte Kompanie unterhielt bald eigene Truppen, die unter dem Vorwand, die Vertragspartner hätten die vereinbarten Bedingungen nicht eingehalten, dem „Recht" mit Waffengewalt Geltung verschafften.

In ihrem Kampf um die Vorherrschaft hatte die Kompanie auch ihre europäischen Konkurrenten Portugal, die Niederlande und Frankreich, die schon früher Stützpunkte im Lande errichtet hatten, verdrängt, so daß bereits Ende des 18. Jahrhunderts die britische Hegemonie verwirklicht werden konnte.

Von Bengalen aus erfolgte die systematische territoriale Eroberung Indiens, das bis Mitte des 19. Jahrhunderts zu etwa 2/3 in britischer Hand war. Das Restgebiet wurde indischen Fürsten unter britischer Oberaufsicht zur Administration und Ausbeutung „überlassen".

Die koloniale Eroberung Indiens war, wie Marx feststellte, durch die religiösen, sozialen und ethnischen Gegensätze der Bevölkerung erleichtert worden: „Ein Land, das nicht nur zwischen Moslems und Hindus, sondern auch zwischen Stamm und Stamm, zwischen Kaste und Kaste geteilt war, eine Gesellschaft, deren Gefüge auf einer Art Gleichgewicht beruht, die aus allgemeiner gegenseitiger Abstoßung und konstitutioneller Abgeschlossenheit aller ihrer Mitglieder herrührte – war es nicht einem solchen Land und seiner Gesellschaft vorherbestimmt, die Beute von Eroberern zu werden?“

Die durch die Ausplünderung des Landes gewonnenen Reichtümer flossen nach Großbritannien und förderten den Prozeß der industriellen Entwicklung, während die Verwandlung Indiens in einen Rohstofflieferanten Absatzmärkte für die britische Industrie schuf. Die britische Kolonialpolitik zerstörte die altindische Dorfgemeinschaft, verwandelte die Bauern in rechtlose Pächter und ruinierte das dörfliche und städtische Handwerk. Die Folge waren verheerende Hungersnöte und Seuchen.

Das Volk litt nicht nur unter materieller Not, Rechtlosigkeit und Willkür, auch tiefverwurzelte Traditionen und Bräuche wurden mißachtet und die religiösen Gefühle geschmäht. All diese Schandtaten vertieften den Haß aller sozialen Schichten gegen die Eindringlinge, die sich an keinerlei Abmachungen und Verträge gebunden fühlten. Der Widerstand der ausgeplünderten bäuerlichen Massen gegen die koloniale Unterdrükkung und Ausbeutung fand seinen ersten nationalen Ausdruck in dem Großen Volksaufstand 1857/59, dem sogenannten Sepoyaufstand. Die Erhebung war von der Meuterei indischer Soldaten (Sepoy) ausgegangen, die ganz Nordindien erfaßt hatte. Wie ein Funke im Pulverfaß führte die Rebellion der Garnisonen zu einem umfassenden Aufstand der Stadt- und Landbevölkerung, der zumeist von Feudaladligen geführt wurde.

Die völlig überraschten Engländer, die nur ein Kontingent von 40 000 Mann stationiert hatten, kamen in schwere Bedrängnis. Am 8. Juni 1857 fiel Delhi in die Hände der revoltierenden Sepoys, die gemeinsam mit dem Volk einen Mogul zum Herrscher proklamierten. In kurzer Zeit war die Macht der Engländer fast in der ganzen Ganges-Dschamna-Ebene – von Delhi bis Allahabad – gebrochen.

Die herrschende Klasse und die ihr hörige Presse hatten zunächst, als im Mai 1857 erste Nachrichten über den Volksaufstand nach England gelangten, das Ausmaß der Erhebung zu bagatellisieren und deren wahren Charakter zu verschleiern versucht. Es handle sich, so versuchte man zu suggerieren, nur um eine Meuterei einzelner Eingeboreneneinheiten der anglo-indischen Armee in Bengalen, die man sehr bald wieder „im Griff“

haben werde. Was die indische Bevölkerung anbelangte, so hätten nur einige aufsässige Mohammedaner revoltiert, die jedoch bei den Hindus keinerlei Resonanz fänden.

Bald ließ sich jedoch, ähnlich wie im Krimkrieg, die Wahrheit nicht länger verbergen. Auf 67 Schiffen wurden in fieberhafter Eile mehr als 24 000 britische Soldaten nach Indien geschafft, der Fürst von Nepal stellte weitere Hilfstruppen zur Verfügung. Am liebsten wäre Miß Nightingale erneut wieder hinausgezogen, um das Leben der Unschuldigen zu schützen, die für die Profitinteressen der Bourgeoisie mißbraucht wurden.

Immer wieder wurden die Angriffe der verstärkten englischen Einheiten zurückgeschlagen und ihnen hohe Verluste zugefügt. Besonders erbittert waren die Kämpfe um die befestigten Zentren Delhi und Laknau, die monatelang verteidigt wurden. Der Aufstand hatte weite Gebiete Nord- und Mittelindiens erfaßt, während er im Pandschab durch eine rasche Aktion der britischen Truppen vereitelt wurde.

Nach erbitterter Gegenwehr stürmten die Engländer am 19. September Delhi. Es folgte eine grausame Abrechnung mit den in der Stadt verbliebenen Einwohnern. Der Gouverneur von Bombay schrieb in einem privaten Brief: „Die Verbrechen, die von unserer Armee nach der Einnahme Delhis verübt wurden, sind unbegreiflich. Wir zerstörten dort alles, weder Freund noch Feind unterscheidend."

Voller Heuchelei übertrieb die englische Presse die von den revoltierenden Sepoys in ihrem Kampf um Leben und Tod begangenen Gewalttaten, während sie die weitaus schlimmeren Brutalitäten der englischen Armee verschwieg oder als „Heldentaten" rühmte.

Engels bemerkte dazu: „In einem Volkskrieg können die Mittel, die von der aufständischen Nation angewendet werden, weder nach den allgemein anerkannten Regeln der regulären Kriegführung gewertet werden noch nach irgend einem anderen abstrakten Maßstab, sondern allein nach dem Grad der Zivilisation, den die aufständische Nation erreicht hat."

Auch Marx, der regelmäßig in der fortschrittlichen Zeitung „New York Daily Tribune" über das Geschehen, seine Hintergründe und Auswirkungen berichtete, nimmt zu dem doppelzüngigen Pharisäertum Stellung, ohne dabei in Abrede zu stellen, daß von den Rebellen tatsächlich Grausamkeiten begangen wurden: „Die von den revoltierenden Sepoys in Indien begangenen Gewalttätigkeiten sind in der Tat entsetzlich, scheußlich, unbeschreiblich – so, wie man sie nur in Insurrektionskriegen, in Kriegen von Völkerstämmen und Geschlechtern und vor allem in Religionskriegen anzutreffen erwartet, mit einem Wort, solche Gewalttätigkeiten, wie sie den Beifall des respektablen Englands zu finden pflegten, wenn sie von den Männern der Vendée an den ‚Blauen', von den spanischen Guerillas an den ungläubigen Franzosen … oder von Bonapartes Dezemberleuten an den Söhnen und Töchtern des proletarischen Frankreichs verübt wurden. Wie schändlich das Vergehen der Sepoys auch immer sein mag, es ist nur in konzentrierter Form der Reflex von Englands eigenem Vorgehen in Indien nicht nur während der Zeit der Gründung seines östlichen Reichs, sondern sogar während der letzten zehn Jahre einer lang bestehenden Herrschaft … In der Geschichte der Menschheit gibt es so etwas wie Vergeltung; und es ist eine Regel historischer Vergeltung, daß ihre Waffen nicht von den Bedrückten, sondern von den Bedrückern selbst geschmiedet werden."

Nach dem Fall Laknaus, des zweiten befestigten Zentrums der Aufständischen, veränderte sich der Charakter der kriegerischen Auseinandersetzungen. An die Stelle der Feldschlachten und Belagerungen trat der Guerillakrieg, in dem kleine, unabhängig voneinander operierende Einheiten den ungleichen Kampf fortsetzten, in dem sie schließlich unterlagen.

Was waren die Gründe für die Niederlage? Die Hauptursache war das Fehlen einer einheitlichen Führung, so daß der Kolonialmacht kein geschlossener Widerstand entgegengesetzt werden konnte. Ungünstig war, daß nicht das ganze Land von der Erhebung erfaßt wurde, so daß die Engländer ihre Gegenoffensive von den ihnen verbliebenen Landesteilen aus führen konnten, in denen sie über erhebliche materielle Ressourcen verfügten.

Zur Niederlage trug auch die religiöse und soziale Spaltung der Aufständischen, die schwankende und verräterische Haltung der Feudalherren bei, die die Führung des Aufstandes übernommen hatten, aber die Hauptforderung der abhängigen Bauern nach Boden ignorierten. Im Gegenteil, als die Engländer zusicherten, die feudalen Privilegien und Bodenrechte zu schützen, gingen sie auf seiten des Gegners über. Mangel an Waffen und Kriegserfahrung sowie die militärische Überlegenheit der Kolonialmacht besiegelten die Niederlage.

Die Folgen waren verheerend. Zahlreiche Dörfer und Städte wurden zu Schutt und Asche, ein großer Teil der Bevölkerung verlor Hab und Gut. In der Folgezeit suchten schwere Hungersnöte die nordwestlichen Landesteile heim. Die Rache der Sieger war schrecklich. Die gefangenen Sepoys wurden vor die Mündungen der Kanonen gebunden und „in Stücke geblasen". Zehntausende wurden ohne Gerichtsverhandlung erschlagen und erhängt. Es mangelte nicht an „Amateurscharfrichtern", denen dieser „Job" besonderes Vergnügen bereitete. Engels schrieb: „Die Kalmückenhorden Dschingis-Khans und Timurs, die wie ein Heuschreckenschwarm über eine Stadt herfielen und alles vertilgten, was ihnen in den Weg kam, müssen ein Segen für das Land gewesen sein, verglichen mit dem Einfall dieser christlichen, zivilisierten, ritterlichen und edlen britischen Soldaten."

Der Aufstand veranlaßte die Kolonialmacht, einige Formen und Methoden ihrer Herrschaft, deren Grundidee das „Teile und Herrsche" blieb, zu modifizieren. Zunächst wurde die Armee reorganisiert. Das Verhältnis der englischen zu den indischen Soldaten wurde für Bengalen mit 1 : 2 und für die übrigen Armeen mit 1 : 3 festgelegt. Bei der Artillerie und den technischen Abteilungen durften nur noch Engländer eingesetzt werden.

Das Land wurde willkürlich in Provinzen aufgeteilt, ohne daß dabei nationale, kulturelle oder sprachliche Besonderheiten Berücksichtigung fanden. Das Steueraufkommen wurde erhöht und floß ausschließlich in die Tasche der Kolonialmacht. Für den Bau von Bewässerungsanlagen, wie er von Florence Nightingale gefordert wurde (siehe S. 186), standen keine Mittel zur Verfügung.

Die Ostindische Kompanie, die seit langem den Neid ihrer Konkurrenten erregt hatte, wurde aufgelöst. Bereits vor Ausbruch des Aufstandes hatte die englische Industriebourgeoisie durch Parlamentsakte eine Einschränkung ihrer Privilegien und Grundrechte bewirkt. Gemäß dem von Premierminister Edward Geoffrey Derby eingebrachten „Gesetz über die bessere Verwaltung Indiens" ging die reichste britische Kolonie in die Hände der Krone und deren Regierung über. Der Vorsitzende der 1784 geschaffenen Kontrollbehörde für indische Angelegenheiten (diese Institution hatte ein doppeltes System der Verwaltung Indiens bewirkt: die Kontrolle durch die Regierung und den Rat der Direktoren der Kompanie) wurde von einem Staatssekretär für Indien abgelöst und der Indienrat (India Council), die Institution, die Florence Nightingale später größte Schwierigkeiten machte, als beratendes Regierungsorgan geschaffen. Der bisherige Generalgouverneur, er war von der Kompanie ernannt und von der Krone bestätigt worden, wurde durch einen Vizekönig ersetzt und Indien als Kronkolonie eine Provinz des Empire.

Im Verlaufe des Aufstandes hatte die chauvinistische Presse sich mit Greuelgeschichten über die „entmenschten Asiaten" überboten. Florence Nightingale ließ sich im Gegensatz zu vielen ihrer Landsleute nicht von dieser Demagogie beeindrucken und bewies mit der Feststellung: „Was bedeuten diese Morde, die diese unglücklichen Bengalen verüben, im Vergleich zu denen, die von der Sorglosigkeit gebildeter und kultivierter Engländer begangen werden?", eine erstaunlich klare Urteilskraft.

Alle noch so raffiniert ausgedachten Schreckensmeldungen konnten nicht darüber hinwegtäuschen, daß keineswegs alle Verluste Opfer des „heimtückischen Gemetzels" waren. Viele, allzu viele, wurden durch Epidemien – die Cholera hatte die Belagerer Delhis zeitweilig zum Rückzug gezwungen – oder durch die verheerenden Zustände im Heeressanitätswesen dahingerafft. Die Schreckensnachrichten glichen der Panik von Skutari. Man hatte nichts gelernt und aus den Fehlern keine Schlußfolgerungen gezogen. Erneut hatte sich während des indischen Aufstandes die unabdingbare Notwendigkeit von Reformen in der Heeresverwaltung und im Sanitätswesen erwiesen.

Wieder ergriff Florence Nightingale die Initiative. Auf ihr Drängen hin wurde 1859 erneut eine Sanitätskommission zur Untersuchung der indischen Verhältnisse gebildet und mit ihrer Leitung Sidney Herbert beauftragt. Nach den Vorstellungen von Florence Nightingale sollte dieses Gremium über den engeren militärischen Aufgabenbereich hinaus eine Verbesserung der sanitären Verhältnisse auch für das indische Volk in die Wege leiten. Ein gigantisches, auf der Grundlage der bestehenden gesellschaftlichen Verhältnisse jedoch utopisches Anliegen. Es mangelte bereits an den für die Vorbereitung des Vorhabens notwendigen Informationen. Miß Nightingale, die allerdings wiederum kein offizielles Mitglied der Kommission war, entwickelte einen Fragebogen, der an alle Militärstützpunkte in Indien geschickt wurde, und bat um Übermittlung aller im Bereich des Sanitätswesens gültigen Dienstvorschriften. Sie schrieb Hunderte von Briefen und wandte sich an ihr bekannte, in Indien stationierte Offiziere mit der Bitte um Unterstützung. Es traf eine Unmenge Material ein, das von ihr persönlich bearbeitet wurde. Es wird berichtet, daß sie bei ihrem Umzug allein für diese Schriftstücke zwei Möbelwagen benötigte! Die von ihr in mühevoller Arbeit vorgenommene Auswertung der Berichte faßte sie in ihren „Observations on the evidence contained in the stational returns" (Beobachtungen über das in den Stationsberichten enthaltene Material) zusammen.

Das von ihr in den „Beobachtungen" gezeichnete Bild unterschied sich kaum von den Zuständen, die ihr aus dem Krimkrieg noch allzu gegenwärtig waren. Die Sterblichkeitsziffer der nach Indien abkommandierten Soldaten war ungemein hoch. Hauptursache war keineswegs, wie zuweilen behauptet wurde, das „mörderische Klima". Schuld waren vor allem die unbeschreiblichen, jeder Hygiene hohnsprechenden Lebensbedingungen, die wiederum in den sozialen Verhältnissen des indischen Volkes begründet waren, denn Krankheiten und Epidemien machten vor Kasernentoren nicht halt. Die schlimmsten Infektionsherde waren der Unrat und die völlig unzureichende Wasserversorgung.

Infolge der Reorganisation der Armee wurden in höchster Eile zusätzliche Truppenkontingente nach Indien gesandt, für die keinerlei Voraussetzungen geschaffen waren. Die primitiven Unterkünfte waren total überfüllt. Mehr als dreihundert Soldaten wurden in einem Raum zusammengepfercht. In der Regel lagen sie untätig herum. Die Folge war eine unbeschreibliche Trunksucht. „Wenn es so viele Möglichkeiten zum Waschen wie zum Trinken gäbe, wäre unsere Armee die sauberste der Welt", lautete Miß Nightingales Kommentar. Noch weitaus schlimmer als in den Kasernen war die Lage in den Lazaretten. Die Norm war ein Waschbecken für hundert Mann. Da der in ein solches „Pesthaus“ Eingelieferte mit dem Schlimmsten rechnen mußte, versuchte man Krankheiten oder Verletzungen so lange wie möglich zu verbergen.

Es erscheint kaum vorstellbar, daß diese verheerende Lage noch unterboten werden konnte. Doch die Bedingungen, unter denen die zum Militärdienst gepreßten Inder vegetieren mußten, bewiesen es. Seuchen hielten reiche Ernte.

Allen Erwägungen, wie man die Lage der Soldaten verbessern könnte, hielt Florence Nightingale entgegen: „Die Rettung der indischen Armee kann nur erreicht werden, wenn überall hygienische Maßnahmen ergriffen werden.“ Sie hatte erkannt, daß die Militärstationen keine Inseln im Meer der allgemeinen Leiden sein konnten. Nur wenn auch die sozialen Verhältnisse des indischen Volkes umgestaltet würden, sei eine wirksame Verbesserung der Lebensbedingungen innerhalb der Armee denkbar. Sie versuchte das Übel an der Wurzel zu bekämpfen, rüttelte dabei aber mit ihren Ansichten an den Grundfesten britischer Kolonialpolitik, deren einziges Ziel die Ausbeutung des Landes war. Was kümmerten da die Lebensverhältnisse der Einheimischen. Profit, nicht Sanierung war die Devise.

Die Regierung trug dafür Sorge, daß der umfassende Kommissionsbericht in eine, alle „unwichtigen Details“ unberücksichtigt lassende Kurzfassung gebracht wurde, die freilich immer noch schlimm genug war, um als „streng vertrauliche Dienstsache“ behandelt zu werden. Es war äußerst schwierig und langwierig, wenigstens einige der im Bericht enthaltenen Empfehlungen in die Praxis umzusetzen. Der Hauptwiderstand kam von den Beamten des Indischen Amtes und aus der Kronkolonie selbst. Man wandte sich vor allem dagegen, in jedem indischen Verwaltungszentrum eine Sanitätskommission zu bilden, sowie gegen die Vorbereitung eines Hygienegesetzes.

Miß Nightingale hoffte, daß die Situation sich zu ihren Gunsten ändern würde, als nach dem Tode des Vizekönigs James Bruce Elgin (1811–1863) der frühere Gouverneur des Pandschab John Laird Mair Lawrence (1811–1879) die Nachfolge antrat; er schien ihr ein gewisses Verständnis für die prekäre Lage des indischen Volkes aufzubringen. Natürlich war auch er von dem Sendungsbewußtsein des „Mutterlandes“ durchdrungen, und er hatte als Gouverneur und Befehlshaber mit starker Hand in seiner Provinz den Aufstand „vermieden“. Zugleich aber hatte er, angewidert von dem der Erhebung folgenden Blutbad, gegen das Gemetzel Protest erhoben. Florence Nightingale glaubte ihn folgendermaßen einschätzen zu können: „Seine Liebe und sein Vertrauen zu den eingeborenen Völkern und sein Argwohn und sein Mißtrauen gegen die britischen Militärbefehlshaber sind traurig und bemerkenswert, weil sie so richtig sind, ... Mit großer Selbstverständlichkeit nimmt er an, daß die Eingeborenen, sogar was sanitäre Einrichtungen anbetrifft, aufgeschlossener sind als unsere britischen Dienststellen in Indien. Er sieht unsere Besetzung des Landes als eine Eroberung an und uns als ein großes über ganz Indien ausgebreitetes Heerlager, das bisher nichts anderes unternommen hat, als dem eroberten Land das Kriegsrecht aufzuerlegen."

Es mag durchaus zutreffen, daß John Lawrence, der den alten Presbyterianertugenden folgte, subjektiv in bester Absicht sein Amt antrat. Doch was vermochte ein Mann gegen ein System? Vor seiner Abreise hatte er mehrfach Miß Nightingale besucht, um mit ihr die Probleme des indischen Sanitätswesens zu erörtern. Doch die Waffen des „Ritters einer besseren Zeit", wie Florence Nightingale ihn nannte, wurden, konfrontiert mit der harten Wirklichkeit, alsbald stumpf. Dessen ungeachtet verharrte sie in ihrem befremdlichen Zweckoptimismus, der mit einer gehörigen Portion Schwärmerei und Illusionismus vermischt war. Sie schrieb Lawrence im Oktober 1864: „Ich glaube, daß Sie die größte Gestalt unserer Tage sind und Ihr Werk von größter historischer Bedeutung in unserer Zeit."

Sie selbst war dem von den Kolonialideologen um die Hirne und Herzen der Briten geführten Kampf in gewisser Beziehung unterlegen. Sie lehnte den Kolonialismus als Instrument der Ausbeutung ab, vermochte ihm aber als „Zivilisationsbringer" Geschmack abzugewinnen und sah in dieser Verklärung seine Rechtfertigung. „Sie", so heißt es weiter in ihrem Brief, „erobern Indien von neuem durch die Kultur und nehmen das Empire zum erstenmal durch Wissen in Besitz anstatt durch das Schwert."

Miß Nightingale hatte bald Anlaß genug, die Sache nüchterner, illusionslos zu betrachten. Das von ihr in Zusammenarbeit mit Sutherland, Farr und Robert Rawlinson konzipierte erste Hygienegesetz für Indien war in den Amtsstuben versickert. Erschwert wurde die Angelegenheit durch Kompetenzstreitigkeiten zwischen dem Kriegsministerium und dem neu errichteten Indischen Amt. So zerstritten beide Instanzen auch sein mochten, stimmten sie doch in den Schwierigkeiten, die sie dem Reformprojekt bereiteten, überein. Monate und Jahre vergingen, ohne daß sich etwas änderte. In den 70er Jahren ergriff Miß Nightingale erneut die Initiative, das Leid des entrechteten indischen Volkes zu mildern (siehe S. 184ff.).

Geistige Wegbereiterin des Roten Kreuzes

Schrecken von Solferino

Noch wehrten sich tapfere indische Aufständische im Guerillakampf verzweifelt gegen die koloniale Unterdrückung, waren die tiefen Wunden, die der Krimkrieg geschlagen hatte, keineswegs verheilt, da wurde die Weltöffentlichkeit von einem neuen schrecklichen Völkergemetzel, der Schlacht von Solferino, in der die Truppen Napoleons III. am 24. Juni 1859 den Österreichern die entscheidende Niederlage im italienischen Krieg zufügten, aufgeschreckt.

Der Ministerpräsident des Königreichs Sardinien-Piemont, Graf Camillo von Cavour (1810–1861), hatte im Gegensatz zu der von Giuseppe Mazzini und Giuseppe Garibaldi geführten revolutionär-demokratischen Richtung der nationalen Erneuerung Italiens (mit der Florence Nightingale in ihrer Jugend sympathisiert hatte) die gemäßigt liberale Vereinigung des Landes „von oben" angestrebt. Dabei stützte er sich auf die Mitwirkung der europäischen Großmächte. Diesem Ziel sollte auch die Beteiligung eines Expeditionskorps von 15 000 Mann am Krimkrieg auf Seiten der antirussischen Koalition dienen. Napoleon III. hatte Cavour dafür die Hilfe Frankreichs im nationalen Befreiungskampf gegen Österreich zugesagt. Nachdem dessen Truppen bereits Anfang Juni 1859 bei Mantenga geschlagen worden waren, erlitten sie bei Solferino die endgültige Niederlage. Nach dem grauenvollen Blutbad blieben von den dreihunderttausend Soldaten beider Armeen vierzigtausend Tote und Verwundete auf dem Schlachtfeld zurück.

Der Genfer Bankier und Philanthrop Jean Henri Dunant (1828–1910), der sich auf dem Wege ins Feldlager Napoleons befand, wurde Zeuge des namenlosen Elends. Unter dem Eindruck der völlig unzulänglichen ärztlichen und pflegerischen Versorgung organisierte er in den umliegenden Orten in aller Eile Hilfsaktionen der Bevölkerung für Freund und Feind. Es dauerte tagelang, bis alle geborgen waren, wenigstens eine Notunterkunft fanden und ihnen erste Hilfe zuteil werden konnte. In seiner drei Jahre später entstandenen Schrift „Erinnerungen an Solferino" (1862) beschrieb er die schrecklichen Zustände und die eingeleiteten Hilfsaktionen. Vor allem aber unterbreitete er Vorschläge zur Verhütung ähnlicher Mißstände bei künftigen militärischen Auseinandersetzungen.

Seit es Kriege als historische Erscheinung der antagonistischen Klassengesellschaft gab, war die Hilfe für die verwundeten oder erkrankten Soldaten sowie für die betroffene Zivilbevölkerung ein ebenso akutes wie ungelöstes Problem, dessen Bewältigung von den gesellschaftlichen Verhältnissen abhing.

Aus früheren Ansätzen entwickelten im 18. Jahrhundert Feldchirurgen einen organisierten Sanitätsdienst mit ausgebildeten Hilfskräften, der jedoch völlig unzureichend war und Hilfe für die Zivilbevölkerung ausschloß. Auch der spätere Sanitätsdienst bürgerlicher Armeen war nicht in der Lage, ausreichend Hilfe zu leisten. Es fehlte an Ärzten, Instrumenten, Arznei und Verbandmaterial, besonders aber an Pflegern. Auf den Sammelplätzen und in den Lazaretten herrschten katastrophale Zustände.

Besonders prekär war die Lage der Verwundeten der jeweils unterlegenen Seite. So wurde bereits gegen Ende des 16. Jahrhunderts versucht, ihr Los durch gegenseitige Abkommen zu erleichtern, doch noch immer war ihr Schicksal der mehr, aber meist minder großen Menschenliebe ihrer Kriegsgegner anheimgestellt. Eine grundsätzliche Regelung, die völkerrechtlich allgemein anerkannt wurde, existierte nicht.

Als mit der Zuspitzung der Widersprüche zwischen den kapitalistischen Staaten, welche die Durchsetzung ihrer egoistischen Ziele zunehmend auch gewaltsam betrieben, der Krieg noch stärker bewußt als Mittel der Politik eingesetzt und damit die Kriegsgefahr erhöht wurde, war die Notwendigkeit organisierter Hilfeleistung um so mehr geboten.

Gab es neben humanitären Theorien und ersten konkreten Maßnahmen zur Minderung der Begleit- und Folgeerscheinungen eines Krieges mit all seinen Greueln und Schrecken bereits auch Vorstellungen über die Möglichkeit, Kriege zu verhindern und den Frieden zu sichern, und gegen welche Antagonismen hatten sie anzukämpfen?

Die feudale Ideologie hatte in zynischer Weise den Krieg nicht nur zu einer gottgewollten Erscheinung erhoben, mit der der sündigen Menschheit die ihr angemessene Strafe zuteil werde, sie hatte auch einen menschenfeindlichen militanten Aktivismus entwickelt, der den Krieg als Voraussetzung gesellschaftlicher Entwicklung, ja als notwendiges naturgesetzliches Regulativ theoretisch begründete.

Der königstreue Verteidiger der überlebten feudalen Gesellschaftsordnung, Joseph-Marie Comte de Maistre (1753–1821), sah in den Kriegen keineswegs ein Übel, er hielt sie für ebenso erforderlich wie das Beschneiden eines Baumes: „Man braucht nicht sehr scharfsinnig zu sein, um zu wissen, daß, je mehr Menschen umkommen, desto weniger übrigbleiben, aber man muß die Folgen der Operation betrachten. Um bei dem obigen Vergleiche zu bleiben, kann man beobachten, daß der geschickte Gärtner dabei weniger den Wuchs überhaupt als das Fruchttragen im Auge hat: Früchte, nicht Holz und Blätter, verlangt er von dem Baume. Nun aber hängen die wahren Früchte der Menschennatur, die Künste und die Wissenschaften, die großen Unternehmungen, die hohen Entwürfe, die männlichen Tugenden namentlich mit dem Kriege zusammen. Bekanntlich erreichen die Völker den Gipfel der Größe, die sie erlangen können, erst nach langen blutigen Kriegen."

Ähnliche „Theorien" entwickelte ein Mitarbeiter Fürst von Metternichs (1773–1859), Friedrich Gentz (1764–1832), der seinen Kriegstiraden aus blindem Haß gegen die Französische Revolution eine sehr konkrete Pfeilspitze gegen das revolutionäre Frankreich aufsteckte und zum konterrevolutionären Koalitionskrieg rief.

Vor dem Hintergrund derartiger menschenverachtender Ideologien, in denen die Einheit von Fortschritts- und Friedensfeindlichkeit zum Ausdruck kommt, heben sich die in das antifeudale Denken integrierten humanistischen Friedensgedanken des aufstrebenden Bürgertums deutlich ab. Man entlarvte die feudalen Lügentheorien und führte an Hand konkreter historischer Analysen die Kriege auf Machenschaften feudaler Macht- und Eroberungspolitik zurück. Besonderes Verdienst war dabei die Erkenntnis, daß Kriege weder gottgewollt noch schicksalhaft gegeben, sondern aus sehr irdischen Motiven heraus von Menschen provoziert wurden – also auch vermeidbar waren.

Damit war freilich auch die Illusion verbunden, daß mit subjektiven Veränderungen und mit der Errichtung der kapitalistischen Gesellschaft die Voraussetzungen zu einem „ewigen Frieden“ geschaffen würden. Die Entwicklung von Welthandel, Wissenschaft und Kultur erschien als hinlängliche Garantie zur Friedenssicherung.

Angeregt von der geistigen Emanzipationsbewegung der englischen und französischen Aufklärung waren die Vertreter der bürgerlichen deutschen Philosophie auch um Vorschläge zur praktischen Realisierung ihrer Friedensideen bemüht.

Besonderer Resonanz konnte sich zunächst der Friedensplan des Abbé Castel de Saint-Pierre (1658–1743) erfreuen, der eine Konföderation der europäischen Staaten anstrebte. Diese Idee eines Staatenbundes wurde von Voltaire (1694–1778) und Gottfried Wilhelm Leibniz (1646–1716) kritisiert, da in ihr die Rolle der herrschenden Souveräne überschätzt und auf die Tragfähigkeit der zwischen ihnen vereinbarten Verträge gebaut wurde. Realistischer waren die von Jean-Jacques Rousseau (1712–1778) vorgenommenen Modifizierungen des Saint-Pierreschen Planes, nach denen die angestrebte Konföderation die Beseitigung des Despotismus und eine Demokratisierung des politischen Lebens voraussetzte.

Die Aufklärer hatten in ihren Friedensideen erstmals die Frage nach den gesellschaftlichen Ursachen von Kriegen gestellt und sich in ihren Realisierungsvorschlägen von verschwommenen philanthropischen und ausschließlich ethischen Prinzipien gelöst. An ihre Vorstellungen anknüpfend, entwickelte die klassische deutsche Philosophie den Friedensgedanken weiter und vertiefte dessen humanitäres Anliegen. So brachte Johann Gottfried Herder (1744–1803) in den „Briefen zur Beförderung der Humanität“ nicht nur seinen Abscheu gegen die Unterdrückungs- und Eroberungspolitik und deren Folgeerscheinungen zum Ausdruck, sondern er begründete zugleich ein revolutionär-demokratisches Friedensprogramm, in dem den Völkern die Aufgabe zuteil wird, ihre Regierungen zum Frieden zu zwingen.

Auch für Immanuel Kant (1724–1804) ist der Friede „keine leere Idee, sondern eine Aufgabe". In seinem Werk „Zum ewigen Frieden" verurteilt er die feudale Eroberungspolitik und warnt in der Arbeit „Muthmaßlicher Anfang der Menschheitsgeschichte" erstmals auch vor den verderblichen sozialen und moralischen Folgen des Rüstens, zu dem „alle Kräfte des Staates, alle Früchte seiner Kultur, die zu einer noch größeren Kultur gebraucht werden könnten, verwandt" werden.

Die von Kant vorgeschlagene Konzeption zur Bildung eines friedensbewahrenden Bundes „freier Staaten" wird von Friedrich von Schlegel (1772–1829) und Johann Gottfried Fichte (1762–1814) erweitert und konkretisiert. Schlegel macht den Republikanismus zur Vorbedingung einer solchen Föderation. Fichtes Analyse der Krieg-Frieden-Problematik ist ein großer Fortschritt, indem er nicht nur die gewalttätige Politik der Feudalmächte nach außen charakterisiert, sondern auch auf die sozialen Widersprüche im Innern des Landes und damit auf den Antagonismus feindlicher Staaten und Klassen verweist. Dabei gelangt er zu der revolutionär-demokratischen Erkenntnis, daß die Beseitigung sozialer Gegensätze die latente Kriegsgefahr behebe.

Angesichts des Volksbefreiungskampfes gegen Napoleon, zu dem er in seinen aufrüttelnden „Reden an die deutsche Nation" aufgerufen hatte, vermochte er die Grenzen bürgerlich-kosmopolitischer Anschauungen zu überwinden und mit seinem demokratischen Patriotismus zu der Auffassung vom gerechten Krieg als Mittel zum ewigen Frieden vorzudringen.

Der historische Realismus seiner dialektischen Geschichtsphilosophie führte Georg Wilhelm Friedrich Hegel (1770–1831) zu der Erkenntnis der sozialen Natur von Kriegen, deren Charakter sich vom Verteidigungs- in einen Eroberungskrieg wandeln könne.

In ihrer Gesamtheit zählen die Friedensideen der Aufklärung und der klassischen deutschen Philosophie, die eine Verurteilung der Greuel und Folgeerscheinungen von Kriegen ebenso einschlossen wie konstruktive Konzeptionen zur Friedenssicherung, zu den wichtigsten theoretischen Leistungen des aufstrebenden Bürgertums.

Auf der Grundlage der fortgeschrittenen gesellschaftlichen Verhältnisse, unter denen sich im Gegensatz zu der historischen Konstellation in Deutschland der Übergang vom Feudalismus zum Kapitalismus bereits vollzogen hatte, vermochten die Vertreter der klassischen bürgerlichen Ökonomie in England, die Ökonomen der Manufakturperiode Adam Smith (1723–1790) und Jeremy Bentham (1748–1832) den bürgerlichen Friedensprojekten neue Impulse zu verleihen. Sie waren der Überzeugung, daß der sich im Gefolge der kapitalistischen Entwicklung ausbreitende Welthandel ein Unterpfand des Friedens sei.

In Reflexion der neuen ökonomischen und sozialen Widersprüche der bürgerlichen Gesellschaft hatte der utopische Sozialist Claude-Henri Comte de Saint-Simon (1760–1825) bereits in seiner Schrift „Über die Reorganisation der europäischen Gesellschaft oder über die Notwendigkeit und die Mittel, die Völker Europas unter Wahrung ihrer nationalen Unabhängigkeit in einer einzigen Körperschaft zu vereinigen", vor Illusionen gewarnt: „Es wird kein Übereinkommen, keinen Interessenausgleich und keinen Frieden geben. Sonderbündnisse, gegensätzliche Interessenkoalitionen werden Europa in jenen traurigen Kriegszustand zurückwerfen, aus dem man es vergebens herauszuziehen suchte ... Den Krieg werdet ihr nicht beseitigen. Ihr könnt höchstens den Kriegsschauplatz verlagern."

Diese wenig optimistische Einschätzung war vor allem durch die bereits mehr als zwei Jahrzehnte währende Intervention gegen Frankreich bedingt. Bezeichnenderweise hatte das ökonomisch fortgeschrittene bürgerlich-aristokratische England zu den Haupttriebkräften der konterrevolutionären Koalition gehört, da man die von der französischen Revolution ausgehenden revolutionären Ideen im eigenen Lande fürchtete und zugleich das erstarkende bürgerliche Frankreich als kapitalistischen Konkurrenten bekämpfte.

Die veränderte historische und soziale Konstellation, unter der sich bereits Bourgeoisie und Proletariat als antagonistische Hauptklassen herausbildeten, führte auch im Friedensdenken zu neuen Erkenntnissen. Nicht ideengeschichtliche Agglomerationen machten den Frieden sicherer, es galt, die sozialen Triebkräfte des Humanismus und zugleich die soziale Basis der Kriege zu erkennen. Die kritisch-utopischen Sozialisten Englands, Robert Owen (1771–1858) und William Thompson (um 1785–1833) verwiesen auf den Zusammenhang von Privateigentum und Krieg und leiteten daraus als Voraussetzung für die Friedenssicherung die Notwendigkeit der Aufhebung des privatkapitalistischen Eigentums ab. Ihre ökonomischen Gesellschaftsanalysen drangen bis zu den objektiven sozialen Ursachen von Kriegen vor. Ihre Lösungskonzeption beschränkte sich nicht auf die ethische und moralische Sphäre, sondern orientierte auf notwendige sozial-ökonomische Konsequenzen.

Das Friedensdenken der klassischen deutschen bürgerlichen Philosophie und des vormarxschen Sozialismus in Großbritannien fand seine Fortsetzung in der Friedenskampfstrategie der internationalen proletarischen Bewegung, in derem politischen Wirken die untrennbare Einheit von Friedenskampf und Kampf um die soziale Befreiung seit Anbeginn charakteristisch war.

So lange die Möglichkeit, Kriege zu verhindern, unter den gegebenen gesellschaftlichen Verhältnissen der antagonistischen Klassengesellschaft objektiv noch nicht gegeben war, und damit in Ermangelung ihrer Realisierbarkeit die verschiedenartigen Vorschläge zur Erhaltung des Friedens letztlich geschichtliche Illusion bleiben mußten, waren alle Initiativen zur Linderung der Kriegsgreuel und -folgen eine wirksame humanitäre Tat.

Genfer Konvention

Während des Krimkrieges hatte der bedeutende russische Chirurg und Humanist, der Begründer der Kriegschirurgie, Nikolai Iwanowitsch Pirogow (1810–1881), der sich um die Organisation der Verwundetenbetreuung bei Sewastopol große Verdienste erworben hatte, erneut die Idee einer internationalen Übereinkunft propagiert. Realisiert wurde sie unter dem Eindruck der Schrecken von Solferino durch Jean Henri Dunant. Er unterbreitete den Vorschlag, in allen europäischen Ländern Hilfsgesellschaften zur Pflege Verwundeter im Kriegsfall zu bilden, freiwillige Krankenhelfer auszubilden und sie dem personell ungenügend ausgerüsteten Heeressanitätswesen zur Verfügung zu stellen. Um den humanitären Bestrebungen internationale Verbindlichkeit zu geben, sollten allgemein anerkannte Grundsätze der Hilfeleistung für Verwundete ausgearbeitet werden. Die nationalen Hilfsvereine sollten auch in Friedenszeiten bestehen und bei Seuchen oder Naturkatastrophen zum Einsatz kommen.

Das Vertrauen Dunants in eine staatliche Mitwirkung war gering, denn die finanziellen und materiellen Voraussetzungen des auf internationaler Zusammenarbeit basierenden Vorhabens sollten vor allem durch private Spendenaktionen gewährleistet werden.

Am 17. Februar 1863 trat innerhalb der seit 1810 in Genf tätigen „Schweizer Gemeinnützigen Gesellschaft", als deren Sekretär Dunant wirkte, das sogenannte „Komitee der Fünf" zusammen, dem er seine Pläne unterbreitete. Der Präsident der Gesellschaft, Gustave Moyniers, machte sich diese Vorschläge, die Dunant auf seinen Reisen in die europäischen Länder propagierte, zu eigen.

Dunant nutzte den 1863 in Berlin tagenden internationalen „Statistischen Kongreß", um auch hier für seine Ziele zu werben, und fand allgemeine Zustimmung. Noch im Oktober des gleichen Jahres trat auf Einladung Gustave Moyniers in Genf eine erste internationale Konferenz zusammen, an der 36 Delegierte aus 16 Ländern (Großbritannien, Frankreich, Österreich, Italien, Niederlande, Norwegen, Rußland, Schweden, Spanien, Schweiz, Preußen und weitere fünf deutsche Staaten) teilnahmen. Sie diente zunächst der gegenseitigen Verständigung und trug noch halbamtlichen Charakter. Das Genfer Komitee hatte die Aufgabe, eine offizielle Diplomatenkonferenz vorzubereiten, die eine Konvention zum völkerrechtlichen Schutz verwundeter und erkrankter Soldaten, des Sanitätspersonals, der freiwilligen Helfer, Ambulanzen und Spitäler schaffen sollte.

25 europäische Staaten wurden zu der zweiten Konferenz im August 1864 geladen. Die Vertreter der 16 anwesenden Staaten unterzeichneten am 22. August 1864 die „Konvention zur Verbesserung des Loses der verwundeten Soldaten im Felde". Nach dieser „Genfer Konvention" wurde über folgende Punkte Übereinstimmung erzielt:

Die Feldlazarette und die darin untergebrachten Verwundeten und Kranken sollten als neutral anerkannt werden. Der Neutralitätsstatus galt auch für das Lazarettpersonal.

Im Falle der feindlichen Besetzung der Lazarette stand es ihm frei, über seinen weiteren Verbleib zu entscheiden. Das Sanitätsmaterial sollte zur Versorgung der Patienten in den Lazaretten verbleiben. Auch Zivilpersonen, die Hilfe leisteten, wurde Schutz zugesichert.

Die vertragschließenden Mächte verpflichteten sich, für die Aufnahme und Pflege verwundeter und erkrankter Militärpersonen ohne Unterschied ihrer Staatsangehörigkeit zu sorgen und die Entlassung der Kriegsuntauglichen in ihre Heimatländer zu ermöglichen.

Als einheitliches Kennzeichen aller Sanitätseinrichtungen und des Sanitätspersonals wurde das Rote Kreuz auf weißem Grund vereinbart und die Verbindung zwischen den einzelnen Staaten dem „Internationalen Komitee vom Roten Kreuz" mit Sitz in Genf übertragen. Sein erster Präsident war bis 1910 Gustave Moyniers.

Damit war ein für einen längeren Zeitraum gültiges internationales Abkommen zur Erleichterung des Loses der Verwundeten und Kranken vereinbart worden. Dem Beispiel der ersten Unterzeichnerstaaten schlossen sich bald weitere an, so daß bis 1906 bereits 44 Staaten der Übereinkunft angehörten.

Ungeklärt blieb zunächst die Frage der freiwilligen Hilfsvereine, die auch während der zweiten Diplomatenkonferenz 1868, welche die Ausdehnung der Konvention auf die Marine vorschlug, noch nicht geregelt werden konnte. Sie wurde erst später während der Genfer Konferenz von 1906 geklärt. Diese von 73 Delegierten besuchte Zusammenkunft, welche die 1864 angenommene Konvention auf Grund der Erfahrungen der inzwischen stattgefundenen kriegerischen Auseinandersetzungen, besonders des deutsch-französischen Krieges 1870/71, überarbeitete, stellte die nationalen Rotkreuzvereine in ihren Schutzbestimmungen dem Heeressanitätsdienst gleich.

Dank der Initiative Henri Dunants und seiner Anhänger hatten sich bereits seit 1863 in verschiedenen europäischen Ländern nationale Rotkreuzvereine gebildet. Diese von Humanisten geleiteten Organisationen fanden auch staatliche Unterstützung. Doch die Regierungen, die den Völkermord als legitimes Mittel zur Durchsetzung ihrer Klasseninteressen betrachteten, verfolgten dabei weniger humanitäre Ziele. Die modernisierte Waffentechnik verteuerte die Ausbildung der Soldaten, die andererseits auch als Arbeitskräfte in Industrie und Landwirtschaft benötigt wurden. So waren vor allem Wirtschaftlichkeitserwägungen auslösende Faktoren für Maßnahmen, die zweifellos auch die humanitären Bestrebungen förderten.

Zwei weitere Momente ließen den Herrschenden keine andere Wahl. Wie die Erfahrungen zeigten, forderten die Seuchen als Folgeerscheinungen der Kriege weitaus mehr Opfer als die unmittelbaren Kampfhandlungen. Seuchen aber schwächten nicht nur die Kampfkraft der Truppen, sie gefährdeten auch die Zivilbevölkerung.

Zum anderen hatte die erstarkende Arbeiterbewegung dem Krieg ihren Kampf angesagt. Mit demagogischen Mitteln war es bisher gelungen, weite Teile des Proletariats unter nationalistischen Einfluß zu bringen und damit sogar von der sozialen Frage abzulenken. Es erschien im Interesse dieser Politik notwendig, zumindest die schrecklichsten Auswirkungen der Kriege abzuschwächen. Den bürgerlichen Humanisten war bewußt, daß ihre Schritte das Leid nur mildern, keineswegs aber die Ursache des Übels, den Krieg selbst, ausmerzen konnten. Sie prangerten den Krieg als unmenschlich und verabscheuungswürdig an und brandmarkten jene Kreise, die ihm einen nationalistischen Glorienschein verliehen. Henri Dunant schrieb:

„Für viele Leute ist der Krieg, den sie nur wenig kennen, das Schönste der Welt. Die vergessen die zerschlagenen Arme, die amputierten Beine, die zerschmetterten Köpfe; sie wissen nichts vom Typhus, der Ruhr, dem Fieber, dem Hospitalbrand (Gasbrand), die zwangsläufig die Begleiterscheinungen sind; sie denken nicht an die verwüsteten Felder, die vernichteten Obstbäume, die verbrannten Hütten, die gebrandschatzten Städte, die einst blühenden Landstriche, die auf lange Jahre hinaus zerstört sind, die ausgepreßten, die gequälten und mißhandelten Bewohner und all das, was es noch an Verbrechen gibt, die eine wütende Soldateska begangen hat.

Diese armen Mütter, denen man die Söhne raubte, um sie dem Minotaurus zum Opfer zu bringen – wer gibt ihnen etwas für ihre Tränen? Jawohl, der Krieg raubt den Müttern ihre Kinder, den Frauen ihren Gatten, den jungen Mädchen ihre Verlobten, den alten Eltern ihre Stütze und ihren Halt.“

Henri Dunant, der das aufopferungsvolle Wirken von Florence Nightingale in Skutari aufmerksam und voller Bewunderung verfolgt hatte, bekannte während einer 1872 in London gehaltenen Rede: „Obgleich man mich den Gründer des Roten Kreuzes und den Urheber der Genfer Konvention nennt, gebührt die Ehre dafür einer Engländerin. Was mich 1859 bewog, auf die italienischen Kriegsschauplätze zu reisen, war Miß Nightingales Werk im Krimkrieg.“

Hilfe für das demokratische Amerika

Während der Zeit des unermüdlichen Kampfes der Florence Nightingale um die Durchsetzung der Armeereformen und ihres Indienprojektes war wenige Jahre vor Abschluß der Genfer Konvention im April 1861 in den USA der Sezessionskrieg zwischen den Nord- und Südstaaten entbrannt.

Großbritannien konnte den während der amerikanischen Unabhängigkeitsrevolution (1775–1783) erlittenen Verlust der ehemaligen Kolonien lange nicht verschmerzen. Die anhaltend feindselige Haltung hatte schließlich 1812 bis 1814 zum zweiten englisch-amerikanischen Krieg geführt, der für beide Seiten nicht den erwarteten Erfolg brachte. England mußte sich damit abfinden, daß alle Hoffnungen, die nationale Souveränität der USA zu verletzen, das Land zu zerstückeln, um der jungen Republik wenigstens einen Teil des Territoriums wieder zu entreißen, illusionär waren. Die USA mußten erkennen, daß die Absicht, Kanada mit ihrem Territorium zu vereinen und möglichst alle englischen Kolonien in der westlichen Hemisphäre zu beseitigen, ebenfalls undurchführbar war. So galt es, sich in einem Kompromiß zu arrangieren. Mehr konnte von den ehemaligen Kontrahenten und nun im zunehmenden Maße kapitalistischen Konkurrenten nicht erwartet werden.

Bei Ausbruch des von der Aggressivität der Südstaaten, die eine Spaltung der USA anstrebten, provozierten Sezessionskrieges (1861–1865) keimten in Großbritannien neue Hoffnungen, das Rad der Geschichte doch noch zurückdrehen zu können. Die Pläne einer bewaffneten Intervention zugunsten der Sklavenhalter stießen jedoch auf den entschlossenen Widerstand der erstarkten englischen Arbeiterklasse. Auch Teile der Bourgeoisie rieten angesichts der militärischen Erfolge des Nordens von einem solchen Vorgehen ab, was die englische Regierung jedoch nicht daran hinderte, die Südstaaten mit Waffen, Lebensmitteln und auch finanziell zu unterstützen. Palmerston hegte die trügerische Hoffnung, mit diesen Maßnahmen die Konföderation des Südens und damit einen Unruheherd in Amerika erhalten zu können. „Nicht die Weisheit der herrschenden Klassen", schrieb Karl Marx, „sondern der heroische Widerstand der englischen Arbeiterklasse gegen ihre verbrecherische Torheit bewahrte den Westen Europas vor einer transatlantischen Kreuzfahrt für die Verewigung und Propaganda der Sklaverei."

Florence Nightingale befand sich in ihrer Haltung in völliger Übereinstimmung mit den demokratischen Kräften. Das Washingtoner Kriegsministerium hatte sich im Oktober 1861 an sie mit der Bitte gewandt, bei der Errichtung von Lazaretten und dem Aufbau der Fürsorge für Verwundete und Kranke behilflich zu sein. Auf der Grundlage ihrer Erfahrungen gab sie dem demokratischen Amerika die in ihren Kräften stehende Unterstützung, die sich im wesentlichen auf Ratschläge zur Einführung der weiblichen Krankenpflege, zur Beköstigung der Verwundeten und Kranken und zur ordnungsgemäßen Lazarettverwaltung beschränken mußten. Offensichtlich war ihr Rat eine große Hilfe, denn nach dem Sieg der Nordstaaten erhielt Miß Nightingale 1865 von offizieller Stelle als Ausdruck der Dankbarkeit die Mitteilung: „Ihren Einfluß und unsere Verpflichtung Ihnen gegenüber kann man nicht hoch genug einschätzen."

Fortsetzung der Reformen

In England schienen sich die Dinge weiter zugunsten der Nightingaleschen Reformpartei zu entwickeln. Im Kriegsministerium hatte sie ihre Stellung zu festigen vermocht. Lord de Grey konnte man als einflußreichen Mann zu den Freunden Miß Nightingales zählen, und ihre Mitstreiter Dr. Sutherland und Douglas Galton hatten ihr Aktionsbereich erweitert. Im Mai 1862 war mit Unterstaatssekretär Benjamin Hawes einer ihrer Hauptwidersacher verstorben. Die Amtsnachfolge in dieser Schlüsselposition war für das weitere Schicksal der Reformen von wesentlicher Bedeutung. Dank ihrer Fürsprecher, zu denen vor allem der Premierminister Palmerston selbst zählte, gelang es Miß Nightingale, einen wichtigen Sieg zu erringen. Ihr Vorschlag, das vakante Amt des Unterstaatssekretärs besser in zwei „Assistant undersecretaries" aufzuteilen, wurde akzeptiert, und Douglas Galton in eines dieser Arbeitsgebiete berufen. Doch ihre Hoffnung war verfrüht. Weder Galton noch de Grey waren Kämpfer ihres Formats. Sie befürworteten zwar die von ihr geplanten Reformen, dachten aber keineswegs daran, sich deshalb Schwierigkeiten zu machen. Das eigene Wohlergehen zogen sie dem Kampf für Ideale vor, mochten sie diese theoretisch auch noch so nützlich finden. Gegen Opportunismus anzukämpfen, vermochte auch Miß Nightingale nicht. Eine grundlegende Reform des Kriegsministeriums erwies sich als undurchführbar. Um wenigstens zu retten, was noch zu retten war, unternahm Miß Nightingale beim Tode von George Lewis im April 1863 alles in ihren Kräften stehende, um die Nachfolge für de Grey zu sichern, wobei sie sich auch der Presse bediente. Den entscheidenden Schritt zugunsten ihres Favoriten tat wiederum Lord Palmerston. Mit der Berufung de Greys wurde ihr die weitere Einflußnahme auf das Kriegsministerium gesichert. Es gab in den folgenden Jahren kaum eine Entscheidung im Bereich der Organisation des medizinischen Dienstes, an der sie nicht als fachkundige Beraterin mitgewirkt hätte. Das traf für Grundsatzfragen ebenso zu wie für Baupläne, Kostenberechnungen oder andere Details. Nach wie vor war ihr Hauptziel die Verbesserung der Lage der einfachen Soldaten, sowie die Neuordnung des Heeres-Sanitätswesens, ein Gebiet, auf dem sie noch immer gegen erbitterten Widerstand anzukämpfen hatte.

Als im Frühjahr 1864 Unterstaatssekretär Lord Hartington im Unterhaus die steigenden Kosten für das Lazarett- und Sanitätswesen begründen mußte, wußte er keinen anderen Ausweg, als sich die Argumente von Miß Nightingale liefern zu lassen. Alle diese Mühen nahm sie trotz vielfältiger Belastungen und ständiger Anfeindungen ohne jedes Entgelt im Interesse ihrer für richtig und notwendig erkannten Sache jahrelang auf sich.

Grundlegende Reformen waren ihr versagt geblieben, doch in unendlich mühevoller Kleinarbeit konnte sie trotz mancher Niederlagen und Rückschläge viel erreichen. Lord Stanley hatte ihr am 10. Juli 1863 geschrieben: „Fürchten Sie nicht, daß Lord Herberts Werk unvollendet bleiben wird! Der hygienische Gedanke hat nun in der öffentlichen Meinung Wurzel gefaßt und kann nicht mehr als Traumgespinst abgetan werden ... Der gewonnene Boden kann nicht mehr verlorengehen."

Sehr zum Verdruß von Miß Nightingale hatte Dr. Sutherland im zweiten Halbjahr 1865 eine Inspektionsreise in das Mittelmeergebiet unternommen, um hier die sanitären Bedingungen zu studieren. Sie hielt sein Vorgehen für eine Zersplitterung der Kräfte, die sie unbedingt auf das für sie in dieser Zeit im Vordergrund stehende Indienprojekt konzentrieren wollte. Das war ein Irrtum, denn zweifellos konnte Sutherland in Algier, Malta und Gibraltar vieles kennenlernen, was für die beabsichtigte Verbesserung der sanitären Verhältnisse in Indien von Nutzen sein konnte.

Anfang 1867 schien sich mit der Berufung de Greys zum Staatssekretär für Indien eine positive Entwicklung anzubahnen. Florence Nightingale nutzte die Gunst der Stunde und unterbreitete ihm einen bis in alle Einzelheiten gehenden Vorschlag zur Reorganisation des öffentlichen Gesundheitswesens, der de Greys prinzipielle Zustimmung fand. Bevor jedoch konkrete Schritte zur Verwirklichung des Plans eingeleitet werden konnten, ging die Regierung wieder in die Hände der Konservativen über, unter denen sich die Erfolgschancen zur Durchsetzung des Projektes beträchtlich verminderten. Florence Nightingale war sich völlig im Unklaren darüber, wie ihre Arbeit weitergehen konnte. Zunächst versuchte sie Informationen über personelle Veränderungen zu erhalten, woraus sie gewisse Schlüsse über den voraussichtlichen Kurs zu ziehen hoffte. Ende Juni 1866 drängte sie Douglas Galton: „Nun schreiben Sie doch dem aufgeregten Frauenzimmer F. N., wer nun eigentlich kommt! Kommt General Peel ins Kriegsministerium? Wenn ja, wird er unsere Zivil-Sanitätssache zunichte machen? Geht Dr. Sutherland trotzdem diesen Herbst nach Malta und Gibraltar? Wird General Peel die Heeres-Sanitätskommission gefährden? Ich muß es wissen – ihr höllischen Mächte! Kommt Lowe ins Indische Büro? Das ist für mich ein grenzenloses Unglück. Denn da Lord Stanley im Außenministerium sitzt, an dem einzigen Platz, wo er für uns von keinerlei Nutzen sein kann, habe ich in der ganzen Welt keinen Freund mehr. Wenn ich noch mehr sage, fange ich an zu fluchen. Ich bin so entrüstet. Ihre immer wütende F. N."

Zunächst geschah wie üblich gar nichts. Das heißt, die Zeit arbeitete für die Reformgegner. Nach Rückkehr der Regierungsbeamten aus den Sommerferien nahm sie mit dem neu in das Indische Amt berufenen Bartle Frere Kontakt auf. Aufgrund seiner mehrjährigen Indienerfahrung hielt sie ihn für einen potentiellen Partner für die Durchsetzung von Maßnahmen des öffentlichen Gesundheitswesens in der Kronkolonie. Während seiner früheren Tätigkeit hatte er u. a. als Gouverneur von Bombay im Gegensatz zu seinen „Amtsbrüdern" mit der Einleitung umfangreicherer Sanierungsarbeiten Interesse an dringenden sanitären Maßnahmen zum Ausdruck gebracht. Viele gemeinsame Gespräche ließen sie erwarten, in ihm „ihren Mann" gefunden zu haben, den Richtigen, den sie an der Spitze des von ihr seit langem angestrebten öffentlichen Gesundheitsamtes für Indien sehen wollte. Als Protektor für dieses neu zu errichtende selbständige Ressort im Indischen Amt hoffte sie, den neu berufenen Staatssekretär für Indien, Stafford Northcote, gewinnen zu können.

Bei wiederholten Besuchen war er von der Lauterkeit und Zielstrebigkeit der selbstlos ihrer humanitären Sache ergebenen Florence Nightingale zutiefst beeindruckt. Er bat sie, ihm einen Überblick über die Entwicklung der indischen Frage seit Gründung der Sanitätskommission im Jahre 1859 zu geben. In wochenlanger Tag- und Nachtarbeit kam sie seinem Auftrag nach, begnügte sich dabei aber nicht mit einem Entwicklungsabriß, sondern fügte als Schlußfolgerung aus ihrer Analyse zahlreiche Anregungen und Änderungsvorschläge hinzu. Nachdem sich Northcote sehr interessiert zeigte und sogar weitgehende Übereinstimmung zum Ausdruck brachte, die allerdings noch der praktischen Umsetzung bedurfte, hielt es Miß Nightingale Anfang 1868 für möglich, sich verstärkt ihrem zweiten Hauptarbeitsgebiet, der Krankenpflegereform, zuzuwenden.

Bild 13. Eingangstor zum Hospital des heiligen Bartholomäus London

Bild 14. Krankensaal im Hospital des heiligen Bartholomäus

Bild 15. Theodor Fliedner (1800–1864)

Bild 16. Diakonissenanstalt Kaiserswerth

Bild 17. Kinderkrankensaal in Kaiserswerth

Bild 18. Friederike Fliedner (1800–1842)

Bild 19. Karoline Fliedner (1811–1892)

Bild 20. Amalie Sieveking (1794–1859)

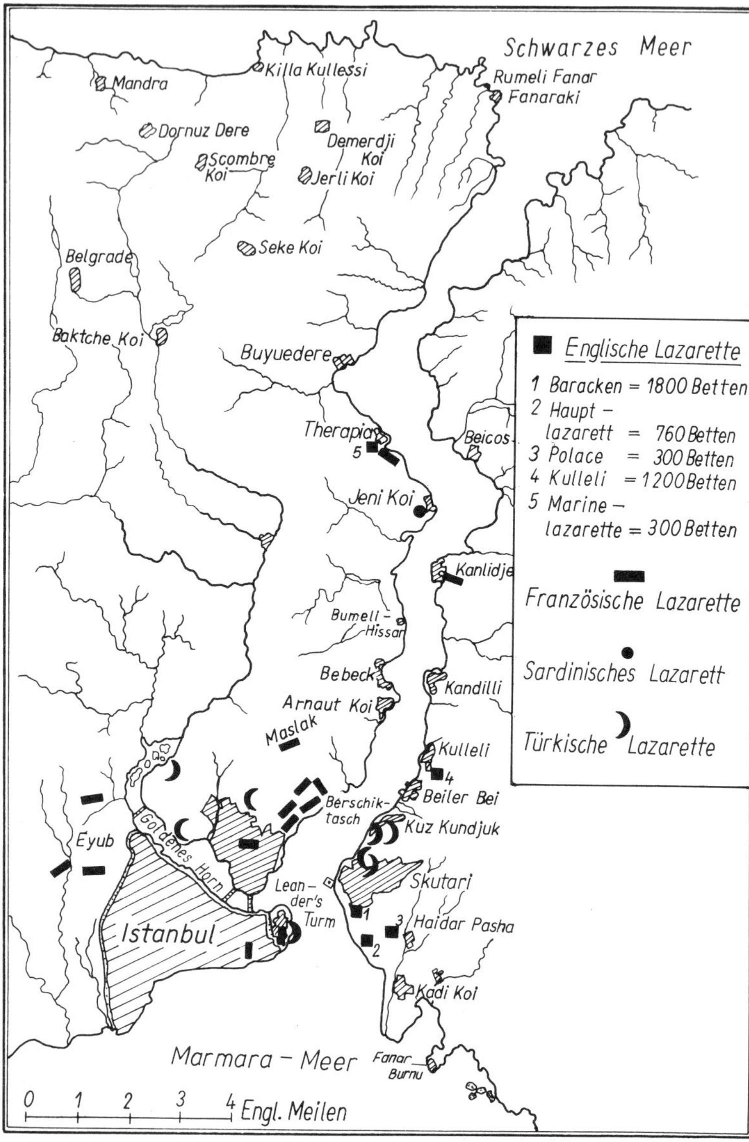

Bild 21. Lageplan der Militärlazarette am Bosporus

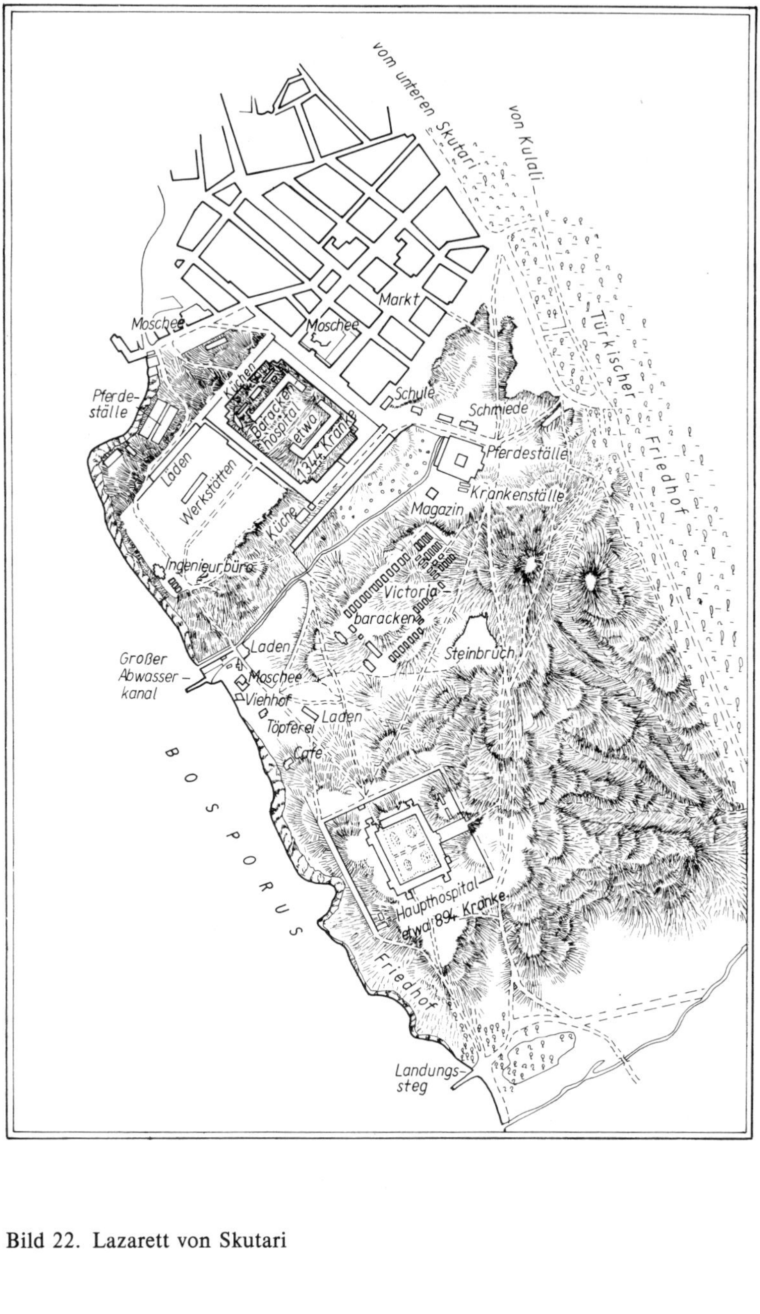

Bild 22. Lazarett von Skutari

Bild 23. Nikolai Iwanowitsch Pirogow (1810–1881)

Bild 24. Leo Tolstoi (1828–1910) als Berichterstatter vom Krimkrieg

Bild 25. Hospital in Skutari

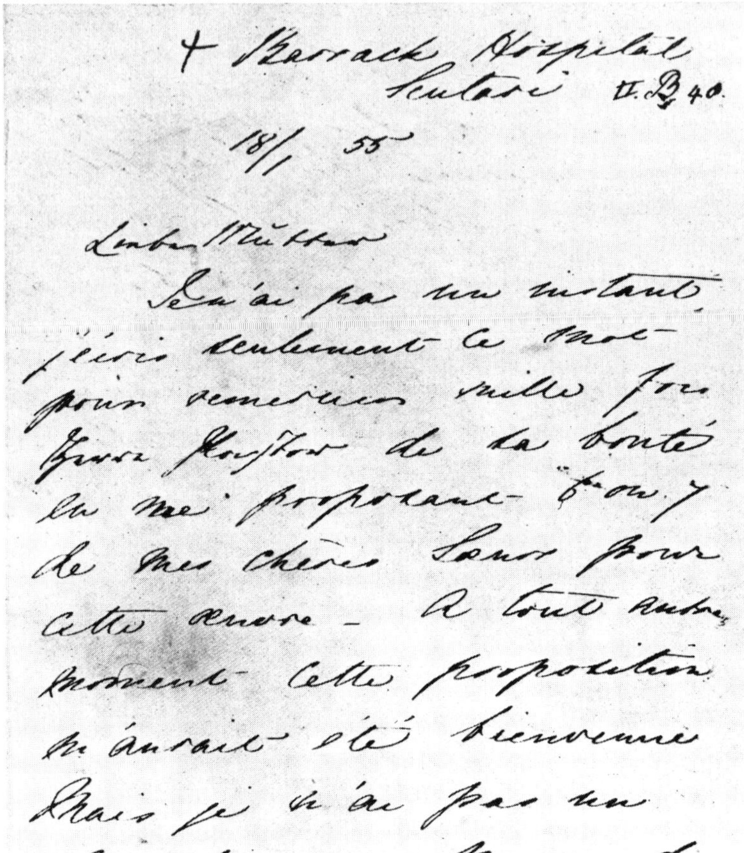
+ Barrack Hospital
Scutari
II. B 40.

18/1 55

Liebe Mutter

Je n'ai pas un instant.
J'écris seulement ce mot
pour remercier mille fois
votre Pasteur de sa bonté
en me proposant 6 ou 7
de mes chères Sœurs pour
cette œuvre – A tout autre
moment cette proposition
m'aurait été bienvenue
Mais je n'ai pas un
lit, pas un pouce de
terrain à leur offrir
Nous sommes déjà trop serrées pour la santé
J'ai été obligée de refuser
même une partie des

Bild 26. Brief Florence Nightingales an die Mutter

Bild 27. Lazarett von Koulali

Bild 28. Krankensaal in Koulali

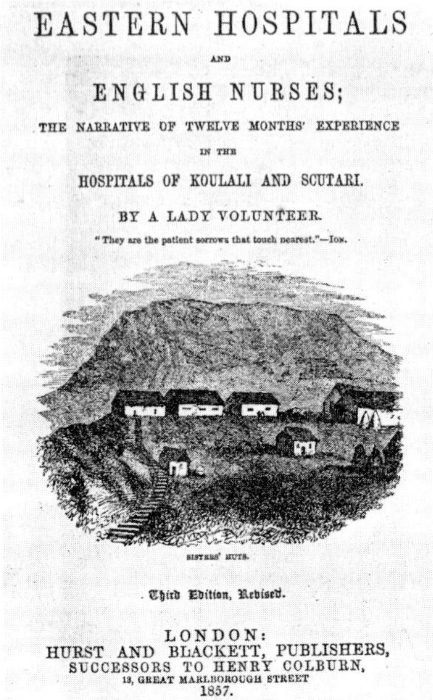

EASTERN HOSPITALS

AND

ENGLISH NURSES;

THE NARRATIVE OF TWELVE MONTHS' EXPERIENCE

IN THE

HOSPITALS OF KOULALI AND SCUTARI.

BY A LADY VOLUNTEER.

"They are the patient sorrows that touch nearest."—Ion.

SISTERS' HUTS.

Third Edition, Revised.

LONDON:
HURST AND BLACKETT, PUBLISHERS,
SUCCESSORS TO HENRY COLBURN,
13, GREAT MARLBOROUGH STREET
1857.

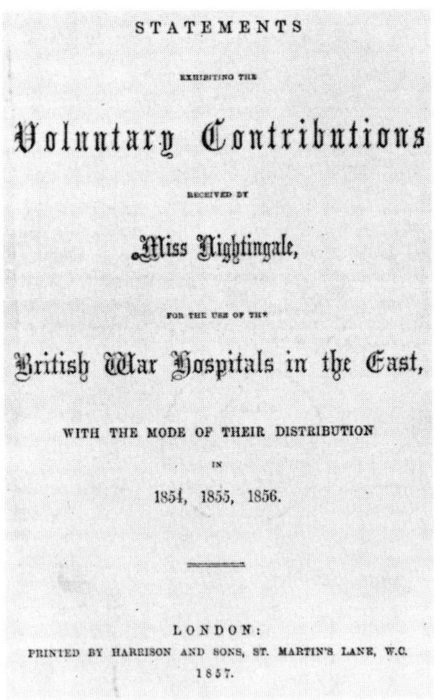

STATEMENTS

EXHIBITING THE

Voluntary Contributions

RECEIVED BY

Miss Nightingale,

FOR THE USE OF THE

British War Hospitals in the East,

WITH THE MODE OF THEIR DISTRIBUTION

IN

1854, 1855, 1856.

LONDON:
PRINTED BY HARRISON AND SONS, ST. MARTIN'S LANE, W.C.
1857.

Bild 29–30. Berichte über die Tätigkeit der Krankenschwestern im Krimkrieg

Bild 31. Florence Nightingale nach ihrer Rückkehr von Skutari

Bild 32. Jean Henri Dunant (1828–1910)

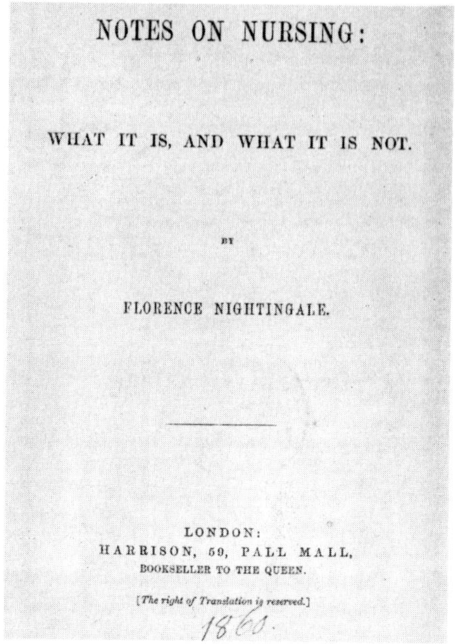

NOTES ON NURSING:

WHAT IT IS, AND WHAT IT IS NOT.

BY

FLORENCE NIGHTINGALE.

LONDON:
HARRISON, 59, PALL MALL,
BOOKSELLER TO THE QUEEN.

[*The right of Translation is reserved.*]

1860.

Die Pflege
bei
Kranken und Gesunden.

Kurze Winke, den Frauen aller Stände gewidmet,
von
Florence Nightingale.

Von der Verfasserin autorisirte deutsche Ausgabe,
nach der zweiten Auflage ihrer „Notes on Nursing" bearbeitet.

Mit einem Vorwort des
Geh. Sanitäts-Rath Dr. H. Wolff in Bonn.

Leipzig:
F. A. Brockhaus.
1861.

Bild 33–34. Englische und deutsche Ausgabe des bekanntesten Werkes von Florence

Bild 35. Krankenbett Mitte des 19. Jahrhunderts

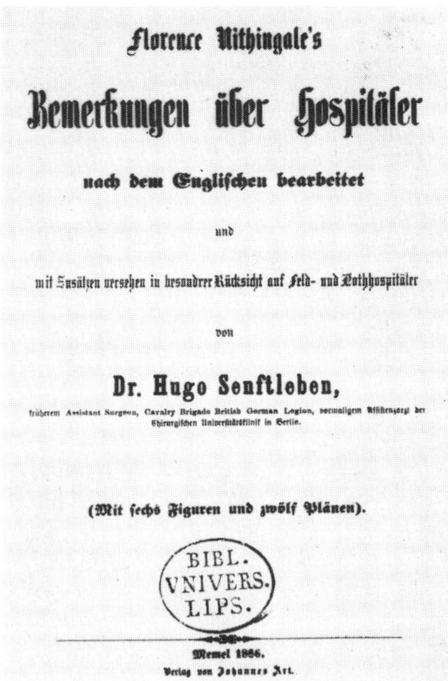

Florence Nithingale's

Bemerkungen über Hospitäler

nach dem Englischen bearbeitet

und

mit Zusätzen versehen in besondrer Rücksicht auf Feld- und Nothhospitäler

von

Dr. Hugo Senftleben,

früherem Assistant Surgeon, Cavalry Brigade British German Legion, vormaligem Assistenzarzt der Chirurgischen Universitätsklinik in Berlin.

(Mit sechs Figuren und zwölf Plänen).

Memel 1856.

Verlag von Johannes Art.

Bild 36. „Bemerkungen über Hospitäler“

Bahnbrecherin der neuzeitlichen Krankenpflege

Vom Spital zum Krankenhaus

Florence Nightingales Kampf um die Durchsetzung sozialer und Sanitätsreformen hatte unendliche Mühen gekostet, ihr einen unübersehbaren Berg Arbeit aufgebürdet, und doch war es nur ein Teil ihres großen Lebenswerkes, zu dessen zentralem Anliegen die fachliche und organisatorische Neugestaltung der Krankenpflegeausbildung zählte.

Bereits während ihrer Tätigkeit in Skutari faßte sie den Entschluß, ihre Erkenntnisse und Erfahrungen auch dem zivilen Pflegebereich nutzbar zu machen, der Ausgangspunkt ihrer Tätigkeit gewesen war. Noch vor dem Krimeinsatz hatte sie sich als Spezialistin in Spitalfragen erwiesen. Nach eigener Aussage hatte sie bereits „alle Spitäler in London, Dublin und Edinburgh, viele Landkrankenhäuser, verschiedene Marine- und Heereslazarette in England und alle Spitäler von Paris besucht; bei den Barmherzigen Schwestern dort habe ich Studien gemacht; ferner war ich in der Anstalt der protestantischen Diakonissen in Kaiserswerth am Rhein, wo ich zweimal als Pflegerin gearbeitet habe; dann habe ich Spitäler in Berlin, Rom, Alexandria, Konstantinopel und Brüssel besichtigt und außerdem eine Reihe französischer und sardinischer Kriegslazarette".

Bei ihren Inspektionen hatte sie, abgesehen von nur wenigen Ausnahmen, feststellen müssen, daß sich die Lage in den Spitälern und Krankenhäusern keineswegs von den Verhältnissen in den Lazaretten unterschied. Auch hier waren dringende Veränderungen oberstes Gebot, Veränderungen, die über das eigentliche Krankenhauswesen hinaus die gesamte öffentliche Gesundheitspflege umfassen sollten (siehe S. 177ff.). Der Weg bis zu der Erkenntnis, daß Krankenpflege und Medizin zwei nicht voneinander zu trennende Elemente der gemeinsamen Heilkunde sind, war noch weit. Florence Nightingale gebührt das

Verdienst, den sozialen und wissenschaftlichen Erfordernissen und Möglichkeiten ihrer Zeit Rechnung tragend, die Entwicklung der neuzeitlichen Krankenpflege eingeleitet zu haben. Hier können nur einige Leitlinien dieses Werdegangs und seiner Voraussetzungen angedeutet werden.

Noch bis zu Miß Nightingales Zeiten wurden Kranke – auch Schwerkranke – nach Möglichkeit in den Familien gepflegt. Abgesehen von einigen Zentren, insbesondere den Universitätsstädten, wo in Krankenhäusern die medizinische, keineswegs aber eine sachkundige pflegerische Betreuung gewährleistet wurde, war der Wandel vom Hospital zum Krankenhaus noch nicht vollzogen.

Innerhalb der Feudalordnung war das der Armenversorgung zugehörige Hospital eine letzte Zufluchtstätte, in der sich Sterbende und Genesende, auf jeden Fall aber Besitzlose, denen eine familiäre Betreuung versagt war, drängten. Es glich seinem Charakter nach einem Siechen- oder Armenhaus. Von geordneter Pflege konnte keine Rede sein. Notwendigen Beistand gaben sich die Insassen, so weit sie dazu noch in der Lage waren, untereinander. Ärztliche Hilfe gab es, wenn überhaupt, nur gelegentlich. Nur in einigen Spitälern entstanden als Vorläufer der Krankenhäuser Abteilungen für Behandlungsfähige, die auch ärztlich betreut wurden. Doch bis in die zweite Hälfte des 19. Jahrhunderts war es alles andere als ein erstrebenswertes Ziel, in einer solchen Unterkunft Aufnahme zu finden.

Die ältesten Krankenpflegeeinrichtungen auf deutschem Territorium waren die Valetudinarien der römischen Legionen. Diese an Standplätze größerer militärischer Einheiten gebundenen Lazarette hatten eine Kapazität von etwa 60 Krankenzimmern, in denen nicht nur Verwundete, sondern auch Kranke versorgt wurden.

Die römische Krankenfürsorge war durch die nach Rom, der damaligen Hauptstadt der Welt, kommenden griechischen Ärzte beeinflußt worden. Bei den Griechen hatte sich eine Entwicklung abgezeichnet, die vom Jatreion, der Unterkunftsstätte für auswärtige Patienten „freipraktizierender" Ärzte, bis zu dem Hospital, der Einrichtung von Krankenzimmern führte, in denen die Leiden behandelt wurden. Weitere krankenhausähnliche Anstalten Griechenlands waren die Asklepieien, die aber mehr den Charakter von Kuranstalten trugen.

Die in Rom unter dem Namen „Medicina“ seit etwa 200 v. d. Z. errichteten Gebäude glichen insofern den griechischen Vorbildern, als in ihnen neben der ambulanten auch die stationäre Behandlung durchgeführt wurde. Krankenhäuser in unserem Sinne waren es jedoch nicht. Ihre Merkmale entsprachen eher den Valetudinarien, die in Rom zunächst zur Wiederherstellung der Arbeitsfähigkeit kranker und erschöpfter Sklaven eingerichtet wurden und die schließlich auch als Militärlazarette der Söldnerheere im römischen Imperium Anwendung fanden. Typisch für diese, nach einer einheitlichen Konzeption errichteten Bauten war das „Korridorsystem“, welches das ganze Lazarett in eine Anzahl Zimmer unterteilte, in denen jeweils zwei bis drei Patienten untergebracht wurden.

Der Zusammenbruch des römischen Weltreichs, Völkerwanderung und germanische Staatenbildungen hatten eine Stagnation des Krankenhauswesens zur Folge.

Erst das Mittelalter läßt neue Ansätze erkennen. Es war vornehmlich eine Errungenschaft der mittelalterlichen Medizin des Orients, aus Isolatorien für ansteckende Kranke und Invalidenasylen Krankenhäuser für die Zivilbevölkerung entwickelt zu haben.

Auf deutschen Territorien entstanden in der frühen Feudalgesellschaft im Rahmen der Klerikermedizin zunächst an großen Bischofssitzen Domspitäler und schließlich den Klöstern zugehörig auch Spitalanlagen (Infirmarien), in denen die Geistlichen Gelegenheit fanden, gottgefällige Werke der Barmherzigkeit zu verrichten. Freilich hatte hier die Rettung der Seelen Priorität vor körperlichem Wohlbefinden. Ein typisches Beispiel ist das um 1149 errichtete Heribert-Hospital am Kollegiatsstift St. Andreas in Köln. In Paris entstand um 660 mit dem Hôtel-Dieu das bedeutendste Klosterhospiz, das bis zu 5 000 Patienten aufnehmen konnte.

Während die Spitäler der Bischöfe und Klöster der frühen Feudalgesellschaft unter dem Patronat der Kirche standen, wurden mit dem Entstehen von Laienbruderschaften auch weltliche Einflüsse spürbar.

Mit dem Anwachsen von Warenwirtschaft und Handel verlagerte sich der wirtschaftliche, kulturelle und wissenschaftliche Schwerpunkt auf die Städte. Im medizinischen Bereich ist die allmähliche Ablösung der Klerikermedizin durch die vom Bürgertum repräsentierte Medizin Kennzeichen dieser Entwicklung.

Die Stiftung kommunaler und privater Gelder sicherte dem aufstrebenden Bürgertum, vertreten durch den Rat, zunehmend auch die Spitalhoheit, wobei die in städtische Verwaltung übernommenen Spitäler ihre kirchlichen Namen in der Regel beibehielten. Das „Spital zum Heiligen Geist“ befand sich stets innerhalb der Stadt, während die dem St. Georg geweihten Seuchen- und Infektionsspitäler außerhalb der Stadtmauern lagen. Mit der wachsenden Einwohnerzahl wurden die Städte seit dem 13. Jahrhundert zu zahlreichen Spitalneugründungen veranlaßt. Äußeres Kennzeichen der Kommunalisierung der Spitäler war deren Verlagerung aus dem Dom- oder Klosterbereich.

Mit dem ökonomischen Erstarken des Bürgertums machte auch die Hospitalarchitektur deutliche Fortschritte. Häufig aber standen dabei repräsentative, weniger humanitäre Anliegen im Vordergrund. Die prächtige Fassade war wichtiger als eine funktionelle, den Patienten dienende Gestaltung. Die sozialen Folgen der Industriellen Revolution, die gesundheitspolitischen Forderungen der erstarkenden Arbeiterklasse, die Vervollkommnung des naturwissenschaftlich-medizinischen und technischen Wissens sowie deren Weitervermittlung ließen die Einführung eines neuen Krankenhaustyps zu einem gesellschaftlichen Erfordernis werden.

Während in der Zeit des Feudalismus die Unterweisung der Studenten am Krankenbett vernachlässigt worden und die überlieferten medizinischen Texte Grundlage der theoretisch orientierten ärztlichen Ausbildung waren, wurde der klinische Unterricht nun zu einer unabdingbaren Voraussetzung der modernen Medizin. Dieses durch Hermann Boerhaave (1668–1738) in der Leidener Schule durchgesetzte Prinzip fand in der Gründung des Allgemeinen Wiener Krankenhauses den mustergültigen Typus der neuen medizinisch-akademischen klinischen Ausbildungs-, und was ebenso wichtig war, auch Forschungs- und Behandlungsstätte.

Wertvolle Impulse für den Krankenhausbau kamen aus den USA. Während der Unabhängigkeitsrevolution (1775–1783) hatte die Errichtung von Pavillons zur Pflege der Verwundeten im Gegensatz zu dem durch Wundinfektionen hervorgerufenen

Massensterben in europäischen Lazaretten wertvolle Anregungen gegeben, die von der französischen Akademie aufgegriffen wurden. Sie unterbreitete 1786 den Vorschlag, auch zivile Krankenhäuser künftig nach dem offensichtlich bewährten neuen Typus zu errichten. Eine 1788 vom Hôtel-Dieu eingesetzte Kommission plante einen dreistöckigen Neubau im Pavillonsystem. Auch das preußische Heeressanitätswesen hatte sich die neuen Erkenntnisse während des preußisch-österreichischen Krieges (1866) zunutze gemacht. Das erste nach dem Pavillonsystem errichtete Krankenhaus in Deutschland war das am 8. Oktober 1874 von dem Chirurgen Friedrich Trendelenburg (1844–1924) eröffnete Krankenhaus in Berlin Friedrichshain.

Rudolf Virchow (1821–1902) hatte sich als Berliner Stadtverordneter als Wegbereiter der modernen Klinik große Verdienste erworben. Der moderne Zweckbau mit sechshundert Betten bot den Ärzten und Patienten hervorragende Bedingungen. Hier entstand nach Nightingaleschem Vorbild später auch ein Pflegerinnenbau, in dem die Schwestern, frei von konfessionellen Schranken, nach neuen wissenschaftlichen Erkenntnissen ausgebildet wurden.

Unabhängig von den fortgesetzten Auseinandersetzungen über die Vor- und Nachteile von Korridor- oder Pavillonsystem war im kommunalen Bereich zu Beginn des 19. Jahrhunderts mit dem Allgemeinen städtischen neben dem Akademischen Krankenhaus ein weiterer Typus entstanden, mit dem die Vielzahl kleiner und kleinster unökonomisch gewordener Hospitäler abgelöst, eine klare Trennung von den Pflege- und Altersheimen erreicht und damit die Voraussetzung für eine neue Qualität der Krankenversorgung geschaffen wurde. Realisiert werden konnten die neuen Möglichkeiten erst durch eine Umgestaltung im Bereich der Krankenpflege.

Für die weitere Entwicklung war auch die Wandlung der Sozialstruktur der Patienten von großem Einfluß. Hatten es Adel, Patrizier und wohlhabende Bürger bisher vermieden, die Krankenpflegeeinrichtungen aufzusuchen, so änderte sich das, als wissenschaftlich gebildete Fachärzte und zunehmend geschultes Pflegepersonal in den Krankenhäusern den medizinischen und pflegerischen Höchststand repräsentierten und damit bessere Bedingungen als in der häuslichen Krankenversorgung boten. Entsprechend höher waren schließlich im eigenen Interesse der herrschenden Klasse die kommunalen und staatlichen Zuwendungen für die stationären Einrichtungen. Die Ablösung der ungeschulten Wartungskräfte durch qualifizierte Krankenschwestern wurde zum unaufschiebbaren Erfordernis.

Die gesellschaftlichen Bedürfnisse, die Erfolge der medizinischen Wissenschaft sowie die von der modernen Krankenhausarchitektur gebotenen funktionellen Möglichkeiten bildeten dafür die notwendigen Triebkräfte.

Reformen der Krankenpflege

In dem Krankenhaus als Einrichtung für heilbare Kranke waren im Gegensatz zum Spital ärztliche Diagnostik und Therapie die bestimmenden Faktoren. In der Regel aber rekrutierten sich die Patienten zunächst nach wie vor aus den ärmeren Volksschichten, da der Mangel an Pflegepersonal, insonderheit das Fehlen von ausgebildeten Krankenschwestern und -wärtern den Krankenhausaufenthalt nicht selten noch zu einer Tortur werden ließ, der sich keiner unterzog, der einen Hausarzt bezahlen und in der Familie versorgt werden konnte.

Wegbereiter der dringend notwendigen Krankenpflegereform war in Deutschland der Mannheimer Arzt und Vorkämpfer für sozialmedizinische Belange, Franz Anton Mai (1742–1814). Er hatte erkannt, daß „nicht die Arzneien allein, sondern die gute Pflege in der Krankheit und die schickliche Labung in dem Zeitpunkt der Wiedergenesung die Hilfsmittel sind, die verlorene Gesundheit wieder herzustellen".

Die von ihm 1781 eröffnete Krankenwärterschule vermittelte in einem Kurs von drei Monaten pflegerisches Grundwissen in Theorie und Praxis. Er legte der Ausbildung sein Lehrbuch „Unterricht für Krankenwärter zum Gebrauch öffentlicher Vorlesungen" zugrunde, mit dem Ziel, „den Zöglingen leicht faßliche Grundsätze aus der Naturlehre, Diätetik und Versorgungslehre beizubringen".

Leider scheiterten Mais uneigennützige Bestrebungen am Widerstand seiner Kollegen, die ihn der „Pfuscherausbildung" bezichtigten. Auch sein 1797 unternommener zweiter Versuch, an der Heidelberger Universität die „Krankenwärterlehre" in das Vorlesungsprogramm aufzunehmen, war erfolglos. Mißgunst und dunkle Machenschaften der in Übereinstimmung mit der Medizinalverwaltung intrigierenden Kollegen hatten das Wirken Mais zum Scheitern verurteilt, doch strahlte sein bahnbrechendes Beispiel auf andere Orte aus, wo nach seinem Vorbild ähnliche Ausbildungsstätten entstanden. Es zeigte sich immer mehr, daß die neu errichteten Krankenhäuser ohne geschultes Pflegepersonal nutzlos waren, daß die Fortschritte der modernen klinischen Medizin ohne pflegerische Mitwirkung wirkungslos blieben.

Der Berliner Physiologe Johannes Müller (1801–1858) hatte die Grundlegung der modernen naturwissenschaftlichen Medizin wie folgt charakterisiert: „Die Medizin kann wahre Fortschritte nur dadurch machen, daß die ganze Physik, Chemie und alle Naturwissenschaften auf sie angewendet, und daß sie auf die gegenwärtig erstiegene Höhe derselben gestellt und mit ihren glänzenden Fortschritten in Übereinstimmung gebracht werde." Doch was nutzten all diese Erfolge, all die neuen Verfahren und Methoden in Diagnose und Therapie, wenn ihre wissenschaftlich begründete Möglichkeit mangels pflegerischer Betreuung und Umsetzung allenfalls bedingt zur Wirklichkeit werden konnten. Der seit 1829 als „dirigierender Arzt" der chirurgischen Abteilung an der Charité wirkende Wegbereiter der plastischen Chirurgie, Johann Friedrich Dieffenbach (1792–1847), setzte das Erbe Franz Anton Mais fort. Auch seine Arbeit war in der klinischen Praxis durch die pflegerischen Mißstände beeinträchtigt worden: „Es ist ein wahrer Jammer anzusehen, welche Menschen man als Krankenwärter und Wärterinnen anstellt ... Jeder der zu nichts in der Welt mehr taugt, ist dennoch nach Meinung der Leute zum Wärter gut genug."

Er unterbreitete den Vorschlag: „Damit aber demselben [Mißstand –W. G.] für die Zukunft dauernd abgeholfen werde, und man sich eine gehörige Anzahl guter braver Menschen zu Krankenpflegern erziehe, sind eigne Wärterschulen, in welchen alles das gelehrt, was auf Krankenwartung und Pflege Bezug hat, das einzige Mittel."

In der von ihm gegründeten Krankenpflegerschule, die im Gegensatz zu der Maischen Unterrichtsanstalt zur praktischen Unterweisung mit einem Krankenhaus verbunden war, erhielten männliche und weibliche Interessenten in einem dreimonatigen, später auf sechs Monate verlängerten Kurs die notwendige Anleitung und konnten nach Ablegen einer Prüfung die Berufsbezeichnung „geprüfter Krankenwärter" bzw. „Krankenwärterin" führen.

Als Grundlage des Unterrichts, der von seinem Schüler Carl Emil Gedike übernommen wurde, hatte er 1832 in enger Anlehnung an Mais Schrift eine „Anleitung zur Krankenwartung" verfaßt. Sie ist für uns von besonderem historischen Interesse, da in ihr schonungslos die damaligen Zustände im Pflegebereich angeprangert werden.

Noch immer wirkte die Mehrzahl der Ärzte nur sehr zögernd an den Veränderungen im Pflegebereich mit. Offensichtlich befürchteten sie Eingriffe in ihr Arbeitsgebiet. Auch die „Versammlung Deutscher Naturforscher und Ärzte", die 1836 erstmals Fragen der Krankenpflege auf die Tagesordnung setzte, vermochte keine wesentlichen Impulse für die Weiterentwicklung zu geben. Erst nach 13jährigem Abstand wandte sie sich 1849 erneut diesem Problem zu, ohne jedoch neue Gedanken zu äußern. Erst 1872, während der 45. Versammlung, verzeichnet die Tagesordnung wieder diesen wichtigen Punkt.

Progressiven Ärzten war es, das Werk ihrer Vorgänger fortsetzend, vorbehalten, Veränderungen in der Krankenpflege und der Krankenpflegeausbildung zu fordern. So nahm Rudolf Virchow bereits in seiner Rede „Die berufsmäßige Ausbildung der Krankenpflege auch außerhalb der kirchlichen Organisationen" auf der Berliner Konferenz der Frauenvereine am 6. November 1869 im Sinne der Emanzipation der Frau zu dieser Frage Stellung. Er propagierte die Errichtung von weltlichen Krankenpflegeschulen an jedem staatlichen oder städtischem Krankenhaus, die aus öffentlichen Mitteln zu unterhalten sind.

Eine solche Haltung aber bildete die Ausnahme, die Triebkräfte bei der Erneuerung der Krankenpflege sind keineswegs allein im medizinischen Bereich zu suchen. Entscheidenden Antrieb erhielt der Fortschritt auch aus der gesellschaftlichen Sphäre. Erste Impulse erfolgten in Deutschland während der Zeit der Befreiungskriege gegen die napoleonische Fremdherrschaft. Getragen von der patriotischen Bewegung des Volkes waren zahlreiche Frauen dem Ruf zu Bildung „Vaterländischer Frauenvereine" gefolgt, die sich der Pflege Kranker und Verwundeter widmeten. Ihr aufopferungsvolles Wirken revidierte die verbreitete Auffassung, daß öffentliche Krankenpflege nur Angelegenheit geistlicher Verbände sei.

Den eingeschlagenen Weg der weltlichen Krankenpflege setzte in Hamburg die Kaufmannstochter Amalie Sieveking fort, die in ihrer Vaterstadt ein Werk der sozialen Vor- und Fürsorge errichtet hatte. Seit 1830 trug sie sich, von dem Reformer Reichsfreiherr vom und zum Stein (1757–1831), der sich für eine staatliche Unterstützung der Krankenfürsorge einsetzte, lebhaft ermuntert, mit dem Gedanken, eine Pflegeschwesternschaft zu gründen.

Bei Ausbruch der schweren Choleraepidemie hatte sie von Oktober bis Dezember 1831 mit großer Umsicht furchtlos Schwerkranke gepflegt und dabei unter Beweis gestellt, zu welchen Leistungen Frauen im Pflegebereich fähig sind. Während dieser Zeit lernte sie die ihr bisher unbekannt gebliebene soziale Not kennen. Dabei wurde ihr bewußt, daß diese Verhältnisse Hauptursache für den Ausbruch und die Verbreitung der Seuche waren. Noch während ihrer Tätigkeit im Hamburger Allgemeinen Krankenhaus entwarf sie die Statuten für den „Weiblichen Verein für Armen- und Krankenpflege", der am 23. Mai 1832 gegründet wurde. Seine freiwilligen Mitglieder verpflichteten sich zur praktischen Hilfe für Arme und Kranke. Geistliche Einflußnahme war dabei völlig sekundär. Amalie Sieveking fand es abstoßend, wenn „Leute die Gottseligkeit zu einem Gewerbe herabwürdigen wollen und in dem Wahne, dadurch unsere Gunst zu erwerben, ein Geschwätz treiben mit dem Christentum, ohne doch um das Wesen desselben sich zu bekümmern". Für sie war „das Arbeiten ohne Beten" ungleich besser „als das Beten ohne Arbeit".

Als ihr die Leitung der Frauenabteilung des Hamburger Allgemeinen Krankenhauses angetragen wurde, lehnte sie ab und empfahl ihre Freundin Karoline Bertheau, die spätere Frau Theodor Fliedners für diese Aufgabe.

Auch aus dem caritativ-religiösen Bereich kamen vielfältige Impulse für die Verbesserung der Krankenpflege. Die Traditionen der alten kirchlichen Pflegegemeinschaften fortsetzend, waren insbesondere im katholischen Bayern Kongregationen der Barmherzigen Schwestern entstanden. Das Mutterhaus Nancy entsandte Borromäerinnen nach dem Rheinland.

Dem katholischen Vorbild folgend, gründete Pfarrer Fliedner in Kaiserswerth die bereits beschriebene evangelische Pflegediakonie (siehe S. 36ff.) und trug damit zur Herausbildung einer neuzeitlichen Schwesternausbildung, bei der er sich vor allem auf Dieffenbachs „Anleitung für Krankenwärter" stützte, bei.

Florence Nightingale, in ihrem Wirken geprägt von den Pariser Barmherzigen Schwestern des Maison de la Providence und der Pflegediakonie Fliedners, konnte in England auf einer Entwicklung fußen, die im 16. Jahrhundert mit der Begründung der anglikanischen Staatskirche durch Heinrich VIII. (1491–1547) eingeleitet worden war. Er hatte als Oberhaupt der Kirche zwischen 1534 und 1539 die Klöster säkularisiert und deren Besitz veräußert. Damit waren auch die katholischen Pflegeorden und die mit ihnen verbundenen Hospitäler aufgelöst, die in verringerter Zahl durch private Wohltätigkeit seit den 40er Jahren wieder errichtet wurden. Die bekanntesten waren St. Bartholomew's (1546) und St. Thomas (1553) in London, die im Gegensatz zu den früheren Hospitälern ausschließlich Kranken vorbehalten waren.

Im Verlaufe des 18. Jahrhunderts kam es dank privater Spenden zu einer Anzahl Neugründungen wie dem „Mr. Guy's Hospital" (1723). Zu Beginn des 19. Jahrhunderts herrschten in England im Pflegewesen die gleichen Mißstände wie auf dem Kontinent. Sie nahmen im Zusammenhang mit den sozialen Folgen der sich ausweitenden Industrialisierung jedoch noch katastrophalere Züge an.

Für die Armenkrankenversorgung waren die Irrlehren des Geistlichen und Vulgärökonomen Thomas Robert Malthus verhängnisvoll (siehe S. 25). Seine unwissenschaftliche Bevölkerungstheorie erklärte die wachsende Verelendung der Werktätigen nicht aus den herrschenden sozialökonomischen Verhältnissen, sondern ausschließlich aus natürlichen Ursachen. Er behauptete, daß sich die Menschen in geometrischer Progression vermehren, während die Produktion von Nahrungsmitteln nur in arithmetischer Zunahme erfolge. Daraus zog er die für die Armenversorgung unheilvolle Schlußfolgerung, daß Wohltaten schädlich seien, da sie nur dazu dienten, die überzählige Bevölkerung am Leben zu erhalten und gar zur Vermehrung anzureizen. Elend, Seuchen und Kriege hielt er für unabdingbar notwendige Ereignisse, um zwischen Bevölkerungszahl und Menge der Existenzmittel Übereinstimmung herzustellen. Die Folge war eine in ihrer Inhumanität nicht zu überbietende Armengesetzgebung. Arme galten als Landplage und wurden jeglicher menschlicher Rechte beraubt. Die einzige „Hilfe", die ihnen geboten wurde, waren die „Workhouses", riesige Arbeitshäuser, die Kerkern glichen. Noch schrecklicher war die Lage der „Überflüssigen", der Alten und Kranken. Die Kosten für ihre Aufnahme in Hospitälern – was nur für einen sehr geringen Prozentsatz möglich war – hatten die Gemeinden zu tragen, die sich deshalb auf die Beherbergung Einheimischer beschränkten.

Nach Übernahme der Hospitäler in städtische Verwaltung waren „Hospital-Ordnungen" erlassen worden, die, wie das Beispiel eines solchen Reglements zeigt, ein bezeichnendes Bild der Verhältnisse bieten:

„1. Niemand soll sich gotteslästerliche Ausdrücke, gesetzwidriges Schwören, Fluchen, Trunkenheit, Unsauberkeit, Lügen oder andere schandbare Handlungen zum Verderbnis der guten Sitten und Verunglimpfung der Ehre Gottes zu schulden kommen lassen.
2. Man hat den Hospitalbeamten mit gehöriger Achtung zu begegnen, und niemand soll sich unterstehen, im Hospital Streit oder Prügelei anzufangen.
3. Niemand darf das Hospital ohne Erlaubnis verlassen.
4. Niemand darf die dem Hospital oder den darin befindlichen Personen gehörenden Möbel oder Sachen stehlen, verpfänden oder beschädigen.
5. Niemand darf über die Grasplätze in der Umgebung des Gebäudes gehen oder sich's an Plätzen bequem machen, die nicht dafür bestimmt sind."

Pflegerinnen und Saalwärter mußten ermahnt werden: „Ihr müßt Euch allen Schmähens, Scheltens, Fluchens und der Trunkenheit enthalten." Die Oberin hatte regelmäßig das Inventar zu prüfen, „ob von demselben etwas entwendet, veruntreut, verdorben oder auf andere Weise verbraucht ist".

Nach den Regeln des St. Thomas Hospitals war es Pflicht der Schwestern, „darauf zu achten, daß weder Karten-, Würfel- noch andere Spiele in diesem Hause gespielt werden, und dem Schatzmeister oder Verwalter zu melden, wenn jemand dagegen verstößt.

Die Unterlagen aller schwachen Leute zu waschen oder waschen zu lassen, ohne Geld oder Geschenke dafür anzunehmen. Die Arzneien zu geben, wie sie verordnet sind."

Da die Gebote offensichtlich wenig Wirkung zeigten, wurden entsprechende Strafen angedroht: „Alle Pflegerinnen, die den Anordnungen der Oberin nicht gehorchen, betrunken sind, ihre Kranken vernachlässigen, sich mit anderen Pflegerinnen zanken und prügeln, oder sich mit den Männern streiten, oder nicht alle von den Kranken in ihren Sälen verübten Unregelmäßigkeiten ... vorsichtiger und kluger Weise den höchsten Beamten des Hauses melden, werden sofort aus dem Dienst des Hauses entlassen, und es wird bei ihren Namen in den Hospitalbüchern ein Vermerk gemacht, damit sie nie mehr beschäftigt werden."

Erste Reformversuche hatte die Mitte des 17. Jahrhunderts aus Protest gegen die erstarrten Dogmen der Staatskirche von George Fox (1624–1691) gegründete „Gesellschaft der Freunde" (Quäker) unternommen. John Bellers (1654–1725) entwickelte 1714 mit seiner „Abhandlung über die Verbesserung der Heilkunde in zwölf Vorschlägen, wodurch jährlich das Leben vieler Tausende von Armen und Reichen errettet werden kann", das Programm der Quäkerdiakonie. Der am Guy's Hospital wirkende Quäker-Arzt William Alten bemühte sich vergeblich um die Gründung einer protestantischen weiblichen Pflegegemeinschaft. Der Arzt und Philanthrop Dr. Gooch rief 1825 in „Blackwoods Magazine" die anglikanische Staatskirche auf, nach dem Vorbild der katholischen Barmherzigen Schwestern weibliche Pflegeorden zu bilden.

All diesen Vorschlägen war die Möglichkeit einer zuverlässigen und pflichtbewußten weiblichen Krankenpflege unabhängig von konfessionellen Schwesternschaften fremd. Das abschreckende Beispiel des unausgebildeten groben Lohnwartepersonals, dem Charles Dickens (1812–1870) in seinem Roman „Martin Chuzzlewitt" in Gestalt der Wärterinnen Sarah Gamp und Betsey Prip ein einprägsames „Denkmal" setzte, ließ sie, da sie die Ursachen für die Mißstände nicht in den gesellschaftlichen Verhältnissen erkannten, keinen anderen Ausweg finden.

Den ersten praktischen Versuch zur Veränderung der Situation und zum Anlernen von Pflegerinnen unternahm die mit der Familie Nightingale freundschaftlich verbundene Quäkerin Elizabeth Fry. Ihre aufopferungsvolle humanitäre Tätigkeit in dem berüchtigten Londoner Newgate-Gefängnis beeinflußte die Sozialarbeit Theodor Fliedners ebenso, wie dessen Wirken Elizabeth Fry, die ihn 1840 in Kaiserswerth aufgesucht hatte, veranlaßte, sich neben der Gefangenenfürsorge auch der Reform der Krankenpflege zuzuwenden. Die von ihr noch im gleichen Jahr gegründete Londoner „Anstalt für pflegende Schwestern" vermochte jedoch keine nachhaltige Abhilfe zu schaffen. Ihre Tochter schrieb dazu: „Mrs. Fry's Vertrautheit mit dem Krankenzimmer ... hat ihr die Notwendigkeit gezeigt, daß es Frauen geben sollte, die sich der Krankenpflege widmen und dabei ganz anders wirken als die entlohnten Krankenpflegerinnen, die bis dahin überall tätig waren. Ihr Briefwechsel mit Pastor Fliedner und alles, was sie von ihm mündlich und schriftlich über seine Anstalt in Kaiserswerth erfuhr, bestärkte in ihr den Wunsch, etwas Gleichartiges in England zu versuchen. Dringende und zahlreiche Aufgaben verhinderten sie, diesen Plan selbst auszubauen. Aber ihre Schwester, Mrs. Samuel Gurney, und ihre Töchter nahmen ihre Gedanken auf und brachten sie unter Mitwirkung anderer Frauen zur Verwirklichung. Wenn die ‚Schwestern', die so eingeführt wurden, zeitweilig nicht Krankenpflege ausübten, wohnten sie im ‚Heim' in London. Sie tragen eine einfache, unauffällige Tracht, sie werden von der Anstalt unterhalten und entlohnt, sie dürfen aber in keinem Fall für die Betreuung der Kranken Geld oder Geschenke annehmen ... Die Pflege der Unbemittelten erfolgt unentgeltlich. Die Erfolge dieses kleinen Vereins sind vorläufig beschränkt geblieben, man darf in ihnen nur einen Versuch sehen und nicht ein erreichtes Ziel."

Auch der von Katherina McAuley (1787–1841) ins Leben gerufenen Genossenschaft der „Schwestern der Barmherzigkeit", ursprünglich eine weltliche Vereinigung, die sich in Ermangelung finanzieller Unterstützung den Ordensregeln der Prämonstratenser unterwerfen mußte, blieb ein spürbarer Erfolg versagt.

Nur wenig wirksamer war die Reform, die 1848 mit der Gründung des Ordens von St. John, eines Krankenpflegeordens der anglikanischen Kirche, und des von ihm eingerichten „Ausbildungsinstituts für Krankenpflegerinnen in Krankenhäusern,

Familien und für die Armen“ eingeleitet wurde. Ihm gehörte die gehobene, aus „besseren Kreisen“ stammende Schicht der „Sisters“ an, die unentgeltlich arbeitete und dem Orden erhebliche Zuwendungen stiftete, sowie die den „Sisters“ unterstehenden bezahlten „nurses“, die die eigentliche Pflegearbeit verrichteten.

Florence Nightingale, die sich nach ihrer Rückkehr von Skutari zunächst der Reform des Heeressanitätswesens gewidmet hatte, begann ihr publizistisches Werk zur Neugestaltung des Krankenhaus- und Pflegewesens 1858 im Zusammenhang mit der Netley-Affäre (siehe S. 112ff.) mit einer aufsehenerregenden Schrift, den „Notes on hospitals“ (Bemerkungen über Hospitäler). Sie hatte die darin geäußerten Auffassungen zunächst mit großem Erfolg der „English National Association for the Promotion of Social Science“ (Englische nationale Gesellschaft zur Förderung der Sozialwissenschaft) vorgetragen. Vor dem Hintergrund des von ihr gezeichneten realistischen Bildes vom Zustand der Hospitäler, in denen das Wasser von den Wänden herunterlief, die Fußböden vor Schmutz starrten, die Patienten in unsauberen Betten zu mehr als 50 Personen in einem Saal zusammengepfercht wurden, ganz zu schweigen von den Mißständen in Pflege und Ernährung, wird ihre Eingangsthese nur allzu verständlich. „Es mag sonderbar klingen, wenn man es als das erste Erfordernis für ein Krankenhaus hinstellt, daß es den Kranken keinen Schaden zufügt. Dennoch ist es notwendig, dies als ein Prinzip festzusetzen, weil die faktisch bestehende Sterblichkeit in den Krankenhäusern, besonders in denen der stark bevölkerten Städte, bedeutend höher ist, als sie sich durch irgendeine Berechnung für dieselben Krankheitsfälle außerhalb des Hospitals feststellen läßt.“

Der auf einer Fülle von Material und einer Vielzahl Detailstudien fußenden Abhandlung ist die große Erfahrung der Autorin anzumerken. Sie gibt unumwunden zu, „daß ein großer Teil der Leiden, und ein gewisser Teil der Sterblichkeit ... vermieden werden könnte“. Angesichts der Mißstände wäre es nicht verwunderlich, daß die Frage gestellt würde, ob die Hospitäler überhaupt von Nutzen wären. Gewissenhaft und sachkundig analysiert Florence Nightingale die verschiedenen Mängel. Zunächst geht sie auf „Fehler der Lage und Konstruktionen der Hospitäler“ ein. Bereits die Wahl des Standortes, die

Beschaffenheit des Untergrundes, der Grad der Luftfeuchtigkeit seien von großer Bedeutung. Feuchte Gegenden, Täler, sumpfiges Terrain sind zu meiden, ebenso die Stadtlage. Wenn Krankenhäuser zu Unterrichtszwecken genutzt würden, wären den Studenten eher längere Wege zuzumuten als den Patienten Lärm oder verschmutzte Luft. Niedrigere Baukosten oder gar Repräsentationsstreben dürften beim Krankenhausbau keine Argumente sein. Aufgrund ihrer Erfahrungen wurden folgende Mißstände untersucht: Die „Anhäufung einer großen Zahl von Kranken unter einem Dach" führt zu Mangel an Luft und Sauberkeit. In unmittelbarem Zusammenhang dazu stehen die „Mängel an Raum für die einzelnen Betten". Frische Luft und Sonnenlicht (nicht nur Tageslicht) seien für die Genesung besonders wichtig.

Neben Fehlern der Lage und Konstruktion deckte sie auch Mängel der Hygiene und der Küche auf, und eine richtige Diät hielt sie für wichtiger als manche Arznei.

In Auswertung einer Anzahl negativer Beispiele werden schließlich einige „Prinzipien für den Bau und die Errichtung von Hospitälern" formuliert. Das Buch war ein großer Erfolg. Fortan war Miß Nightingale ein gefragter Ratgeber für Städte und Architekten in allen Belangen des Krankenhausbaus und der Hospitalhygiene. Sie wurde mit einer Unmenge Einzelheiten und Spezialfragen konfrontiert, die allein eine Arbeitskraft ausgelastet hätten. Auch Ärzte und Oberinnen aus aller Welt baten sie brieflich um ihren Rat. Miß Nightingale verfolgte sorgfältig alle Neuerungen, die sie in den Nachauflagen ihres Buches berücksichtigte. 1863 erschien bereits die dritte englische Auflage, zu der die Autorin mit Genugtuung bemerkte: „Seit der Veröffentlichung der ersten Ausgabe hat man große Fortschritte in der Annahme gesunder Prinzipien für Hospitalbauten gemacht." Ihre Überarbeitung sei so weitgehend, „daß es eben ein neues Buch wurde".

Diese Ausgabe war Grundlage einer 1866 erschienenen deutschen Übersetzung, die von Hugo Senftleben besorgt wurde. Er hatte als Feldchirurg einer Kavaleriebrigade der Deutschen Legion am Krimkrieg teilgenommen und Florence Nightingale hier kennen- und schätzengelernt.

Sie war Anhängerin des Pavillonprinzips, zumindest forderte sie, große Krankenhäuser in gesonderte Trakte zu teilen, „die nichts als die Verwaltung gemeinsam haben". Die Orientierung, nicht mehr als dreißig, maximal zweiunddreißig Betten in einem Raum unterzubringen, war für damalige Zeit ein großer Fortschritt. Eine weitere Verminderung dieser Bettenzahl erschien Florence Nightingale aus Gründen der Krankenpflegeökonomie als unrealistisch.

Neben schlechten Beispielen (das Buch war vor allem aus dem Gutachten zu dem Netley-Lazarett entstanden) wurde von ihr in der 3. Auflage als Vorbild der Grundriß des 1862 fertiggestellten Herbert Hospitals in Woolwich, des damals schönsten Krankenhauses in Großbritannien, veröffentlicht (s. Bild 37). Die sieben Gebäude mit 650 Betten waren nach dem Pavillonsystem in zwei Etagen erbaut; höhere Bauten lehnte Florence Nightingale ab. Große Fenster, eines auf zwei Betten berechnet, gaben das notwendige Sonnenlicht. Am Ende des Krankensaales mit 28 bis 32 Betten befand sich jeweils eine Toilette. Pro Saal wurde ein Pflegerinnenzimmer eingerichtet. Für Rekonvaleszenten war eine Terrasse vorgesehen.

Eines der Hauptprobleme damaliger Krankenhäuser, besonders der chirurgischen Abteilungen bzw. Kliniken war die Infektionsgefahr. Das Korridorsystem, in dem die Krankenzimmer an einem gemeinsamen Gang nebeneinander lagen, schien das Risiko zu verstärken. Während der Grundriß dieses Systems in der Regel einen mehrstöckigen Mittelbau mit zwei Seitenflügeln oder auch eine geschlossene quadratische Form aufwies, wobei die Korridore um einen Innenhof gelagert waren, dezentralisierte das Pavillonsystem das Krankenhaus in mehrere Bauten. Diese Struktur sollte einer drohenden Infektion ebenso entgegenwirken wie die Anlage von Grünflächen zwischen den Gebäuden. Allerdings war man versucht, den Nachteil der pflegerischen Unrentabilität des über eine große Fläche ausgebreiteten Komplexes durch größere Krankensäle auszugleichen. Später entschied man sich nach gründlichem Abwägen der Vor- oder Nachteile bei größeren Einrichtungen für eine Kombination beider Systeme, indem mehrstöckige Gebäudeblocks nach dem Korridorsystem errichtet wurden.

Das zu Florence Nightingales Zeiten ausgefochtene Für und Wider stand im engen Zusammenhang mit dem Meinungsstreit der Miasmatiker und Kontagionisten. Während die Anhänger der Miasmalehre in Ausdünstungen und schlechter Luft die

Quelle der Infektion sahen und entsprechende Maßnahmen zur Reinigung und Sauberhaltung der Luft als wichtigste Prophylaxe betrachteten, bestand für die Kontagionisten die Hauptgefahr in Kontakten, durch die der infektionöse Stoff übertragen würde.

Wenn auch der eindeutige wissenschaftliche Nachweis pathogener Organismen und die daraus abgeleitete moderne experimentelle Desinfektionslehre Hauptverdienst der Forschungsarbeit Robert Kochs ist, so hatte doch bereits Florence Nightingales Landsmann Joseph Lister (1827–1917) mit seiner antiseptischen Wundbehandlung (1867) wenige Jahre nach Veröffentlichung der dritten Auflage ihres Buches den Schlüssel zur Lösung des Problems zugunsten der Kontagionisten in der Hand.

Florence Nightingale aber stand noch fest auf der Seite der Miasmatiker. Nach ihrer Meinung gab es keinerlei Beweis für ein „Kontagium". Ihre These, von der sie sich allerdings auch nach Veröffentlichung der neuen wissenschaftlichen Erkenntnisse nicht zu trennen vermochte, war: „Infektion geschieht durch Luft."

„Notes on nursing"

Fragen der praktischen Krankenpflege konnten in dem Buch nur am Rande behandelt werden. Diesem Thema war ein weiteres 1860 erschienenes Werk gewidmet. Die „Notes on nursing" (Bemerkungen zur Krankenpflege) waren Miß Nightingales populärste, breitesten Kreisen bekannte Publikation. In der Vorrede hatte sie zum Anliegen ihrer Schrift bemerkt: „Vorliegende Blätter machen keinerlei Anspruch darauf, eine Methodik zum Selbstunterricht für Pflegerinnen zu sein, noch weniger wollen sie als Lehr- und Handbuch der Krankenpflege gelten." Vielmehr sei beabsichtigt, „einfache Winke zum Nachdenken ... für Frauen, denen die Sorge um die Gesundheit anderer anvertraut ist", zu geben. Denn pflegerisches Wissen brauche jeder, „zum Unterschied von der medizinischen Heilkunde, welche Sache nur des Arztes sein kann".

Das erste Kapitel war der „Luft und Wärme" gewidmet. Die den Lesern vermittelte erste Regel lautete: „Halte die Luft, welche der Kranke einatmet, so rein wie die äußere, ohne daß er sich erkälte.“

Im zweiten Kapitel wandte sie sich den Voraussetzungen gesunden Wohnens zu: „Fünf Dinge sind wesentlich zur Erhaltung der Gesundheit eines Hauses: 1. Reine Luft. 2. Reines Wasser. 3. Passende Abzugskanäle. 4. Reinlichkeit. 5. Licht.“ Sauberkeit habe absolute Priorität, denn „ohne Reinlichkeit in und außer dem Hause ist alle Lüftung umsonst“.

Gewiß mögen viele Grundregeln der Hygiene heute als selbstverständlich erscheinen. Mitte des vorigen Jahrhunderts aber wirkten sie als sensationelle Neuerungen. Auch über die Krankheitsursachen machte man sich wenig Gedanken: „Die Menschen sind so gar nicht durch Erziehung und Gewohnheit im Nachdenken darüber geübt, wie man sein Haus gesund erhalten könne, daß sie sich darüber keinerlei Rechenschaft ablegen, und jede Krankheit als unvermeidliche Sache ansehen, die man mit ‚Ergebung‘ zu tragen habe, weil sie, ‚aus der Hand der Vorsehung‘ komme.“

Dieser in Demut verharrenden Apathie sagte sie den Kampf an. Der Körper und seine Pflege sollte Hauptanliegen der Fürsorge sein: „Ganze Bände werden geschrieben, über den Einfluß der Seele auf den Körper ... ich wünschte, man hätte ein wenig mehr nachgedacht über den Einfluß des Körpers auf die Seele.“ Das hieß jedoch nicht, daß Florence Nightingale die psychischen Faktoren einer Erkrankung unterschätzte. Als einfühlsame Pflegerin wußte sie: „Argwohn, Unsicherheit, Erwartung, Spannung und Angst vor Unvorhergesehenem schaden einem Patienten mehr als körperliche Anstrengung.“

Große Bedeutung schrieb sie der sorgfältigen Beobachtung der Kranken zu. Die Erziehung zum richtigen Beobachten sei eine der wesentlichsten Schulungen einer Pflegerin: „Der wichtigste praktische Unterricht, den man den Pflegerinnen geben kann, ist, sie darin zu belehren, was und wie man beobachten muß, welche Symptome Besserung anzeigen, welche das Gegenteil, welche von Bedeutung, welche von keiner sind.“ Leider, so nahm sie an, seien die Frauen in keinem Lande „so ungeübt in rascher und tüchtiger Beobachtung wie in England“, obwohl sie dafür vorzüglich geeignet wären. Hingegen sei „die Deutsche zu langsam, um ebenso rasch zu beobachten wie die Engländerin“. –

Obwohl das Pflegerinnenhandwerk nicht abgehandelt wurde, war es doch Miß Nightingales Anliegen, das Wesen einer Krankenschwester zu charakterisieren, da darüber allzu große Unkenntnis bestehe: „Kein Mann, nicht einmal ein Arzt kann einem darüber Auskunft geben, wie eine Pflegerin beschaffen sein sollte. Sie sagen nur: treu und gehorsam. Dasselbe würde man auch von einem Portier verlangen. Auch für ein Pferd würde es passen. Aber schon nicht mehr für einen Schutzmann. Nicht nur unter Männern, sondern auch unter Frauen herrscht die weitverbreitete Meinung, eine Frau müsse, um eine gute Pflegerin abzugeben, entweder eine Enttäuschung in der Liebe erlebt haben oder zu allem anderen untauglich sein."

Wie sollte nun nach Florence Nightingale eine Schwester beschaffen sein? „Man bedenke immer, daß jede Krankenpflegerin eine Person sein sollte, auf die man sich verlassen kann, mit anderen Worten fähig, als Vertrauensperson einzutreten ... sie darf also keine Klatschbase, keine leere Schwätzerin sein; sie sollte bezüglich ihrer Kranken nur denen Rede und Antwort stehen, welche ein Recht haben zu fragen, sie muß selbstverständlich streng nüchtern und ehrlich sein, sie muß ein gottesfürchtiges und hingebendes Geschöpf sein; sie muß Achtung vor ihrem Beruf haben ... sie muß eine verständige, pünktliche und gewandte Beobachterin sein; und endlich ein Weib von zartem und züchtigem Gefühl."

Krankenpflege sei eine sehr nüchterne, alle Kräfte erfordernde Aufgabe, frei von allem Mystischem. Dem Vorwurf, sie habe der Berufung die „Weihe" genommen, entgegnete sie: „Dieses Buch nimmt der Pflege alle Poesie, wird mancher einwerfen, und macht sie zur prosaischsten aller menschlichen Dinge. Liebe Schwester, es gibt wohl auf der Welt nichts, mit Ausnahme vielleicht der Erziehung, welches so durchaus das Gegenteil von prosaisch ist, welche eine solche Fähigkeit erfordert, sich in die selbst nie empfundenen Gefühle eines anderen zu versetzen, so daß, wenn man eine solche Fähigkeit nicht besitzt, man besser tut, das Pflegen ganz aufzugeben."

Die besondere Bedeutung des Buches liegt nicht allein in seinen sachlich-nüchternen „Winken" für die häusliche Krankenpflege. Miß Nightingale erhebt zugleich deutlich Anklage gegen die verheerenden sozialen Mißstände, die in hohem Maße Ursache von Krankheit und Elend des Volkes waren.

Diesem Anliegen sowie den daraus abgeleiteten Sozialreformen der Florence Nightingale ist ein späterer Abschnitt gewidmet (siehe S. 177ff.). Es spricht auch für ihr soziales Engagement, daß sie bereits ein Jahr nach Erscheinen des Buches dafür Sorge trug, daß eine wesentlich billigere Ausgabe auf den Markt kam, die den Titel trug „Bemerkungen über Krankenpflege für die arbeitenden Klassen“. Als Ergänzung zu der früheren Auflage fügte Miß Nightingale wegen der hohen Säuglingssterblichkeit des Proletariats ein Kapitel über Pflege des Kindes hinzu.

Auf der Grundlage der bereits 1861 notwendig gewordenen zweiten englischen Auflage wurde noch im gleichen Jahr im Brockhaus-Verlag Leipzig unter dem Titel „Die Pflege bei Kranken und Gesunden. Kurze Winke den Frauen aller Stände gewidmet“ eine deutsche Übersetzung herausgegeben.

Wie bereits während ihrer Tätigkeit in Skutari, widmete Florence Nightingale weiterhin statistischen Arbeiten große Aufmerksamkeit. Die Auswertung von Statistiken sollte ihr den zweckmäßigsten Weg für notwendige Reformen der Krankenhausverwaltung weisen. Noch Anfang der 60er Jahre war es außerordentlich schwierig, Vergleichswerte zwischen den verschiedenen Krankenhäusern herzustellen, da jedes, falls überhaupt eine statistische Erfassung erfolgte, nach einer anderen Nomenklatur arbeitete. Selbst die Diagnosegruppen waren sehr willkürlich. Miß Nightingale strebte die Einführung von einheitlichen Formblättern an, die „in die Lage versetzen, das Verhältnis der Sterblichkeit in den verschiedenen Krankenhäusern festzustellen, ferner den tödlichen Verlauf von Krankheiten in den einzelnen Altersstufen, die Häufigkeit der verschiedenen Krankheiten und Verletzungen nach den sozialen Schichten, aus denen die Patienten in den verschiedenen Ländern und den verschiedenen Gegenden desselben Landes stammen“.

Auch von Ärzten wurde die Notwendigkeit der Einführung mathematisch-statistischer Methoden in der Medizin hervorgehoben, da nur mit ihrer Hilfe Zweckmäßigkeit oder Untauglichkeit einzelner therapeutischer Maßnahmen beweiskräftig nachgewiesen werden konnten. So lange aus mehr oder weniger zufällig entstandenen kasuistischen Mitteilungen praktische Schlüsse gezogen wurden, wobei noch in Rechnung zu stellen war, daß die Ärzte weitaus eher geneigt waren, über positive Ergebnisse als über Mißerfolge zu berichten, befand man sich noch auf dem Weg von der Empirie zur Wissenschaft.

Allerdings setzte eine wirksame statistische Erfassung das Mitwirken der Mehrzahl der Kliniken voraus, da nur eine große Faktenfülle signifikante Aussagen ermöglichte. Dazu war während des Wirkens von Florence Nightingale die Zeit, der sie mit ihren Vorstellungen vorauseilte, noch nicht reif.

Nightingale-Schule

Im klinischen Bereich war die Verwirklichung einer qualifizierten Krankenpflege ein dringendes Erfordernis. Sie setzte ein geschultes und in der praktischen Arbeit erfahrenes Pflegepersonal voraus. Miß Nightingale hatte sich seit Gründung des ihr zu Ehren gestifteten Fonds, der inzwischen auf 45 000 Pfund angewachsen war, entschlossen, das Geld für die Ausbildung von Pflegerinnen einzusetzen.

An „guten Ratschlägen“ zur Verwendung des Fonds und für die zweckmäßigste Methode der Schwesternausbildung hatte es ihr nicht gefehlt. Miß Nightingale zitiert einige Kuriositäten: „Die ersten Exemplare einer – wie ich annehme – langen Reihe handfester Pläne von bedürftigen oder menschenfreundlichen Abenteurern haben sich schon bei mir eingestellt. Ich greife auf gut Glück nur einige heraus, die sich gerade bieten. Einmal soll es ein prachtvoller Hügel sein mit meiner Statue darauf – Nightingale-Spital genannt, ein andermal ein Heim für Pflegerinnen mit gar keinem Spital. Ein anderer rät mir, nur unbesoldete Dienstleistungen zuzulassen. Er schließt eine Drohung an, falls das gefährliche Wort ‚Schwester‘ gebraucht wird, und eine Mahnung hinsichtlich des Schnitts unserer Schürzen, die ‚groß und weiß‘ sein sollen; dann warnt er noch vor dem ‚Zölibat‘, von dem, soviel ich weiß, gar nicht die Rede war. Es wird uns feierlich versichert, daß ‚auch die Apostel einen Lohn erhielten‘ (wieviel wohl?) und daß Pflegerinnen ein gewöhnliches Leben führen müßten. Ich dachte, der Zweck der Sache sei, daß sie gerade keine gewöhnlichen Pflegerinnen werden sollen. Einer bietet mir einen Geistlichen und seine sechs Söhne an und besteht auf einem Gottesdienst für jeden Tag, wahrscheinlich für jeden Wochentag einen Sohn und den Vater für den Sonntag. Ein anderer will überhaupt keinen Geistlichen, sondern eine streng weltliche Ausbildung. Ein dritter will meine Tätigkeit auf Arbeitshäuser beschränken oder ausschließlich auf Spitäler, und wieder jemand anders empfiehlt mir, Pflegerinnen für die private Familienpflege auszubilden. Dann wird ein ‚Orden' gewünscht oder ein Altersheim, und schließlich eine hohe Entlohnung vorgeschlagen, damit jede Pflegerin für ihr Alter zurücklegen kann."

So viele Meinungsäußerungen – so viele unterschiedliche Ratschläge. Miß Nightingale hatte den Plan gefaßt, eine mit einem Krankenhaus eng verbundene Ausbildungsstätte zu schaffen.

Es war aber keineswegs so, daß die vorgesehene Schwesternausbildung allgemeine Zustimmung fand. Viele Ärzte hielten den gegebenen Zustand durchaus für akzeptabel, und sie fürchteten sogar, daß ausgebildetes Pflegepersonal ihnen Kompetenzschwierigkeiten bereiten könnte. Ein gewisser Gradmesser für die Einstellung der Ärzte war die Tatsache, daß von 94 Ärzten und 79 Chirurgen der 17 Londoner Hospitäler nur drei Ärzte und ein Chirurg aus einem Hospital sowie nur ein weiterer Arzt als Förderer des Nightingaleschen Unternehmens in der ansonsten endlosen Sammelliste zeichneten.

Es war deshalb gar nicht so einfach, eine geeignete Ausbildungsstätte zu finden. Schließlich entschied sich Miß Nightingale für das St. Thomas Hospital, dem sie gerade als Beraterin in Baufragen zur Verfügung stand, wobei sie ausgiebig Gelegenheit hatte, die näheren Gegebenheiten des Hauses kennenzulernen. Insbesondere war sie von der Oberin, Mrs. Wardroper, die sie im Oktober 1854 kennengelernt hatte, sehr angetan. Gewissenhaft und erfahren, aber auch von resolutem Durchsetzungsvermögen, bot sie vorzügliche Voraussetzungen für eine Ausbildungs- und Erziehungsfunktion. 33 Jahre bekleidete sie das Amt der Oberin, davon leitete sie zugleich 27 Jahre die Schule, bis sie schließlich 1887 aus Altersgründen zurücktrat.

Auch R. G. Whitfield, der leitende Arzt des Hospitals, stimmte dem Vorhaben zu. Unter den Vorstandsmitgliedern erhob sich jedoch heftiger Widerstand. Wortführer der Opponenten war der oberste Konsiliararzt J. F. South, der den Erwerb von Erfahrungen in der praktischen Arbeit für eine völlig ausreichende Schwesternqualifizierung ansah und im übrigen der

Meinung war, daß der erreichte Stand der Krankenpflege ohnehin ausreichend sei, keineswegs aber durch eine Ausbildungsstätte verbessert werden könnte. Er verteidigte den „Dienstbotencharakter“ des alten Wartungssystems: „Die Stellung der Pflegerinnen oder Stationsmädchen ist ungefähr dieselbe, wie die eines Hausmädchens, sie brauchen wenig zu lernen außer der Herstellung von Breiumschlägen, was sich leicht begreift, Reinlichkeit und Achtsamkeit auf die Bedürfnisse des Kranken.“

Miß Nightingale mußte in Anbetracht der Widersacher vor allem unter den Ärzten Verbündete für ihr Vorhaben gewinnen. Zu diesen zählte Elizabeth Blackwell, die ihr bereits Mut gemacht hatte, den schweren Weg der Emanzipation und Krankenpflege überhaupt zu beschreiten. Sie berichtet: „Komme soeben heim von einer Besprechung mit Miß Nightingale über die Pflegerinnenschule, die sie einrichten möchte. Die Gesundheit meiner alten Freundin versagt unter der Last geistiger Arbeit. Ich kann jetzt nicht im einzelnen auf die letzten fünf Jahre ihres Lebens eingehen, aber ihre Arbeit war und ist ungeheuer. Ich glaube nicht, daß ich jemals eine Frau so viel habe leisten sehen, wie sie … Natürlich sprachen wir über die sehr zahlreichen Pläne, für die sie mich interessieren möchte. Sie glaubt, daß ihre Gesundheit ihr nie erlauben wird, ihren Plan [Leitung einer Schwesternschule – W. G.] selbst auszuführen, und ich fürchte sehr, daß sie mit dieser Meinung recht hat.“

Schließlich konnte im Mai 1860 die Eröffnung der Schule angekündigt und zu Bewerbungen aufgefordert werden. Die Zahl der sich meldenden Interessenten war enttäuschend klein, und unter den wenigen war auch noch eine strenge Auswahl zu treffen. Nightingale-Schülerinnen mußten besondere ethisch-moralische Bedingungen erfüllen. Nach Abschluß der Ausbildung sollten sie befähigt sein, ihr Wissen weiter zu vermitteln. Nicht die Verbesserung der individuellen Pflege war ihre zukünftige Hauptaufgabe, sondern die Hebung des allgemeinen Krankenpflegeniveaus sollte von ihnen ausgehen. Sie sollten leitende Funktionen in Krankenhäusern und ähnlichen Einrichtungen des ganzen Landes bekleiden und damit gewissermaßen als Pioniere das Werk der Krankenpflege-Reform erfolgreich verbreiten und vervollkommnen. Diese Aufgabenstellung setzte bei der Auswahl hohe Anforderungen voraus.

Allen Widersprüchen zum Trotz wurde am 15. Juni 1860 die Nightingale-Schule mit fünfzehn Schülerinnen eröffnet. In einer zeitgenössischen Stellungnahme heißt es dazu: „Es ist ein für unsere englischen Gewohnheiten völlig neues Unternehmen und steht sehr in Widerspruch mit der Erziehung, die man gewöhnlich den Frauen dieses Landes gibt. Wenn es Erfolg hat, wird es der wahre, dauernde Ruhm Florence Nightingales und ihrer hingebenden Helferinnenschar sein, daß sie eine ‚chinesische Mauer' von religiösen, sozialen und beruflichen Vorurteilen niedergerissen und eine Neuerung geschaffen haben, die tatsächlich für alle Zeit Gutes wirken wird."

Für die Ausbildung war ein Jahr vorgesehen. Die Schülerinnen mußten sich aber verpflichten, drei weitere Jahre im Dienst der Schule zu bleiben, danach wurde ihnen durch die Nightingale-Kommission eine besoldete Stellung vermittelt.

Während der Ausbildungszeit wohnten die Zöglinge im Obergeschoß des St. Thomas Hospitals in einem Internat. Unterkunft, Kost und Bekleidung wurden aus dem Nightingale-Fonds bestritten. Für persönliche Zwecke erhielten sie im Ausbildungsjahr ein Taschengeld von zehn Pfund. Die Zöglinge arbeiteten als Hilfspflegerinnen und besuchten täglich Vorlesungen der Ärzte und erfahrenen Schwestern des Spitals.

Eine Vergnügungszeit war das Ausbildungsjahr wahrhaftig nicht. Mrs. Wardroper achtete streng darauf, daß die Hauptanforderung, eine gute, einwandfreie Führung, gewährleistet wurde. Miß Nightingale hatte einen Berichtsbogen entworfen, nach dem über jede Schülerin monatlich informiert werden mußte. Dieser Bericht umfaßte das „moralische Protokoll", in dem Disziplin, Ordnung, allgemeines Verhalten und Sauberkeit entscheidende Faktoren waren, sowie das „Fertigkeits-Protokoll", das nicht weniger als vierzehn Untergliederungen aufwies, die wiederum bis zu zwölf Unterabschnitte hatten. Zu allem Überfluß war Mrs. Wardroper verpflichtet, noch zusätzlich über jede einzelne ein „vertrauliches Protokoll" anzufertigen. Miß Nightingale wollte alles ganz genau wissen. Sie hoffte mit diesem recht kleinlichen Gebaren Mißgriffe zu vermeiden, die sie sich aufgrund des Mißmuts und der Zweifel, mit dem ihr Vorhaben von der Mehrheit der Ärzte beobachtet wurde, keineswegs leisten konnte. Das Wohl oder Wehe der weiteren Entwicklung der Krankenpflege, Sieg oder Niederlage ihrer Reformen schienen ihr von den fachlichen und moralischen Qualitäten ihrer Zöglinge abzuhängen.

Mit der Nightingale-Schule wurde auf der Grundlage der erhöhten gesellschaftlichen Bedürfnisse ein dem fortgeschrittenen Entwicklungsstand der wissenschaftlichen Medizin gemäßes System der Krankenpflegeausbildung begründet, dessen bestimmende, zukunftsweisende Faktoren im Folgenden beruhten: Der größte Fortschritt bestand bereits darin, daß erstmals überhaupt eine systematische pflegerische Ausbildung verwirklicht wurde. Alle Vorgänger hatten keine weitreichende Wirksamkeit zu erlangen vermocht. Miß Nightingale wußte aus eigener Erfahrung, wie schwer es war – noch dazu für eine Frau aus „besseren Kreisen“ –, sich wenigstens ein Minimum an Kenntnissen und Fertigkeiten anzueignen. Sie vertrat dazu die Auffassung: „Ein unausgebildeter Mann, der Heilkunde treibt, wird als ein Kurpfuscher, ja als ein Betrüger bezeichnet. Warum gelten nicht auch unausgebildete Krankenpflegerinnen als Kurpfuscherinnen oder Betrügerinnen? Doch wohl nur deshalb, weil es wenige Menschen gibt, die der Meinung sind, daß ein Mann Medizin und Chirurgie allein durch Instinkt beherrschen lernt – während bis zu den letzten zehn oder zwanzig Jahren alle Menschen in England überzeugt waren, daß jede Frau aus Instinkt Kranke zu pflegen verstehe.“

In der von Florence Nightingale begründeten planmäßigen Ausbildung wurde größter Wert auf die Einheit von praktischer und theoretischer Unterweisung gelegt. Dabei war die Anerkennung der medizinischen Wissenschaft und deren fortschreitender Erkenntnisse als Grundlage der Ausbildung von entscheidender Bedeutung.

Die im Lehrplan vorgesehenen wöchentlichen Gespräche der Ausbildungsschwestern mit einem Kaplan waren lediglich ein Kompromiß an ihre Zeit, der das Ziel hatte, „erhitzte Gemüter“, die in ihrer Reform gottloses Treiben witterten und von dieser Seite möglicherweise gefährliche Attacken führen konnten, zu besänftigen.

Florence Nightingale stellte unter Beweis, daß nicht nur Diakonissen oder Nonnen gute Pflegearbeit leisten. Sie löste die Pflegetätigkeit aus der Ära rührseliger Empfindsamkeit und schwärmerischer Religiösität und bahnte damit der weltlichen Krankenpflege den Weg.

Sie verwarf die Vorstellung einer mit der Krankenpflege notwendigerweise verbundenen freiwilligen Besitz- und Bedürfnislosigkeit und strebte die wirtschaftliche Sicherung des Pflegepersonals an, für das die Pflege Kranker Beruf und Berufung zugleich sein müsse. So wie die Verantwortung für Ausbildung und Erziehung der Schülerinnen in den Händen erfahrener Schwestern lag, so sollte auch die berufliche Tätigkeit der Schwestern der Leitung einer Oberin anvertraut werden. Miß Nightingale legte auf die eindeutige Bestimmung des Funktionsbildes der Oberin, die in ihrem Reformplan einen zentralen Platz einnahm, größten Wert. „Ebenso wichtig, wie die Beschaffung geschulter Pflegerinnen“, erklärte sie, „ist die Beschaffenheit der Hospitalleitung, unter welcher sie ihre Pflichten auszuüben haben. Denn wenn man nicht über diesen Punkt zu einer Verständigung gekommen ist, so ist das Zustandekommen einer guten Pflege überhaupt unmöglich.“

Der Oberin „allein obliege die Disziplinargewalt über das Pflegepersonal“: „Alles was zu verlangen ist, daß die in der Dienstvorschrift festgelegten Pflichten treulich erfüllt werden ... weder der Arzt noch ein anderer männlicher Leiter darf je die Macht haben, zu strafen ... seine Pflicht sollte mit der Meldung des Falles an die weibliche Leitung erledigt sein.“

Ihre Leitlinie war: „unbedingte Unterordnung unter den Befehl des Arztes in allen Dingen, die die Behandlung der Kranken betreffen, und unbedingte Unterordnung in allen disziplinaren Angelegenheiten unter die weibliche Leiterin (Oberin)“. Diese wiederum sollte dem Hospital-Vorstand verantwortlich sein. In Mrs. Wardroper, für die sie, obwohl sonst mit Anerkennungen recht sparsam, höchstes Lob fand, sah sie ihr Idealbild einer Oberin verkörpert: „Sie sprach viel, aber sie gab sich nicht in Worten aus. Was sie sagte, das tat sie auch. Manche Leute ersetzen Handlungen durch Worte, das tat sie nie. Sie wußte, was sie wollte und führte es aus. Sie hielt streng auf Disziplin; war sehr gütig, oft mehr wohlwollend als liebevoll. Sie interessierte sich so intensiv für alles, sogar für Dinge, die Oberinnen im allgemeinen nicht als ihre Sache ansehen, daß sie nie ermüdete ... Ihr Königreich war das der Kranken. Sie war keine Heldin der Volkspresse, aber zahllose Arme werden ihren Namen segnen ... sie erschloß Frauen aller Klassen einen neuen Beruf, die Arbeit in den Krankenanstalten für Arme.“

Auch Angehörigen der „unteren Stände“ war der Besuch der Nightingale-Schule nicht verwehrt. Gegebenenfalls war es ihnen bei besonderer Bewährung später auch möglich, eine leitende Stellung zu erhalten, im allgemeinen aber wurde durchaus auf die sozialen Unterschiede geachtet. So fanden sich in den „Kaderunterlagen“ die Charakteristiken „Lady-Nurse“ oder Dienstbotenstand. Miß Nightingale hatte klare Vorstellungen von dem Berufsbild der Krankenschwester. Sie schuf mit der von ihr gegründeten Schule die für ihre Zeit möglichen Voraussetzungen der erforderlichen Ausbildung, ebnete den Weg für die wirtschaftliche und religiöse Unabhängigkeit der Schwestern und tat alles in ihren Kräften stehende, den Wirkungskreis, die gesellschaftliche Stellung und das gesellschaftliche Ansehen des Schwesternberufes zu erweitern und zu vertiefen. Der Nightingale-Fonds bot ihr die für ihr Vorhaben notwendige materielle Voraussetzung und machte sie in ihrem Streben weitgehend unabhängig.

Moralische Integrität, Einsatzbereitschaft und fachliches Können der Nightingale-Schülerinnen verhalfen dem Unternehmen zu einem vollen Erfolg. Bald setzte eine Fülle von Stellenangeboten ein, da viele Krankenhäuser sich eine ausgebildete Fachkraft sichern wollten, die fähig war, ihr Wissen und Können wiederum anderen weiter zu vermitteln.

Der Erfolg der Schwesternschule ließ Miß Nightingale 1861 auch den Versuch der Hebammenausbildung unternehmen, der jedoch infolge einer Kindbettfieber-Epidemie nach zwei Jahren fehlschlug.

Mit dem Mute der Verzweiflung hatte sie versucht, gegen die schreckliche Geißel anzukämpfen, gegen die man in den englischen Kliniken noch immer machtlos war, obwohl Ignaz Philipp Semmelweis (1818–1865) bereits 1847 die wahre Natur des Kindbettfiebers erkannt und die gründliche Desinfektion der Hände mit Chlorkalklösung als wirksame Prophylaxe empfohlen hatte.

Der junge Geburtshelfer Henry Felix Routh hatte sich seit Ende der 40er Jahre als Anhänger von Semmelweis für die Einführung des Neuen eingesetzt, für das sich nach Erscheinen des bedeutsamen Werkes „Die Ätiologie, der Begriff und die Prophylaxis des Kindbettfiebers“ (1860) auch führende englische Geburtshelfer wie Edward William Murphy und nach anfänglichem Zögern auch James Young Simpson (1811–1870) aussprachen. Das bedeutete aber noch lange nicht die allgemeine Anerkennung oder gar Nutzung der Semmelweisschen Theorie.

Joseph Lister, mit dessen Lehre die Asepsis in die europäische Geburtshilfe während der 70er Jahre Eingang fand, bekannte: „Als ich 1865 die Grundsätze der Antiseptik auf die Wundbehandlung anwandte, hatte ich Semmelweis' Namen nie gehört und wußte nichts von seiner Arbeit." Um wieviel weniger konnte Florence Nightingale, fern von der ärztlichen und klinischen Praxis von der Neuerung erfahren. Die unzähligen Opfer veranlaßten sie, den Kampf gegen die Geißel der Mütter aufzunehmen. Gemeinsam mit Dr. Sutherland sammelte sie Fakten und Zahlen, die den Beweis erbrachten, daß die Müttersterblichkeit in Krankenhäusern, besonders wenn in diesen eine chirurgische Abteilung bestand, bei weitem höher war, als bei Hausentbindungen. In Auswertung ihrer Ermittlungen entstand das Buch „Indroductory notes on Lying in Institutions" (Einleitende Bemerkungen über Entbindungsanstalten), das allerdings erst 1871 veröffentlicht wurde. Sie kam darin zu dem Ergebnis, daß es, um der hohen Sterblichkeitsquote entgegenzuwirken, ratsam sei, kleine Einzelzimmer für Wöchnerinnen einzuführen.

In Deutschland hatte sich lange vor dem Wirken von Florence Nightingale die Hebamme Justine Siegemund (um 1648–1705) Verdienste um die Hebammenausbildung erworben. Ihr Lehrbuch „Die Königl. Preußische und Chur-brandenburgische Hof-Wehe-Mutter" bildete das Vademecum der an der mit der Charité verbundenen ersten staatlichen Hebammenschule zu Berlin (1751) lernenden Schülerinnen.

Nach mehr oder weniger gelungenen Versuchen, die Hebammenausbildung theoretisch und praktisch zu verbessern, setzte der Hebammenlehrer Joseph Hermann Schmidt (1804–1852) mit seinem neuen Lehrbuch Maßstäbe, die leider nicht die verdiente internationale Bedeutung erlangten, so daß Florence Nightingale in England nach neuen Wegen suchte.

Zeitlebens blieb sie den Problemen der Krankenpflege verbunden und verfolgte deren Entwicklung voller Hoffnung und Sorge.

Ein Resumé ihrer Auffassungen über Wesen und Aufgaben der Krankenschwester ist in ihrem Bericht enthalten, den sie der Sektion für Krankenpflege des Kongresses für Krankenhäuser, Polikliniken und Krankenpflege beisteuerte, der während der Weltausstellung (1893) in Chicago stattfand.

Darin heißt es: „Vor fünfzig bis sechzig Jahren betrachtete man ein Hospital als einen Kasten zur Unterbringung von Kranken. Niemals stellte man die Frage: Wird das Hospital ihnen keinen Schaden zufügen? Gewaltige Schritte mußten getan werden, um die Hospitäler so zu bauen und einzurichten, daß sie den Kranken keinen hygienischen oder unhygienischen Schaden zufügen. Jetzt besteht die Gefahr, daß man ein Hospital ansieht als einen Kasten zur Ausbildung von Pflegerinnen. Es müssen gewaltige Schritte getan werden, um ihnen keinen Schaden zuzufügen, um ihnen eine Ausbildung zu geben, die wirklich ‚allseitig' genannt werden kann.

Eine weitere Gefahr ist, daß man stehen bleibt, statt sich zu entwickeln ... Schreiten wir fort oder bleiben wir stehen? Wir wissen, daß wir in der Krankenpflege kaum die Schwelle roher Kultur überschritten haben: es gibt noch viel zu tun. Laßt uns nicht zur Mittelmäßigkeit erstarren."

Für die Rechte der Frauen

Die Erfolge, die Florence Nightingale bei der Durchsetzung der weltlichen Krankenpflege erzielen konnte, stehen in engem Zusammenhang mit dem Kampf der Frauen um ihre Gleichberechtigung auf ökonomischem, sozialem, politischem und kulturellem Gebiet. Die Veränderung der gesellschaftlichen Lage der Frau zählte zu den folgenreichsten Auswirkungen der Industriellen Revolution. Die Einführung der Maschinenarbeit ermöglichte die Einbeziehung der Proletarierin in den Produktionsprozeß. Nicht selten bildeten die unterbezahlten Frauen und Kinder die Mehrheit der Fabrikarbeiter.

Die kapitalistische Industriearbeit beeinflußte aber auch das Leben der Frauen bürgerlicher Schichten, deren Hauptbeschäftigung vor der Industriellen Revolution im Haushalt lag. August Bebel (1840–1913) stellte fest: „Die verheiratete Frau des Bürgerstandes lebte in jener Zeit in strenger häuslicher Zurückgezogenheit; die Zahl ihrer Arbeiten und Verrichtungen war eine so große, daß sie als gewissenhafte Hausfrau von früh bis spät auf dem Posten sein mußte, um ihren Pflichten zu genügen ... Sie mußte spinnen, weben, bleichen, die Wäsche und die Kleider selber fertigen, Seife kochen, Lichter ziehen, Bier brauen, kurz, sie war das reine Aschenbrödel und ihre einzige Erholung der Kirchgang am Sonntag."

Jetzt wurde nicht nur die Haushaltstätigkeit eingeschränkt, sondern viele bürgerliche Familien waren auch auf eine zusätzliche Erwerbsquelle angewiesen. Zuweilen findet man die den Sachverhalt verharmlosende Feststellung, daß die Frauen bürgerlicher Schichten aus Langeweile oder Idealismus zur Berufsarbeit drängten. Nein, es war vor allem der ökonomische Zwang, der sie dazu veranlaßte. Da für sie jedoch keine Fabrikarbeit, sondern nur eine einigermaßen „standesgemäße" Tätigkeit in Frage kam, galt es, ihr neue Wirkungsfelder zu erschließen. Neben den Berufen der Lehrerin und kaufmännischen Angestellten wurde infolge der qualitativen Reformierung auch die Krankenpflege zu einem gefragten bürgerlichen Frauenberuf.

Dem Einzug von Frauen in wissenschaftliche Arbeitsbereiche wurde durch Bildungs- und Berufsbarrieren erbitterter Widerstand entgegengesetzt. Mit allerlei „Theorien" versuchten die Männer ihre akademische Domäne zu verteidigen. Am berüchtigsten waren die „Erkenntnisse" des Leipziger Neurologen Paul Möbius (1853–1907), der in seiner Schrift „Über den physiologischen Schwachsinn des Weibes" ausführte: „Gelehrte und künstlerische Frauen sind Ergebnisse der Entartung ... Die wenigen weiblichen Gelehrten, deren Namen die Geschichte der letzten zwei Jahrtausende enthält, waren gute Schüler, nichts weiter ... Übermäßige Gehirntätigkeit macht das Weib nicht nur verkehrt, sondern auch krank. Die modernen Närrinnen sind schlechte Gebärinnen und schlechte Mütter. Je besser die Schulen werden, umso schlechter werden die Wochenbetten ..." Es waren nicht nur kauzige Sonderlinge oder Reaktionäre, die ihre Hierarchie wahren wollten. Unter den deutschen Gutachtern, die von einem Frauenstudium dringend abrieten, finden sich der namhafte Chirurg Adolf von Bardeleben (1815–1895), der Begründer der physikalischen Chemie und engagierte Kämpfer für den wissenschaftlichen Fortschritt Wilhelm Ostwald (1853–1932), der Historiker und kleinbürgerliche Demokrat Hans Delbrück (1848–1929), um nur einige zu nennen.

Bereits für die Erziehung der Mädchen hatte der Theologe Nathusius ein „gutes Rezept“ empfohlen: „Einen tüchtigen Klaps, die Schnorrsche Bilderbibel, nicht zu viel aufgestrichen beim Frühstück und nicht zu häufig in den Konzerten herumräkeln.“

Zweifellos haben die demokratischen Bewegungen des 18. und 19. Jahrhunderts, in denen der Zusammenhang der persönlichen Probleme der Frauen mit den gesellschaftlichen Fragen zunehmend erkannt wurde, zur Frauenemanzipation beigetragen. Während der Französischen Revolution hatte Marie-Olympe des Gouges (1748–1793) mit ihrer „Erklärung der Rechte der Frau und Bürgerin“ dem Anspruch auf Gleichberechtigung Geltung verschafft. Während der erregten Debatten, in denen keineswegs allgemein anerkannt wurde, daß die geforderten Menschenrechte auch Frauenrechte sind, zeichneten sich, abhängig von ihrer sozialen Stellung, auch bei den Frauen verschiedene Gruppierungen ab. Während Jeanne Marie (Manon) Roland de la Platière (1754–1793) die Ziele der Frau mit den Interessen der Groß- und Mittelbourgeoisie und der Mehrheit der bürgerlichen Intellektuellen verband, wandte sich Théroigne de Méricourt den Ansichten des Mittel- und Kleinbürgertums zu. Die Schauspielerin Claire (Rose) Lacombe (geb. 1765), um die sich die Frauen in den revolutionären Klubs versammelten, stand auf Seiten des linken Jakobinerflügels. Die Forderungen nach Freiheit, Gleichheit und Brüderlichkeit, erweitert durch die von der Schriftstellerin George Sand (1804–1876) während der Revolutionen von 1830 und 1848 erlassenen sozialen Appelle für eine bessere Weltordnung, hatten auch in England Gehör gefunden. Unerschrocken machte Mary Wollstonecraft mit ihrem Buch „Verteidigung der Rechte der Frauen“ Ansprüche geltend, die mit der zunehmenden sozialen Brisanz der Frauenfrage um die Jahrhundertwende unter Führung von Emmeline Pankhurst (1858–1928) in der Suffragettenbewegung fortgesetzt wurden.

Die Berufsausbildung für Mädchen, die Chance, ihre Berufe gleichberechtigt auszuüben, und die Möglichkeit „gemeinnütziger Tätigkeit“ waren die Hauptziele der bürgerlichen Frauenbewegung, während die Forderung nach dem Wahlrecht nur eine sekundäre Rolle spielte. Die Frauenfrage sollte durch Bildung und Erziehung, keinesfalls aber durch Veränderung der gesellschaftlichen Verhältnisse gelöst werden. Man sah die Gleichberechtigung als ein geschlechtsspezifisches Problem, nicht als soziale Frage an.

Florence Nightingale schrieb 1868 zur Berufsausbildung der Frauen: „Wenn ein junges Mädchen sich vor dreißig Jahren ausbilden wollte, fand sie dazu nirgends Gelegenheit. Ich kann wahrhaftig sagen, daß es überhaupt keine Möglichkeit zu einer Ausbildung gab, die eine Frau gründlich für irgendeine Art Leben hätte vorbereiten können ... Drei Viertel allen Unglücks im Leben der Frauen entsteht dadurch, daß sie die Regeln, die für die Ausbildung der Männer selbstverständlich sind, für sich nicht gelten lassen wollen."

Miß Nightingale, die gegen die Lethargie vieler Frauen ihrer Gesellschaftsschicht ankämpfte, wandte sich zugleich entschieden gegen jene radikal-feministischen „Sturmtruppen", deren Zielstellungen vom distanzierten Ignorieren der Männer bis zum vehementen Männerhaß reichten. Nicht geschlechtsspezifischer Separatismus, sondern gemeinsames Wirken von Mann und Frau im Interesse des sozialen und humanitären Fortschritts war ihr Anliegen, wobei manche bittere Erfahrung in der Zusammenarbeit mit Frauen bei ihr auch Vorbehalte gegen ihre Geschlechtsgenossinnen reifen ließen. So schrieb sie ihrer Freundin Mary Clarke Weihnachten 1861: „Du behauptest, Frauen hätten mehr Einfühlungsgabe als Männer. Nein! Wenn ich aus dem Buch meiner Erfahrung berichten wollte, so würde ich beginnen: Frauen haben keine Einfühlungsgabe. Deine Behauptung stammt aus der Überlieferung, meine aus der Erfahrung. Ich habe nie eine Frau gefunden, die ihr Leben um meinetwillen oder um meiner Ansichten willen auch nur um ein Jota geändert hätte. Schau Dir dagegen meine Erfahrungen mit Männern an! ...

Es macht mich verrückt, wenn die Frauenrechtlerinnen klagen, daß sie kein ‚Betätigungsfeld' haben – wo ich gut und gern fünfhundert Pfund im Jahr für eine Sekretärin gäbe. Zwei englische Oberinnen haben mir das gleiche gesagt. Und wir können nicht eine einzige finden ...

Frauen wollen geliebt werden, nicht lieben. Sie verlangen den ganzen Tag Mitgefühl, aber sie sind unfähig, es auch nur teilweise zu erwidern, denn sie sind nicht in der Lage, die Angelegenheiten eines anderen lange genug im Kopf zu behalten ... Sie können weder eine Tatsache genau wiedergeben noch so genau zuzuhören, daß sie wirklich unterrichtet sind."

Soziales Engagement

Das gesamte Reformwerk der Florence Nightingale steht im Zeichen eines klaren sozialen Engagements. Mitleid und Nächstenliebe waren in ihrer Jugendzeit die Motive ihrer Hilfeleistungen in den Hütten der Dorfarmen von Lea Hurst. Das Elend in den Londoner Slums hatte bereits ihr soziales Gewissen wachgerufen. Während sie hier noch hoffte, durch Vermittlung von Wissen und durch Appelle an das Einsehen der Besitzenden Abhilfe zu schaffen, hatten die furchtbaren Erlebnisse von Skutari ihre Desillusionierung zur Folge. Dieser Ernüchterungsprozeß wurde im Verlaufe der Auseinandersetzungen, die sie mit der Reaktion um die Durchsetzung ihrer humanitären Reformen im militärischen und zivilen Bereich führen mußte, weiter vertieft. Das führte zu beachtlichen sozialen Einsichten und Erkenntnissen, die zunächst in dem Werk „Bemerkungen zur Krankenpflege" (1860) ihren Niederschlag fanden. Nach dem Grundsatz: „Die Lebensdauer der kleinen Kinder ist der unfehlbarste Prüfstein für die gesundheitlichen Zustände", unterzog sie die sozialen Lebensbedingungen des werktätigen Volkes einer eingehenden Analyse und stellte dabei fest, daß in den großen Städten Englands fast 50 % der Kinder sterben, bevor sie fünf Jahre alt sind.

Auch die Arbeitsbedingungen des Proletariats bezog sie in ihre Untersuchung ein: „Wieviel Krankheit, Tod und Elend ist doch dem gegenwärtigen Zustand so vieler Fabriken, Warenlager, Werkstuben und Arbeitssälen zuzuschreiben. Die Räume, in welchen die armen Kleidermacherinnen, die Schneider, die Buchdrucker und ähnliche Gewerbe ihr Brot verdienen müssen, sind gewöhnlich in einem ungesunderen Zustand als irgendein anderer Teil unserer schlimmsten Städte. Sie sind meistens gar nicht ursprünglich zu ihrem Zweck erbaut. Es sind ungeschickt hergerichtete Dachstuben, Wohnzimmer oder Schlafzimmer, gewöhnlich in sehr mittelmäßigen Häusern ... Die armen Arbeiter werden hier mehr zusammengedrängt als sonst bei irgendeiner Überfüllung ... kann man sich wundern, daß in solchen Räumlichkeiten, bei einer so unnatürlichen Körperhaltung, Mangel an Bewegung, eiligen und unzureichenden Mahlzeiten, erschöpfender Arbeit und fauler Luft, die große Mehrzahl früh an Brustleiden, gewöhnlich an Schwindsucht stirbt?"

Sie kam zu der Erkenntnis, die Arbeiter müssen für die Unternehmer „ihre Arbeitskraft, Gesundheit und Leben hergeben". Inzwischen wohl wissend, daß Appelle an Vernunft oder Mitgefühl kaum etwas bewirken, versuchte sie das unternehmerische Geschäftsinteresse anzusprechen, indem sie den Fabrikanten zu bedenken gab, daß auch ihre Waren „durch dumpfe Luft und Gasdünste verdorben werden".

Auf Initiative von Miß Nightingale war von ihrem verbreitetsten und populärsten Werk ein Jahr nach Erscheinen der Erstausgabe eine von ihr bearbeitete, verbilligte Sonderausgabe zu sechs Pence „für die arbeitenden Klassen" herausgegeben worden. Darin hatte sie Kürzungen vorgenommen, zugleich aber spezielle für die werktätige Leserschaft gedachte Ergänzungen eingefügt. Insbesondere ein Kapitel über Kinderpflege, das sie wegen der hohen Kindersterblichkeit für erforderlich hielt. Ohne die tieferen gesellschaftlichen Ursachen des Massenelends zu erkennen, näherte sie sich den sozialen Forderungen, die bereits in den dreißiger und vierziger Jahren vom Chartismus, der ersten großen nationalen politischen Massenbewegung der Arbeiter, gestellt worden waren, aber nach dem von der korrumpierten Arbeiteraristokratie betriebenen opportunistischen Verfall der Bewegung in den Jahren der innenpolitischen Abstinenz der englischen Arbeiter unberücksichtigt blieben.

Erst 1865 nahm die Reformliga, deren aktive Mitglieder gleichzeitig dem Generalrat der I. Internationale angehörten, wieder politische und soziale Grundrechte in ihr Programm auf. So gewannen die sozialen Reformen der Florence Nightingale, die weit über philanthropische Einzelaktionen hinausgingen, in dieser „Zwischenzeit" bis zum Wiedererstarken der britischen Arbeiterbewegung besonderes Gewicht.

Die Zustände in den Londoner Arbeitshäusern und Krankensälen der Armenasyle veranlaßten sie, sich neben der allgemeinen Krankenpflege auch dem speziellen Gebiet der Armenhaus-Krankenversorgung zu widmen. Sie wandte sich an den Präsidenten des Armenrechts-Ausschusses, Charles Villiers, und schlug ihm vor, dem Beispiel von Liverpool zu folgen, wo der Philanthrop William Rathbone, dem sie mit gutem Rat zur Seite gestanden hatte, auf eigene Kosten eine von der Oberin Agnes Jones geleitete Gruppe von zwölf Pflegerinnen in die Krankenabteilung des Armenhauses geschickt hatte, wo Hunderte Menschen hilflos in Schmutz, Elend und Siechtum zusammengepfercht waren.

Agnes Jones war eine der besten Absolventinnen der Nightingale-Schule und von ihrem humanitären und sozialen Auftrag zutiefst durchdrungen. Die von Miß Nightingale und William Rathbone eingeleitete Aktion war ein neues Wagnis. Würden die Pflegerinnen den hohen Anforderungen auch unter schwierigsten Bedingungen gewachsen sein? „Es war wie in Skutari", stellte Florence Nightingale fest. Bald wurde von „wundervollen Veränderungen im Haus [berichtet], seit die Londoner Schwestern da sind".

Die Erfolge ermutigten sie, gesetzgeberische Maßnahmen vorzubereiten, mit denen die finanzielle Absicherung der Armenkrankenpflege gewährleistet werden sollte. Sie ließ sich dabei von der Überlegung leiten, daß es nicht möglich sei, die Armenhaus-Krankenpflege zu verbessern, ohne nicht auch die Armenhaus-Verwaltung zu verändern, ja letzten Endes das Armenwesen selbst zu reformieren.

Eine neue Riesenarbeit war zu bewältigen. Um nicht nur von den ihr bekannten Einzelfällen auszugehen, sandte sie im Februar 1865 an alle Armenhausspitäler und -krankenabteilungen einen von ihr erarbeiteten Fragebogen und verfaßte, das ihr zugesandte Material auswertend, im Herbst ein umfangreiches Memorandum, auf dessen Grundlage Charles Villiers im Parlament die erforderlichen Schritte einleiten sollte.

Nach dem Bericht der Zentralbehörde für das Armenwesen befanden sich in den 41 Londoner Arbeitshäusern 6400 Kranke, für die 71 bezahlte Pflegekräfte „sorgten". Dreizehn Arbeitshäusern standen keine Pflegerinnen zur Verfügung. Die Ärzte mußten die verschriebene Arznei selbst bezahlen und waren deshalb mit ihren Verordnungen äußerst sparsam.

Florence Nightingale hielt es für erforderlich, zunächst die

Einstellung und Haltung zu den Kranken zu ändern, deren Elend nicht subjektive Schuld, sondern Folge des Systems war: „Solange ein Kranker, sei es nun Mann, Frau oder Kind, verwaltungsmäßig als Almosenempfänger angesehen wird, der in Schranken gehalten, und nicht als Mitmensch, der gesundgepflegt werden soll, solange wird man immer diese beschämenden Erfahrungen machen."

Das von ihr entwickelte „ABC der Armenhausreform" verfolgte die Grundsätze:

„A) Die Betreuung der *kranken* Armen ist etwas vollständig anderes als Armenverwaltung. Hat man diesen Grundsatz einmal erkannt, so muß man auch geeignete Einrichtungen treffen, um Kranken und Siechen zu helfen.

B) Man muß eine zentrale Verwaltungsstelle schaffen. Denn nur dann kann man in Erfahrung bringen, wo es freie Betten gibt, und die Kranken derart verteilen, daß alle Einrichtungen möglichst wirtschaftlich ausgenutzt werden.

C) Für die Erhaltung dieser Anstalten zum Wohl der Siechen, Geisteskranken usw. sind eine Ausgleichskasse und öffentliche Hilfsgelder erforderlich. Denn so lange die einzelnen Gemeinden für die Armenhäuser zahlen müssen und die örtlichen Behörden für die Anstellungen verantwortlich sind, liegt immer die Gefahr der Korruption nahe. Außerdem würde die Einrichtung einer hinlänglichen Krankenbetreuung in jedem Armenhaus so viel kosten, daß nicht einmal die Londoner Gemeinden es tragen könnten. Im Augenblick ist es für einen Armen noch eine schreckliche Strafe, in einer unbemittelten Gemeinde krank zu werden."

Florence Nightingale, die zu einem Pionier der Sozialarbeit wurde, stellte sich das Ziel, daß in den Krankenabteilungen der Armen- und Arbeitshäuser nicht unausgebildete Schwestern eingesetzt würden, was im Vergleich zu den herrschenden Zuständen bereits ein großer Fortschritt gewesen wäre, sondern ebenso wie auf den Stationen der Krankenhäuser qualifizierte Fachkräfte. Sie setzte ihre Zuversicht auf Charles Villiers. Als er im Zusammenhang mit der erneuten Übernahme der Regierung durch die Konservativen im Juni 1866 sein Amt einbüßte, schien alles verloren. Die Hoffnung, John Stuart Mill werde sich als Vorsitzender eines Unterhaus-Komitees der Sache annehmen, war vergebens. Es war wohl auch eine „Zumutung", daß man sich angesichts der bevorstehenden Sommerferien mit derart unerfreulichen Fragen beschäftigen sollte. –

Als schließlich auch Gathorne Hardy, der neue Präsident des Armenrechts-Ausschusses, eine zwar freundliche, aber nichts desto weniger deutliche Absage erteilte, erlosch auch der letzte Hoffnungsfunke. Um so verblüffender war es, als Hardy Anfang Februar das „Hauptstädtische Armengesetz" einbrachte, bei dem Miß Nightingales Patenschaft unverkennbar war. Obwohl es nicht allen ihren Forderungen entsprach, war es doch ein erster Erfolg, der ihr die Möglichkeit bot, den beharrlichen Kampf um den Ausbau des Errungenen fortzusetzen. Günstiger noch hatten sich die Dinge in Liverpool entwickelt. Die von ihr und William Rathbone eingeleitete Pflege in der Krankenabteilung des Armenhauses konnte mit Unterstützung des Stadtrates auf die Hauskrankenpflege erweitert werden. Dazu wurde die Stadt in achtzehn Distrikte eingeteilt, für die je nach Größe und Armenzahl eine Anzahl Pflegerinnen zuständig war.

Ein schwerer Rückschlag war der plötzliche Tod von Agnes Jones, die aufopferungsvoll nahezu 1 400 Patienten des Armenhauses betreut hatte, sich bei Ausbruch einer Typhusepidemie infizierte und am 19. Februar 1868 verstarb. Florence Nightingale, die „ihr Leben für eines der kostbarsten in England bei dem gegenwärtigen Zustand der Armengesetzgebung und der Arbeitshauskrankenpflege" charakterisierte, widmete ihr einen ergreifenden Nekrolog. Sie hatte in Agnes Jones die Fortsetzerin und Vollenderin ihres Werkes gesehen.

Auch auf ihrem Krankenlager hatte sich Miß Nightingale mit sozialen Problemen beschäftigt. Im Jahre 1873 stellte sie die Frage: „Wie wird diese Welt im August 1999 aussehen? ... was werden wir dann wünschen, getan, und was werden wir wünschen, unterlassen zu haben? ... Werden die Ansichten über Familienleben, über soziales Leben, über die Pflichten des sozialen Lebens die gleichen sein wie jetzt? Wird die Verteilung von Reichtum, Armut, Land ... dieselbe sein wie jetzt? Wird man unter Religion wie jetzt verstehen, nicht daß ein Mann ‚gerecht, wahr und barmherzig' ist, sondern, daß er geglaubt hat, was man ihm sagte, daß er glauben müsse ... Was werden wir dann wünschen, jetzt getan zu haben? Nichts, als Artikel geschrieben und gelesen zu haben? ... oder werden wir wünschen, daß wir gearbeitet hätten, um durch wirkliche persönliche Arbeit die großen Fragen oder richtigen Probleme zu lösen, deren Gelöstsein oder Nichtgelöstsein 1999 zu dem machen wird, was es ist? –

Probleme, wie die Beseitigung der Armut, die Kolonisation, die Erziehung, Reform, Gesetzgebung, Religion und Gott zu etwas wirklich unter uns Gegenwärtigem zu machen, nicht zum Glauben an ein Bekenntnis, nicht zu einem in die Kirche oder den Betsaal gehen behufs Verrichtung dessen, ‚was wir unsere Andacht nennen' ... Werden wir aber nicht im Jahre 1999 wünschen, daß wir uns darüber klar geworden wären, was das Leben, das Familienleben, das soziale Leben, das politische Leben sein sollten, und es nicht für ausgemacht genommen hätten, daß sie so sein müssen, wie sie sind, und daß es unsere Sache sei, daraus soviel Genuß zu ziehen, wie wir können? ...

Man scheint nie daran zu denken, daß es viel schwerer ist, den Weg zu entdecken, wie man das Reich Gottes auf Erden schaffen könnte, als die Wege des Sonnensystems zu finden – und doch würde es niemand einfallen zu empfehlen, daß man das Studium der Astronomie in der schwachen, anmaßenden, phrasenhaften Weise verfolge, wie man uns predigt, daß wir das Leben verfolgen sollen. Und doch ist das Leben ein schwereres Studium als die Astronomie, wenn wir wirklich darin Erfolg haben sollen, wenn wir wirklich ein kleines Eckchen vom Reiche Gottes zuwegebringen wollen.

Man predigt uns nie über das Studium von irgend etwas anderem in den planlosen, seichten, weibischen Ausdrücken, wie man sie anwendet, wenn man uns über das Leben predigt. Und das hält man für christlich ..."

Auch die Freiheitsproblematik bezog sie in ihr Denken ein: „Freiheit bedeutet wahrhaftig nicht, daß man tut, was einem gefällt, nicht, daß jeder seinen eigenen Weg geht, selbst wenn das möglich wäre, sondern Selbstbeherrschung.

Selbstbeherrschung und Beherrschung unserer Sache macht ‚frei'. Aber eine Persönlichkeit, die weder eine Sache beherrscht, noch es versteht, ihre Fähigkeiten richtig zu gebrauchen, kann nicht frei sein. Es kommt alles auf das gleiche heraus, nämlich die Notwendigkeit, das, was wir tun, gut zu tun und daß das, was wir tun, gut sei ..."

So wie Florence Nightingale bereits als junges Mädchen ungeachtet der Abneigung des Elternhauses in den Hütten der Dorfarmen Pflegehilfe geleistet hatte, setzte sie sich bis ins hohe Alter für die Krankenversorgung auch in den ländlichen Gebieten und für die Durchsetzung der öffentlichen Gesundheitspflege in den Dörfern ein. Von Vorträgen allein hielt sie allerdings wenig, sondern war der Meinung, „die Gesundheitsmissionarinnen sollten den Frauen im Dorf keine Vorlesungen halten, sondern mit ihnen arbeiten“.

Eine ihrer letzten Schriften, die „Ruralhygiene“ (Ländliche Hygiene), widmete sie 1893 den Fragen, die Ausgangspunkt ihres Handelns gewesen waren. Sie schrieb angesichts der noch immer herrschenden Mißstände: „Was ist bei dem gegenwärtigen Zustand der Dinge das größere Wunder, Gesundheit oder Krankheit, Leben oder Tod? Für manche von uns ist das größte, sich täglich wiederholende Wunder, daß wir überhaupt in der Umgebung leben können, die unsere Unwissenheit und Nachlässigkeit schafft.“

Die Teilnahmslosigkeit der Behörden brandmarkend schrieb sie: „In dieser Zeit der Erhebungen und Statistiken, in der die Ergebnisse mit mikroskopischer Genauigkeit beschrieben und mit mathematischer Exaktheit in Tabellen gebracht werden, scheint man zu glauben, daß Zahlen denselben Wert haben wie Tatsachen und daß Berechnungen die Handlungen ersetzen können …

Wenn wir einen derartigen Bericht lesen, scheint es, … als warteten wir nur auf das Steigen der Sterblichkeitsziffer, um einzuschreiben. Wir warten, um zu sehen, wie viele vor den Häusern spielende Kinder erkranken. Wir warten, um zu sehen, ob der Unrat wirklich in den Brunnen sickern und ob das verseuchte Wasser wirklich die Familie vergiften wird und wie viele daran sterben werden. Und wenn dann genug gestorben sind, halten wir es schließlich an der Zeit, etwas Geld und ein wenig Mühe daran zu wenden, um dem Mord Einhalt zu gebieten, und tragen die Ergebnisse dieser unserer ‚meisterhaften Untätigkeit‘ säuberlich in Tabellen ein, aber wir analysieren und tabellieren weder das verdüsterte Leben der Hinterbliebenen, noch die zerstörten Heime unserer ‚Sanitätsbezirke‘.“

Florence Nightingale stellte konkrete Forderungen zur Abhilfe: „Wir brauchen unabhängige, ärztliche Sanitätsbeamte, welche der Grafschaftsrat anstellt und die nur von ihm abgesetzt werden können – Männer, die für die Aufgabe berufsmäßig ausgebildet sind; wir brauchen Sanitätsinspektoren mit gehöriger Qualifikation; wir verlangen, daß jeder ärztliche Beamte über das Vorkommen gefährlicher Krankheiten in der Umgebung informiert und seinerseits verpflichtet wird, die benachbarten Bezirke in Kenntnis von denselben zu setzen: wir brauchen Sanitätsinspektoren, die durch Prüfungen gehörig qualifiziert sind und unter der Leitung ärztlicher Beamten stehen, damit sie sich selbst für ihre Anstellung verantwortlich fühlen und einander in die Hände arbeiten, Sanitätsinspektoren, die nicht absetzbar sind außer wegen Verletzung ihrer Amtspflicht, aber auch sicher abgesetzt werden, wenn sie dieselbe hartnäckig verletzen.

Wir brauchen eine voll ausgebildete Pflegerin für jeden Bezirk und einen Gesundheitsmissionar: wir brauchen für jedes Dorf eine Wasserversorgung und angemessene Einrichtungen zur Aufbewahrung des Regenwassers. Grubenklosetts, Straßenreinigung, die ebensowohl eine Pflicht der Öffentlichkeit ist, wie Pflasterung und Beleuchtung. Gärten in der Nähe der Häuser und Parzellen, wo Kehrricht und der Inhalt der Klosetts ihre Verwendung finden können ... die Hausbesitzer müssen sich den sanitären Gesetzen unterwerfen, welche vorschreiben, daß die Häuser in baulicher Beziehung den Hauptforderrnissen der Hygiene entsprechen; die hygienische Belehrung in der Schule muß leicht und faßlich gemacht werden ...“ Ein gesundheitspolitisches Programm, dessen Verwirklichung noch lange auf der Tagesordnung blieb.

Gescheiterte Anstrengungen

Die häufigen Regierungswechsel hatten sich zu Miß Nightingales Erleichterung nicht in dem befürchteten Maße auf ihre Reformbestrebungen ausgewirkt. Dank guter persönlicher Kontakte zu maßgeblichen Beamten des Kriegsministeriums und des Indischen Amtes vermochte sie über alle bisherigen Kabinette hinweg ihren Einfluß zu bewahren. Das änderte sich, als 1868 für nahezu sieben Jahre mit William Ewart Gladstone (1809–1898) ein Politiker Regierungschef wurde, der für Verwaltungs- und Reformfragen keinerlei Interesse zeigte.

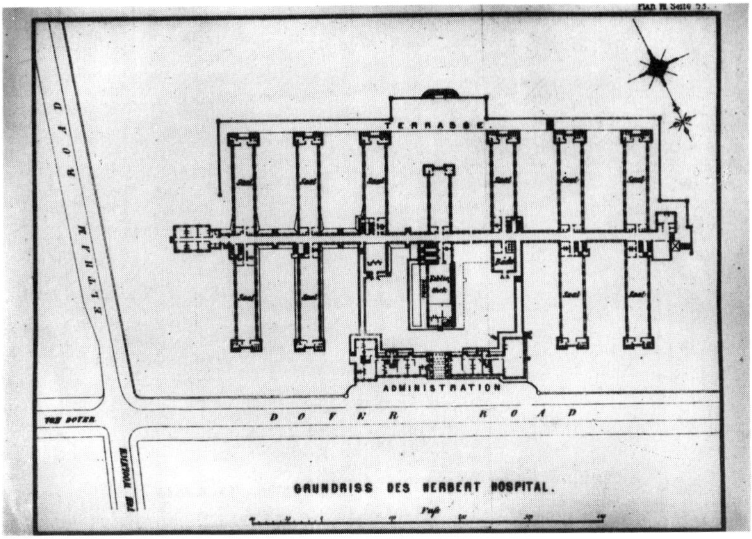

Bild 37. Grundriß des von Florence Nightingale als Beispiel empfohlenen Herbert Hospital

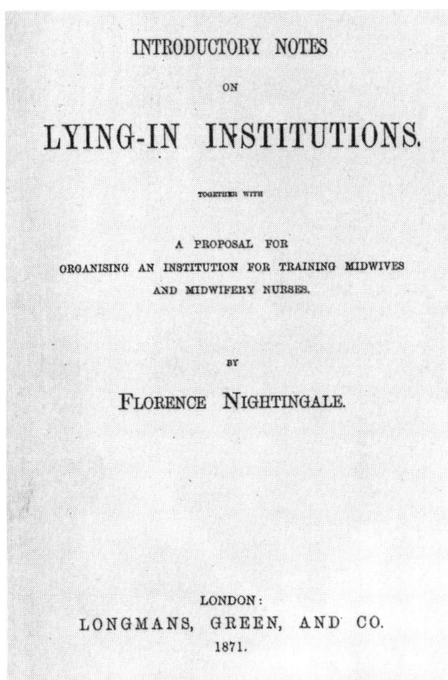

INTRODUCTORY NOTES

ON

LYING-IN INSTITUTIONS.

TOGETHER WITH

A PROPOSAL FOR
ORGANISING AN INSTITUTION FOR TRAINING MIDWIVES
AND MIDWIFERY NURSES.

BY

FLORENCE NIGHTINGALE.

LONDON:
LONGMANS, GREEN, AND CO.
1871.

Bild 38. Kampf gegen die Müttersterblichkeit

Bild 39. Königin Viktoria (1819–1901)

Bild 40. Das alte Oberhaus

Bild 41. Henry John Temple Viscount Palmerston (1784–1865)

Bild 42. Das alte Außenministerium

Bild 43. Benjamin Disraeli (1804–1881)

Bild 44. William Ewart Gladstone (1809–1898)

Bild 45. Florence Nightingale in ihrem „Schattenministerium“

Bild 46. Florence Nightingale und Sir Harry Verney

Bild 47. Altersbildnis von Florence Nightingale

Douglas Galton, Miß Nightingales Hauptstützpunkt im Kriegsministerium, schied 1869 aus seinem Amt aus, so daß hier ihr Einfluß praktisch zum Erliegen kam. Geltung aber besaß ihre Stimme nach wie vor im Indischen Amt, wo einige ihrer Anhänger in Schlüsselstellungen verblieben und entsprechenden Einfluß auf die Verwaltungsinstanzen in Indien selbst ausübten. Die Auffassung des nach Ablauf seiner Amtszeit Ende November 1868 nach England zurückgekehrten Vizekönigs John Lawrence, es am besten den örtlichen Verwaltungsstellen zu überlassen, welche Maßnahmen einer Hygiene-Reform durchzuführen wären, teilte sie keineswegs und drängte auf eine weitere Aktivierung der Arbeit der Sanitätsabteilung, die ihre Verordnungen nicht abstrakt „aus englischer Sicht", sondern vom Standpunkt der örtlichen Verhältnisse und Gegebenheiten zu treffen habe.

Viel hing von dem neuen „Vize" Lord Mayo (bisher Staatssekretär für Irland) ab. Bezeichnenderweise holte er sich seine Informationen für die neue Funktion von Miß Nightingale, der „Gouvernante des Gouverneurs von Indien", wie sie scherzhaft, aber durchaus treffend, genannt wurde. Sie, die nie in Indien gewesen war, erarbeitete für ihn einen „Leitfaden" der öffentlichen Gesundheitsfürsorge, in dem sie nachdrücklich hervorhob, daß auch die besten technischen Maßnahmen wirkungslos bleiben müßten, solange nicht vor allem die sozialen Verhältnisse verändert würden. Sie hielt die Entwicklung des Ackerbaues für eine Grundforderung und widmete deshalb der Bewässerung besonderes Augenmerk.

Natürlich durfte niemand erwarten, daß sie bis ins Detail exakte Angaben zum Bau von Kasernen oder sanitären Anlagen vorlegte, und zweifellos mußten ihr in Unkenntnis der jeweiligen örtlichen Verhältnisse manche Fehleinschätzungen unterlaufen, doch die von ihr entwickelten Grundprinzipien und Musterpläne für Kasernenbauten und deren Einrichtungen, die alle wesentlichen dabei zu berücksichtigenden Faktoren enthielten, waren für die örtlichen Organe eine große Hilfe – soweit sie sich an ihre „Standards" hielten. Überall dort, wo ihre Vorschläge ignoriert wurden, wo man dem soliden Zweckbau eine prunkvolle Fassade vorzog, erlitt man ein Fiasko. Die Mißerfolge beeilte man sich der „unsinnigen" Sanitätsreform anzulasten, die den spezifischen indischen Bedingungen unzureichend Rechnung trage. Der Ausbruch einer Choleraepidemie (1870) auf verschiedenen Stationen eines Lazaretts gab scheinbar denen Recht, die „gute alte Prinzipien“ gewahrt wissen wollten.

Die Reformpartei, die im Kriegsministerium ohnehin nur noch ein Schattendasein führte, verlor durch diesen Fehlschlag beträchtlich an Boden. Florence Nightingale, inzwischen wahrhaftig an Rückschläge gewöhnt, unterließ es, mit dem Schicksal zu hadern. Sie war über ihre Gelassenheit selbst verwundert: „Ich werde ein ganz zahmes Biest“, stellte sie überrascht fest. Nachdem ihr Einfluß auf das Kriegsministerium praktisch erloschen war, versiegten nun auch die Kontakte zum Indischen Amt. Als der Nachfolger Lord Mayos sie 1872 vor seinem Amtsantritt in Indien nicht einmal mehr aufsuchte, war sie schwer gekränkt. Benjamin Jowett versuchte sie aufzurichten: „Warum sind Sie bekümmert, daß der Generalgouverneur Sie nicht besucht hat, wie er es ganz gewiß hätte tun sollen? Setzen Sie Ihr Vertrauen nicht in Prinzen und Prinzessinnen, in Kriegsministerien und Indische Ämter. Das ist unvermeidlich alles auf Sand gebaut. Es nimmt mich nur wunder, daß Sie es solange mit ihnen aushalten konnten.“

Die anhaltenden sozialen Mißstände in der Kronkolonie ließen Miß Nightingale noch immer nicht zur Ruhe kommen. Berichte über Hungersnöte und Massensterben rüttelten sie auf. Fragen der Bewässerung und die Notwendigkeit einer Landreform beschäftigten sie unentwegt. Als sie 1874 den Bewässerungsspezialisten Arthur Cotton kennenlernte, schöpfte sie neue Hoffnungen. Doch selbst mit vereinten Kräften gelang es nicht, die Regierung zur Finanzierung eines Bewässerungsprojektes zu bewegen. Auch der infolge einer solchen Maßnahme in Aussicht gestellte Profit vermochte nicht, das Eis zu brechen. Man war darauf aus, die Ausbeute weniger kostenaufwendig aus dem entrechteten Land zu pressen.

Miß Nightingale gab nicht auf. Der qualvolle Hungertod von Millionen trieb sie an. Wie bereits im Krimkrieg versuchte sie in Wort und Schrift die öffentliche Meinung wachzurütteln. Dabei zeichnete sie ein umfassendes Gesamtbild von der Lebenslage der Armee und des indischen Volkes, wie es bisher noch nie gegeben wurde.

Besonders ihre Kampfschrift „Life or Death in India“ (Leben

oder Tod in Indien) sollte das Gewissen der Nation wecken. Sie erregte damit bei den offiziellen Stellen höchsten Unwillen. Erschwerend war für ihren „Fall", daß sie sich bei der Abhandlung amtlicher Statistiken und Erhebungen (die ja niemand in Frage stellen konnte) bedient hatte. Es konnte keinen Zweifel darüber geben, alle Versuche einer Reform in Indien waren ebenso gescheitert, wie die Reformen des Heeressanitätswesens und der Armeeverwaltung. Doch noch immer klammerte sich Florence Nightingale an eine letzte Hoffnung, die sich abzuzeichnen schien, als im April 1880 die Liberalen die konservative Regierung Disraeli ablösten und ihrem Vertrauten de Grey das Amt des Vizekönigs übertrugen. Seine Versuche, wenigstens erste Schritte einer örtlichen Selbstverwaltung und einer Gerichtsreform einzuleiten, wurden von einem Sturm rassistischer Hysterie erstickt. Die Warnung Jowetts bestätigte sich: Die auf Staatsmännern basierende Hoffnung war auf Sand gebaut. Der „Erlöser Indiens", wie Miß Nightingale de Grey euphorisch genannt hatte, konnte das „Tausendjährige Reich" nicht verwirklichen. Noch vor Ablauf seiner Amtszeit zog er es vor, den Abschied zu nehmen.

Wesentlich später, noch mit einundsiebzig Jahren, unternahm Miß Nightingale ihren letzten großen „Feldzug" für das indische Volk. In einer Denkschrift unterbreitete sie den Vorschlag, wenigstens einen Teil der in Indien erhobenen Steuergelder zur Beseitigung der sanitären Mißstände zu verwenden. Vergeblich!

Die Erfolge in der Krankenpflegeausbildung hatten ihr 1882 noch einmal einen gewissen Einfluß auf das Kriegsministerium verschafft. Als unter Befehl von Lord Wolseley der „Ägyptische Feldzug" begonnen wurde, hatte man keine andere Wahl, als die erfahrene Miß Nightingale um Rat zu bitten. Es zeigte sich, daß man in den vergangenen 25 Jahren nichts gelernt hatte. In der Heeres-, Kranken- bzw. Verwundetenversorgung herrschten noch die gleichen Zustände wie auf der Krim. Als zwei Jahre später ein weiteres Truppenkontingent als Entsatzheer ausgesandt wurde, bat man Miß Nightingale um Entsendung einer Gruppe von Pflegerinnen. Das von ihr auf der Krim eingeleitete System hatte triumphiert.

So schmerzlich der Abriß ihrer Verbindung zu den Regierungsämtern für Florence Nightingale wegen der Folgen für ihre Reformarbeit auch war, stürzten sie die schweren Enttäuschungen nicht in Resignation, sondern sie nutzte die frei gewordene Zeit, sich voller Engagement den Fragen der Krankenpflege zuzuwenden.

Dieses Arbeitsgebiet, das den unmittelbaren Kontakt zu hilfsbedürftigen Menschen zum Gegenstand hatte, entsprach ihrem persönlichen Anliegen in besonderer Weise. Es war für sie sehr ärgerlich gewesen, als sich immer mehr Papier und Administration zwischen sie und die Patienten drängte: „Mein jetziges Dasein hat mit meinem früheren Leben, in dem ich mich um die Leiber und Seelen meiner Mitmenschen kümmern durfte, kaum mehr etwas zu schaffen; so wenig wie das Lesen eines Kochbuches mit einem wirklichen Mittagessen."

Praktische Pflegearbeit war ihr nicht mehr möglich, dafür widmete sie sich verstärkt denen, die für diese schwere und verantwortungsvolle Aufgabe vorbereitet wurden. Der Umzug des St. Thomas Hospitals in ein neues Gebäude bot auch der Nightingale-Schule weitaus bessere Wirkungsmöglichkeiten und eine größere Kapazität. Eine gründliche Prüfung des Lehrplans sowie Aussprachen mit Dozenten und Lehrschwestern hatten die Notwendigkeit eines verbesserten Ausbildungsniveaus gezeigt. Miß Nightingale korrigierte den Lehrplan und stellte höhere Anforderungen. Zusätzliche Prüfungen sollten den jeweils erreichten Leistungsstand kontrollieren. Bei den Änderungen wurden neben der Vermittlung von zusätzlichen Kenntnissen und Fertigkeiten wesentlich stärker als vorher auch die ethische Erziehung, die Persönlichkeitsentwicklung und die Herausbildung von Lebensgewohnheiten berücksichtigt. Diese Aufgabe wurde einer der Oberin Mrs. Wardroper zur Seite gestellten Assistentin, der „Heim-Schwester", übertragen. Sie sollte den in den Lektionen vermittelten Stoff seminaristisch vertiefen sowie durch die Empfehlung wertvoller Lektüre und das Hören von Musik die Entwicklung der Schülerinnen fördern.

Besondere Wirkung aber hatte das persönliche Vorbild der Florence Nightingale selbst, die von allen zutiefst verehrt wurde. Die Größe ihrer Persönlichkeit ließ sie zum allgemein angestrebten Ideal werden. Endlich hatte sie wieder eine Aufgabe ganz nach ihrer Neigung. Sie ging, um einen modernen Ausdruck zu verwenden, in der Arbeit mit den Menschen wahrhaft auf. Jede einzelne der Schwesternschülerinnen war ihr bekannt. Sie wußte um ihre Vorzüge und Schwächen und umsorgte sie wie eine Mutter. Auch während ihrer Abwesenheit behielt sie in Lea Hurst oder Embley die Geschicke der Schule fest in den Händen. Häufig fuhr sie nach London oder ließ sich durch ausführliche Briefe unterrichten.

Auch nach Abschluß der Ausbildung blieb Miß Nightingale mit ihren Schwestern, denen sie möglichst selbst eine geeignete Anstellung ausgesucht hatte, im engen Kontakt. Bis zum Ausscheiden von Mrs. Wardroper hatten 500 Pflegerinnen die Schule absolviert, von denen 50 wichtige Funktionen ausfüllten. Mindestens einen Brief in der Woche an jedes ihrer „Lieblingskinder“ war Miß Nightingales Ziel. Nicht zuletzt die Verbindung mit den vielen jungen Menschen, die bis weit im Ausland eine Wirkungsstätte gefunden hatten, bannte die Schrecken der Einsamkeit, die sie häufig bedrückten.

Nicht immer konnten Lob und Freundlichkeiten alleiniger Grundtenor ihrer Briefe sein. Es war vorauszusehen, daß nicht alle der Nightingale-Schwestern, die ihre Ausbildung abgeschlossen hatten und sich nun in der Praxis bewähren mußten, den hohen Anforderungen gerecht werden konnten. Manche wurden vor allem dadurch entmutigt, daß ihre guten Absichten und edlen Ziele in der Praxis auf krasses Mißverständnis, ja sogar Ablehnung stießen. Nur wenige hatten die Kraft und Überzeugung ihres großen Vorbilds, den Kampf konsequent und vor allem auch diszipliniert durchzustehen. Manche begingen den Fehler, sich in zweifellos berechtigter Empörung aufzulehnen und gegen rückständige Ärzte zu rebellieren. Gegen derartige unbedachten Schritte, die ihrer Sache schweren Schaden zufügen konnten, wandte sich Florence Nightingale mit aller Konsequenz. So schrieb sie einer „Aufständischen“: „Glauben Sie vielleicht, daß ich irgendwo Erfolg gehabt hätte, wenn ich Widerstand geleistet hätte und mich hätte verbittern lassen? Man hat mich nicht in Spitäler hineingelassen, in die mich der Oberkommandierende befohlen hatte; ich mußte bis in die Nacht hinein vor der Tür im Schnee stehen; man hat mir zehn

Tage lang für meine Pflegerinnen, die ich auf höheren Befehl mitgebracht hatte, die Rationen verweigert. Und am Tag nachher bin ich mit den Beamten, die dies anzettelten, genau so gut Freund gewesen wie vorher und habe alles entschlossen ignoriert um des Werkes willen."

Das von Miß Nightingale während des Krimeinsatzes in eiserner Selbstdisziplin geübte Gehorsamkeitsdenken gegenüber den Armeeärzten ließ sie auch später nicht völlig von der Unterscheidung der angeblich „männlichen Medizin" von der „weiblichen Krankenpflege" abweichen. Sie lehnte es ab, daß Frauen Medizin studierten, solange die Krankenpflege, die ihre Hauptdomäne sein sollte, noch nicht gesichert war.

Diese Unterscheidung bedeutete jedoch nicht Unterordnung um jeden Preis. Sie war vielmehr bestrebt, der Krankenpflege einen fest umrissenen eigenverantwortlichen Aufgabenbereich als zuverlässige Partnerschaft des Arztes zuzuschreiben.

Als im Jahre 1887 ihr 30jähriges Jubiläum begangen wurde, waren Nightingale-Oberinnen auch in Deutschland, Schweden, den USA, in Kanada, Indien und Ceylon tätig, wo sie für die Verbreitung der humanitären Ideen Sorge trugen und nach dem Vorbild des Stammhauses neue Schulen errichteten. Kronprinzessin Viktoria, eine Tochter der britischen Königin und Frau des Kronprinzen Friedrich Wilhelm von Preußen, ließ als „Stammutter" des Berliner Krankenpflegevereins „Viktoria" die Schwestern ihres Vereins bis 1884 in der Londoner Nightingale-Schule ausbilden. Von da ab wurde die Ausbildung des von der Oberin Luise Fuhrmann geleiteten Vereins nach dem Nightingale-Leitbild vom Krankenhaus Berlin-Friedrichshain übernommen.

Neben der stationären Betreuung hatte Miß Nightingale auch die Bedeutung der Hauskrankenpflege erkannt. Leider ließen ihr die vielfältigen Arbeiten auf den verschiedenen Bereichen kaum Zeit, sich auch diesem Gebiet intensiv zu widmen. Ihre Schrift „Suggestions for improving the nursing service of hospitals and on the method of training nurses for the sick Poor" (1874) beweist ihre Anteilnahme, die auch in der Unterstützung zum Ausdruck kommt, die sie William Rathbone bei der Gründung der „Metropolitan Nursing Association" angedeihen ließ. Miß Florence Lees, eine ihrer bewährtesten Schülerinnen, konnte sich als Organisatorin und erste Leiterin der

Londoner Bezirkskrankenpflege auf ihren Rat stützen.

Die Leistungen von Florence Nightingale bei der Begründung und Entwicklung der modernen weltlichen Krankenpflege sind unbestritten. Sie hatte zu ihrem Anliegen erklärt: „Ich will keinen religiösen Orden gründen, sondern möchte eine gutbezahlte Berufslaufbahn eröffnen. Mein Prinzip ist immer gewesen, daß wir jeder Frau, von welcher Klasse oder Sekte sie auch sei, bezahlt oder unbezahlt, die bestmögliche Ausbildung geben müssen, wenn sie sittlich, geistig, körperlich die notwendigen Voraussetzungen für den Beruf einer Pflegerin hat."

Die nach den Nightingaleschen Prinzipien geschulten und erzogenen Krankenschwestern ebneten den Weg für die den Erfordernissen des modernen Klinikbetriebes entsprechende Pflegearbeit. Es war jedoch nicht zu übersehen, daß die allzu starren, nahezu nach strengen Ordensregeln orientierten Lebens- und Verhaltensvorschriften, die sie den Schülerinnen auferlegte, schwerlich dem ständig wachsenden Berufsnachwuchs gerecht werden konnten. In ihrem eigenen Werk zeigte sich die so reformfreudige Miß Nightingale doktrinär und wies unduldsam alle Versuche zurück, ihr Ausbildungssystem zu liberalisieren. Sie war auch entschieden gegen die Prüfung der Absolventinnen durch einen unabhängigen Ausschuß nach einheitlichen Anforderungen, da sie fürchtete, daß damit zwar der Umfang der Kenntnisse ausgelotet, nicht aber die für die pflegerische Arbeit so überaus bedeutungsvollen Eigenschaften und ethischen Grundhaltungen wie Opferbereitschaft, Güte und Einfühlungsgabe in angemessener Weise bewertet würden. Ebenso wie Miß Wardroper hatte Florence Nightingale große Vorbehalte gegen die sich als Interessenvertretung der Schwestern bildenden Vereinigungen. Sie sah in der „Royal British Nurses' Association" geradezu eine „revolutionäre Verbindung", von der sie fürchtete, sie könnte das autoritäre Oberinnensystem beeinträchtigen, die Disziplin untergraben und schließlich die qualitätsmindernde Gleichmacherei anstreben.

Auch in anderen Ländern waren nationale Vereinigungen entstanden. In Deutschland hatten sich seit den 70er Jahren zur Erörterung und Klärung von fachlichen, aber auch sozialen Fragen auf örtlicher Ebene einzelne Schwestern zusammengefunden. Elisabeth Storp wies ihnen mit ihrer Schrift „Die soziale Stellung der Krankenpflegerinnen" den Weg zur Selbsthilfe. Zu ihren Forderungen zählten die Verstaatlichung der Schwesternausbildung und der Anstellungsverhältnisse sowie zentrale Arbeitsplatzvermittlung. Agnes Karll (1868–1927), selbst durch die harte Schule des Mutterhauses und schließlich der Tätigkeit einer freiberuflichen Schwester gegangen, war bestrebt, alle nicht an ein Mutterhaus gebundenen Pflegerinnen zu einer Vereinigung zusammenzufassen. Zu ihrer Interessenvertretung entwarf sie das Programm einer „Berufsorganisation der Krankenpflegerinnen Deutschlands", die am 11. Januar 1903 in Berlin gegründet wurde. Sie rief die Schwestern auf: „Wir dürfen nicht vergessen, in welch schwierigen Zeitenläufen wir überhaupt und besonders in unserem Beruf leben. So viel Wandlungen bereiten sich vor und ernste Aufgaben warten unserer, der Frauen im allgemeinen, der Schwestern im besonderen. Unsere Krankenhäuser werden in späterer Zeit sein, was wir Schwestern von heute aus ihnen machen. Jede von uns muß sich ihrer Pflicht bewußt werden und sie erfüllen. Will die Frau, die Schwester nicht wie bisher Amboß sein, muß sie eiligst anfangen, Hammer zu werden und nicht mehr ihr Geschick willenlos aus den Händen anderer zu nehmen, sondern es selbst gestalten. Leicht ist das nicht, aber da sie sich von der beginnenden Hörigkeit losgesagt hat, muß sie nun auch ihre Schuldigkeit tun! ... Unsere Selbständigkeit und Unabhängigkeit ist ein so kostbares Gut, daß wir unseren ganzen Stolz darin suchen müssen, sie uns, wenn auch in bescheidenem Maße, bis zum letzten Atemzug zu bewahren."

Neben der bürgerlichen Berufsorganisation der Schwesternschaft hatte sich im Rahmen der freien – vom Staat und der Bourgeoisie unabhängigen – Gewerkschaften 1898 der „Verband des Massage-, Bade- und Krankenpflegepersonals" als proletarische Organisation gebildet. Im Jahre 1909 entstand die „Sektion Krankenpflege für das Pflege-, Bade- und Massagepersonal in Kranken-, Heil- und Pflegeanstalten, Kliniken, Sanatorien, Bade- und Massageinstituten und Seebädern", seit der 3. Reichskonferenz „Reichssektion Gesundheitswesen" genannt. Diese Gewerkschaft des medizinischen Personals kämpfte für die Gleichberechtigung von Mann und Frau, die Einführung des Achtstundentages sowie die staatliche Anerkennung des Krankenpflegeberufes und ging damit weit über die Zielstellungen der bürgerlichen Schwesternschaft hinaus.

In England entwickelte sich die 1904 gegründete Vereinigung „National Council of Nurses of Great Britain" als Dachorganisation der nationalen Verbände. Die Oberin Ethel G. Bedford-Fenwick hatte bereits im Jahre 1899 die Gründung eines „Weltbundes der Krankenpflegerinnen" vorgeschlagen, in der Hoffnung, mit dieser Institution die Schwestern in ihren nationalen Berufsverbänden zu unterstützen. Der erste ordentliche Kongreß fand im Juli 1904 in Berlin statt, wo sich die englische, irische und amerikanische Gruppe mit der von Agnes Karll geleiteten deutschen Vereinigung (sie umfaßte dreihundert Mitglieder) zum Weltbund (International Council of Nurses, INC) vereinten. Dieser Entwicklung stand Miß Nightingale mit Skepsis und Unverständnis gegenüber.

Taten für den Frieden

Bereits seit Ende der 60er Jahre war Florence Nightingale, ihrem körperlichen und psychischen Zustand Rechnung tragend, gezwungen, ihr Leben in gemäßigtere Bahnen zu lenken. Müßig konnte sie jedoch auch während ihrer längeren Besuche in Lea Hurst oder Embley nicht sein. Immer wieder zog es sie zumindest zu Manuskriptarbeiten, in denen sie sich vordringlich sozialen und ethischen Fragen zuwandte. Doch auch die Kraft ihrer Feder war ermüdet. Während sie früher umfangreiche Ausarbeitungen in kurzer Zeit zu Papier brachte, quälte sie sich seit 1868 an einer Abhandlung über das Armenrecht ab, die sie auch als Kurzfassung nicht abschließen konnte, ebensowenig ihre seit langem begonnene Schrift „Notes on Lying-in Institutions". Sutherland stand ihr hilfreich zur Seite.

Auch die mit dem Nightingale-Fonds verbundenen ökonomischen Anforderungen waren eine Belastung. Zum Glück hatte sie in Henry Bonham Carter, dem Bruder der Malerin Hilary Bonham Carter, für diese Aufgabe einen Sekretär gefunden, der sich als tüchtiger Geschäftsmann erwies.

Florence Nightingale hatte die Schrecken des Krieges in all ihrer Brutalität und Menschenfeindlichkeit kennengelernt. Sie haßte den Krieg, ihr Werk gipfelte in den Grundsätzen der Humanität. So ist es nur folgerichtig, daß sie sich, krank und erschöpft, noch einmal von einem eisernen Willen beseelt, zu neuer großer Aktivität aufraffte, als es galt, der Grausamkeit eines erneuten Krieges entgegenzuwirken.

Mit dem Einmarsch deutscher Truppen in französisches Gebiet hatte am 4. August 1870 der von Bismarck provozierte, von den herrschenden Klassen beider Länder seit geraumer Zeit vorbereitete Deutsch-Französische Krieg seinen Anfang genommen. Die französische Bourgeoisie hoffte, mit einem Krieg gegen Preußen die Einigung Deutschlands, eine Gefahr für die dominierende Rolle Frankreichs auf dem europäischen Kontinent, zu verhindern und „nebenbei" auch noch das linke Rheinufer erobern zu können. Die reichen Erzlager von Elsaß und Lothringen hatten wiederum den Eroberungshunger der deutschen Kapitalisten geweckt. Die Zeche für dieses Annexionsstreben beider Seiten aber hatte das Volk zu zahlen. Nach der verlustreichen blutigen Schlacht bei Weißenburg bot sich ein grauenvolles Bild. Tagelang lagen die Toten und Schwerverwundeten auf dem Schlachtfeld.

Nach Ausbruch des Krieges wurde in dem neutralen Großbritannien die „Nationale Gesellschaft zur Hilfe für Kranke und Verwundete" gegründet (die Vorläuferin des Britischen Roten Kreuzes), die es sich zur Aufgabe machte, beiden kriegführenden Seiten humanitäre Hilfe zu leisten.

Obwohl Miß Nightingale nicht in der Lage war, das ihr angetragene ehrenvolle Amt der Vorsitzenden der Gesellschaft zu übernehmen, leistete sie dieser doch mit vielfältigem Rat, vor allem in organisatorischen und technischen Fragen, wertvolle Hilfe. Dabei konnte sie auf der Grundlage ihrer im Krimkrieg erworbenen umfangreichen Erfahrungen wichtige Einzelheiten berücksichtigen, die in der Praxis von großem Belang waren.

Zur Erleichterung des Schicksals der Verwundeten und Kriegsgefangenen veranstaltete sie eine Sammelaktion, die sie in die Lage versetzte, dem Hilfsfonds wöchentlich bis zu fünftausend Pfund zu überweisen.

Erstaunlich war vor allem ihre politische Weitsicht. Bei Ausbruch des Krieges gehörte ihre Sympathie den Deutschen. Wie sie überhaupt die deutsche Kultur, vornehmlich Musik und Literatur, hoch schätzte. Doch sie mußte erkennen, daß der Geist des Militärs von anderen „Idealen" erfüllt war. Hier hatten Gedankentiefe, Humanismus und demokratische Gesinnung keinen Raum. Der preußisch-militaristische Ungeist dominierte. Bereits am 4. November 1870 stellte sie fest: „Ist es nicht ganz unerhört in der Geschichte, daß ein philosophisches, gedankenreiches, in jeder Hinsicht gebildetes Volk, das auf manchen Gebieten vielleicht das kultivierteste in Europa ist – das deutsche nämlich –, sich Hals über Kopf in den Abgrund stürzt, der sich Militärdespotie nennt? Daß es nicht sieht, daß diese sogenannte deutsche Einheit nur eine Vergrößerung Preußens ist! ... Preußen hat sich als Götze auf den Altar gestellt, damit ganz Deutschland es anbete."

Dieser intuitiv tiefe Abscheu vor dem preußisch-deutschen Militarismus fand in dem Verhalten der Eindringlinge nach der Niederlage der Franzosen bei Sedan, als der Krieg zu einem Eroberungsfeldzug gegen das französische Volk wurde, neue Nahrung.

Miß Nightingale beklagte nicht nur die sinnlosen, unschuldigen Opfer des im Januar 1871 beendeten Krieges, sie erhob zugleich ihre warnende Stimme vor der aggressiven chauvinistischen Eroberungssucht: „Preußen sagt ganz offen, daß es dies alles tut, weil Napoleon es vor vierundsechzig Jahren getan hat. Und Frankreich wird sagen, lange bevor vierundsechzig Jahre um sind, es wolle das gleiche tun, weil der Korporal-Kaiser-König es vor soundso vielen Jahren getan habe. So schrecklich die Zahl der Verwundeten, Trauernden und Hungernden ist, so ist das nichts im Vergleich zu den Prinzipien, die dieser Krieg hervorgebracht und wirksam gemacht hat."

Im Gegensatz zu der chauvinistischen Hetze der herrschenden Klassen hatten die fortschrittlichen Arbeiter beider Länder leidenschaftlich gegen den drohenden Krieg gekämpft. Die Pariser Proletarier richteten einen Appell an ihre „Brüder in Deutschland" und riefen sie auf: „Vereinigen wir unsere Stimmen zu einem Ruf des Abscheus gegen den Krieg."

Auch die deutschen Arbeiter teilten in tiefer Friedenssehnsucht die Antikriegsstimmung und ergriffen die gebotene Bruderhand. In einem am 23. Juli 1870 verfaßten Aufruf erklärte Karl Marx: „Während das offizielle Frankreich und das offizielle Deutschland sich in einen brudermörderischen Kampf stürzen, senden die Arbeiter einander Botschaften des Friedens und der Freundschaft." Er sagte mit Recht voraus, daß „Sieg oder Niederlage gleich unheilvoll" sei.

Angesichts der sich in den Folgejahren weiter zuspitzenden internationalen Lage erhoben auch bürgerliche Kriegsgegner in aller Welt ihre Stimme gegen das Völkermorden.

Der große englische Pazifist Hodgson Pratt (1824–1907) rief eine erste internationale Vereinigung, die „International Arbitration and Peace Association“ ins Leben, während sein Landsmann Randal Cremer (1838–1908), der im Unterhaus die Interessen der Trade Unions vertrat, in dem von ihm gegründeten Friedensverein „International Arbitration League“ sich der Mitwirkung der englischen Arbeiter versichern wollte.

Ein hervorragender Propagandist der internationalen Friedensbewegung war der englische Journalist William Thomas Stead (1849–1912) mit seinen Zeitschriften „Review of Reviews“ und „War against war“. Zu den führenden Vertretern der internationalen Friedensbewegung zählten in Frankreich der Mitbegründer der „Gesellschaft der Friedensfreunde in Paris“ Frédéric Passey (1822–1912) und der Präsident des Verbandes für internationale Verständigung Baron Paul d'Estournelles (1852–1924).

Der russische Publizist Iwan Stanislawowitsch von Block (1836–1902) hatte mit seinem Werk „Der zukünftige Krieg in seiner technischen, volkswirtschaftlichen und politischen Bedeutung“ vor dem aufkommenden Verhängnis gewarnt und in Luzern ein Internationales Kriegs- und Friedensmuseum gestiftet. Der Generalsekretär und Organisator der amerikanischen Friedensgesellschaft Benjamin Trueblood übernahm eine führende Stellung im Berner Friedensbüro, der ungarische Freiheitskämpfer und ehemalige Generalstabsoffizier Garibaldis Stephan Türr (1824–1908) organisierte 1896 den großen Budapester Weltfriedenskongreß.

In Deutschland hatte F. Wirth gemeinsam mit dem englischen Pazifisten Hodgson Pratt bereits 1866 eine Friedensgesellschaft ins Leben gerufen. Seiner Initiative war auch die Bildung eines Komitees zu danken, das die Gründung der „Deutschen Friedensgesellschaft“ (1892) vorbereitete. Ähnlichen Bestrebungen hatte sich eine Gruppierung um den Pathologen Rudolf Virchow gewidmet. Zu den Initiatoren dieser Vereinigung, in der bürgerliche Pazifisten verschiedenster Richtungen den Kampf gegen Militarismus, Rüstung und Krieg aufnahmen, zählte auch die Schöpferin der österreichischen Friedensbewegung, Bertha von Suttner (1843–1914), deren 1890 erschienener Roman „Die Waffen nieder“ sowie die von ihr gemeinsam mit dem Mitbegründer der Deutschen Friedensgesellschaft Alfred Herrmann Fried (1864–1921) herausgegebene Zeitschrift gleichen Titels die Welt angesichts der akuten Kriegsgefahr aufrütteln sollte.

Dieses den Auffassungen und Bemühungen der Florence Nightingale sehr nahestehende Streben nach einem friedlichen Zusammenleben der Völker hatte im Juni 1889 einen ersten Höhepunkt erreicht, als die Vertreter von etwa 100 Friedensgesellschaften in Paris zum ersten Weltfriedenskongreß zusammenkamen. Mit diesem historischen Ereignis und dem 1892 in Bern zur Koordinierung der Friedensaktivitäten gegründeten Friedensbüro erzielte die Internationale Friedensbewegung eine neue Qualität ihrer Entwicklung.

Als Bündnispartner der internationalen Arbeiterbewegung führten die bürgerlichen Humanisten einen mutigen Kampf für eine Welt ohne Krieg.

Jahre endlosen Mühens

Verlust der Freunde

Seit ihrer Rückkehr von Skutari widmete sich Florence Nightingale in unermüdlicher Arbeit den Reformen des Heeressanitätswesens und der Krankenpflege. Die nachwirkenden Strapazen des Krimkrieges und die Intensität ihres Schaffens hatten bereits 1857 zu einem physischen und psychischen Zusammenbruch geführt, von dem sie sich nur langsam erholte, ohne jedoch die alte Leistungsfähigkeit wieder zu erlangen. Die verminderte Arbeitsintensität versuchte sie durch ein noch größeres Arbeitsvolumen auszugleichen. Um die Größe des von ihr Geleisteten vollauf zu erkennen, ist es notwendig, sich zu vergegenwärtigen, unter welchen Bedingungen es geschaffen wurde.

Florence Nightingale lebte infolge ihrer Beschwerden, die sie lange Zeit an das Bett fesselten, weitgehend zurückgezogen, sie war kaum in der Lage, das Haus zu verlassen. Es konnte deshalb nach ihrer Rückkehr von Skutari kaum über besondere Erlebnisse und Ereignisse aus ihrem privaten Leben berichtet werden. Ihre Freunde und Mitstreiter suchten sie in ihrem Heim auf, doch ihre Reihen lichteten sich, so daß sie mehr und mehr vereinsamte. Arthur Hugh Clough war schwer erkrankt und im April 1861 zur Kur nach Griechenland gereist, von der er nicht mehr zurückkehren sollte. Die Malerin Hilary Bonham Carter, für die sie Modell saß, war vorübergehend zu ihr gezogen. Doch die Familie beklagte sich bitter, daß sie nun ihre Zeit weniger dem künstlerischen Werk als den Arbeiten der Miß Nightingale widmete. Um nicht, wie bei Tante Mai, erneute Konflikte entstehen zu lassen, wollte Florence Nightingale die Freundschaft, die für sie außerordentlich viel bedeutete, in geordnete Bahnen lenken und unterbreitete Hilary, die verreist war, den Vorschlag:

„Liebste, ich hoffe, daß Du bereits lange vor Ablauf des letzten Jahres erraten hast, daß ich zu der Überzeugung gekommen bin, daß es nicht recht von mir ist, Dein Leben weiterhin zum Briefschreiben und zur Haushaltführung auszunutzen. Ich habe Dir meine Gründe dafür in langen Gesprächen auseinandergesetzt ... Wenn es zwischen uns möglich wäre, würde ich Dich auf den Knien um Verzeihung bitten, daß ich Dein Leben so mißbraucht habe. Wenn Du zurückkommen möchtest unter den Bedingungen, die wir brieflich besprochen haben, nämlich ein Atelier für Dich und feste Arbeitsstunden, dann komme, als mein Gast und meine Freundin – meine liebste und beste Freundin! –, aber nicht als Sekretärin und Haushälterin. Laß uns jetzt darüber reden, wie wir diese Stunden regeln können, damit alles festgelegt ist, wenn Du wiederkommst ...“ Doch Hilary zog es vor, nicht zurückzukehren.

Der schlimmste Schlag stand Florence Nightingale jedoch noch bevor. Im August 1861 war Sidney Herbert gestorben, dessen Tod eine nicht zu füllende Lücke hinterließ. Sie suchte in Hampstead Zuflucht, doch die Arbeit, ihre humanitäre Mission, die ihr nach dem Tode des Freundes doppelte Anstrengungen abverlangte, zog sie nach London zurück. Um nicht mehr in das Burlington-Hotel, wo sie alles an die Vergangenheit mit ihren verlorenen Freunden erinnerte, ziehen zu müssen, machte sie gern von dem Angebot Harry Verneys Gebrauch, der ihr sein Haus in der South-Street 32 zur Verfügung stellte. Hier erreichte sie, als sie sich gerade einzurichten und die Arbeit fortzusetzen begann, am 12. November 1861 die Nachricht vom Tode Cloughs. Verzweifelt schrieb sie: „Nun bleibt kaum noch ein Mann übrig von all denen, mit denen ich in diesen fünf Jahren zusammengearbeitet habe. Ich überlebe sie alle. Das habe ich nicht gewollt.“ In dieser Zeit des Schmerzes trug sie sich mit dem Gedanken, sich völlig von allen Aufgaben zurückzuziehen!

Vereinsamt und abgesondert hatte sie sich zeitweilig in recht abwegige Gedankengänge verirrt. Eine alte, bereits 1851 begonnene Arbeit weiterführend, entstanden religiös-metaphysische Betrachtungen, die sie für eine „neue Religion“, vornehmlich für „gebildete Arbeiter“, hielt. Dr. Sutherland hatte versucht, sie von dem konfusen, zeitraubenden Unterfangen abzuhalten. Doch er hatte schon Streitpunkte genug mit ihr, und so übergab er die Aufzeichnungen hilfesuchend an Tante Mai: „Ich will das Manuskript lieber Ihnen zuschicken, weil es der armen Florence sehr schlecht geht und weil wir bei unserer eigenen Arbeit schon so viele Meinungsverschiedenheiten auszutragen haben, daß ich vermeiden möchte, sie zu mehren.“ Doch auch sie war schwerlich dafür geeignet, Miß Nightingale ein Werk auszureden, das sie für eines ihrer besten hielt. Da die Verleger diese Auffassung offensichtlich auch nicht teilten, gab sie die Abhandlung 1860 unter dem Titel: „Suggestions for thought to the searchers after religious truth among the artizans of England“ (Vorstellungen für die Suche nach religiöser Wahrheit) als Privatdruck heraus.

Letztlich aber zeigte sich selbst in diesen Schriften ihre gegen alle überlebten Konventionen gerichtete Grundhaltung. Sie war unfähig, an ein vorgegebenes Dogma zu glauben oder sich den Zwängen der anglikanischen Kirche zu beugen. Sie suchte nach einem mündigen, der Sozialarbeit gewidmeten Christentum der Tat.

Wenig später traf Florence Nightingale für ihr zeitweiliges eigenwilliges Verhalten und Denken die Selbsteinschätzung: „Es ist der krankhafte Geist eines Menschen, der keine Abwechslung, kein Vergnügen, keine Erholung, nicht einmal irgendeine Veränderung kennt.“

Die Anforderungen des Tages ließen ihr wenig Zeit zu längeren Irrwegen. Wie früher das Burlington-Hotel wurde jetzt ihre Wohnung in der South-Street 32 Ratgeberzentrale in Fragen der Krankenpflege.

Arbeit war Florence Nightingales Hauptlebensinhalt, mit dem sie ihre humanitären Ideale zu verwirklichen versuchte. Das hohe Engagement bot ihr jedoch auch die einzige Möglichkeit, der bedrückenden Einsamkeit zu entfliehen. Da sich ihr Zustand kaum gebessert hatte, kam es häufig zu schweren gesundheitlichen Störungen. Immer wieder aber besiegte ihr eiserner Wille den geschwächten Körper. Doch mit dem völligen Zusammenbruch am Weihnachtsabend 1861 erreichte ihre Leidensgeschichte das Höchstmaß. Florence Nightingale wurde bettlägerig und konnte jahrelang nicht mehr ihre Wohnung verlassen. Trotz dieser Verfassung leistete sie mit nahezu übermenschlicher Energie Arbeit en masse. Wen vermag es zu wundern, daß in bitteren einsamen Stunden, angesichts der aussichtslos erscheinenden Bemühungen von ihr auch Äußerungen tiefer Verzweiflung zu vernehmen waren. So schrieb sie im März 1862 an ihre Mutter: „Alle andern haben Kinder oder ein hohes begeisterndes Ziel, für das sie leben – während ich Gatten und Kinder und alles eingebüßt habe. Und ich allein bin übriggeblieben für diesen mühseligen, hoffnungslosen Kampf. Es ist dieser verzweifelte Kleinkrieg, bei dem so wenig herauskommt, der mich so lebensüberdrüssig macht. Ich, die ich früher so viel tun konnte! Was mich am meisten in diesen drei Monaten äußerster Schwäche bedrückt hat, ist, daß ich keinen Menschen habe, der mir ein aufrichtendes Wort sagt oder nur eine zutreffende Tatsache gibt. Ich bin froh, wenn ein Tag zu Ende ist, der nicht wiederkehrt, froher aber noch, wenn die Nacht vorüber, und am frohesten, wenn wieder ein Monat dahingegangen ist."

Mitte der 60er Jahre hatte sich ihr körperlicher Zustand so weit verschlechtert, daß sie sich ohne fremde Hilfe kaum noch bewegen konnte. Das Schlimmste aber war, daß die vielen Rückschläge, Mißerfolge und Enttäuschungen sie an sich selbst zweifeln ließen, was den Motor ihres Handelns, der sie letzten Endes immer wieder zu neuer Aktivität bewegen konnte, ihren eisernen Willen, zu erlahmen drohte. Persönliche Freunde hatte sie, abgesehen von Mary Clarke und Benjamin Jowett, dem sie sich nach dem Tode Sidney Herberts mit ihren Problemen und Sorgen anvertraute, kaum noch. Auch Dr. Sutherland, ihr engster langjähriger Mitarbeiter, begann sich zunehmend zurückzuziehen. Sie beklagte sich bitter über ihn und überhäufte ihn mit Vorwürfen. Zu seinem Glück konnte er infolge verstärkter Schwerhörigkeit kaum noch etwas verstehen. Miß Nightingale machte ihrem Unmut deshalb auf zahllosen kleinen Notizzetteln Luft, die sie ihm in ihren „Gesprächen" vorlegte.

Wer zu ihr kam, tat es weniger aus Mitgefühl an ihrem schweren Los, von Zuneigung ganz zu schweigen, sondern hatte gewöhnlich ein Anliegen. Die Angst, krank und völlig vereinsamt zu sein, war bedrückend. So trieb sie, neben dem Willen zu ihrem Werk, nun auch die Furcht vor völliger Verlassenheit aufs neue an die Arbeit, die ihr wenigstens den Kontakt mit der Außenwelt aufrecht erhielt. Schließlich wollte sie niemanden mehr sehen, wenn er nicht in unmittelbarer Beziehung zu ihrer Arbeit stand. Selbst „erlauchte" Besucher, wie die Königin von Holland, wurden abgewiesen. Nur das Idol ihrer Jugend, der Freiheitskämpfer Giuseppe Garibaldi, für dessen Freiwilligenverbände sie manche Spende entrichtet hatte, durfte sie 1864 besuchen. Seine Begabung als Feldherr im Kampf um die politische Unabhängigkeit und nationalstaatliche Einigung Italiens stand für sie außer Frage; der in den Auseinandersetzungen mit der Regierung einer konstitutionellen Monarchie erfahrenen Florence Nightingale erschienen jedoch seine „schwärmerischen Ideale“ hinsichtlich der von ihm erstrebten Regierungsform nach englischem Muster als „völlig unpraktisch“. Seine hochherzige Gesinnung vermochte offensichtlich den Widerspruch zwischen Ideal und Wirklichkeit nicht zu erkennen.

Der Tod von Hilary Bonham Carter und wenig später auch von Lord Palmerston, der ihrem Streben stets großes Wohlwollen entgegengebracht hatte, riß erneut alte vernarbte Wunden auf. Miß Nightingale zog sich völlig in ihr neues Heim zurück, das der Vater 1865 für sie unweit von Harry Verneys Wohnung in der South-Street 35 (nach späterer Umnumerierung Nummer 10) erworben hatte. Ihre Lieblingstiere, die Katzen, wurden Florence Nightingales treueste Begleiter und einzige Hausgenossen. Bis zu sechs tummelten sich in ihrem Zimmer. Ihr munteres Spiel, ihre zärtliche Zuneigung wurden die nahezu einzige Aufheiterung in ihrem vereinsamten Leben.

Wiedersehen mit der Heimat

Nach zehnjähriger Abwesenheit entschloß sie sich im August 1866, ihrer Heimat einen Besuch abzustatten. Die Reise in einem Krankenwagen war äußerst beschwerlich. Auch in den Folgejahren weilte Miß Nightingale teilweise zu mehrmonatigen Sommeraufenthalten in Lea Hurst oder Embley. Die Wiedersehensfreude mit der Familie war jedoch immer nur von kurzer Dauer. Mutter Fanny, kränklich und nahezu blind, war mit fast achtzig Jahren kein liebreicher Gastgeber und, um der Wahrheit die Ehre zu geben, Miß Nightingale auch nicht gerade ein bequemer Besucher. So prallten alsbald wieder die alten Gegensätze aufeinander. Vor allem vermochte sie sich nicht mit der kleinen Welt der Familie und Bücher zu begnügen. Noch weniger behagte es ihr, daß man ihr zumutete, die zeitraubende Verwaltung des Familienbesitzes zu übernehmen: „Leute, die Wagen, Hausmeister und Haushälterinnen haben und eine Menge Zeit, mit der sie nichts anzufangen wissen, die zu ihrem Vergnügen jeden Tag ausfahren, sich fein machen und allabendlich ausgehen, bitten mich, die nichts von alledem besitzt, die bettlägerig ist und mehr zu tun hat als ein Unterstaatssekretär – ja, die förmlich an die Ruderbank gekettet ist –, mich also bitten sie, ihre Rechnungen zu zahlen und ihre Geschäfte zu führen."

Es zog Miß Nightingale zu ihrem Betätigungsfeld, und so war es letztlich immer eine Erleichterung für alle, wenn sie in ihr Londoner Heim zurückkehrte, wo sie die Arbeit erwartete. Da ihr besonderes Augenmerk nun der Schwesternschule galt, hielt sie es für zweckmäßig, möglichst in der Nähe des St. Thomas Hospitals eine Wohnung zu nehmen. Sie trug sich sogar mit dem Gedanken – falls sich der Gesundheitszustand verschlechtern sollte –, als einfacher Patient in einem Krankensaal Unterkunft zu suchen, um hier das Ende ihrer Tage abzuwarten. Ob sie diesen Schritt allerdings ernsthaft in Erwägung zog, ist zu bezweifeln. Ihr Freund Benjamin Jowett kannte sie offenbar besser als sie sich selbst. Eine zurückgezogen einsam leidende Florence Nightingale war ihm unvorstellbar. Er erklärte ihr sehr deutlich, sie werde „kein Patient sein, sondern eine Art Anstaltsdirektorin, welche die Ärzte nur mit Schrekken betrachten".

Miß Nightingales Erwägung, den Klinikaufenthalt auch aus Sparsamkeitsgründen zu wählen – die Kosten ihres Haushalts waren verhältnismäßig hoch –, wies er strikt zurück: „Wenn jemand einem großen Werk verpflichtet ist, denke ich, daß die Frage der Lebenshaltungskosten kein solches Gewicht hat." Ausschlaggebend war für ihn, daß sie unabhängig blieb und so lebte, wie es für ihre Tätigkeit am besten war. Unter seinem Einfluß gab sie ihre angebliche Absicht, ins St. Thomas Hospital zu gehen, auf.

Ungeachtet aller Mißhelligkeiten war sie gezwungen, im Sommer 1872 für acht Monate in Embley Quartier zu beziehen. Sie konnte die Eltern mit ihren Problemen nicht allein lassen. Fanny, nun bereits über achtzig, war senil und praktisch blind und W. E. N. völlig hilflos. Der Haushalt befand sich in totaler Unordnung, „schlimmer als auf der Krim“, kam es Miß Nightingale vor. Doch ihre kostbare Zeit verging mit vielerlei Nichtigkeiten: „Oh, zurückgeworfen sein in das kleinliche, stagnierende, erstickende Leben in Embley“, beklagte sie sich. Im Frühjahr 1873 hielt sie es nicht mehr länger aus. Sie ließ für ihre Mutter in ihrem Haus zwei Zimmer einrichten und nahm sie mit nach London, wo sie sich mit doppelter Energie ans Werk machte, um die verlorene Zeit wieder wett zu machen. Nach wenigen Wochen mußte sie erneut nach Embley, da Fanny sich in der Großstadt äußerst unwohl fühlte und darauf bestand, wieder nach Hause gebracht zu werden. Miß Nightingale war zutiefst unglücklich und suchte erneut Trost in mystischen und religiösen Ideen. So entstanden, an ihre früher geschriebene Abhandlung „Suggestions for thought“ anknüpfend, 1873 Essays esoterischer Thematik, die in „Fraser's Magazine“ veröffentlicht wurden.

Miß Nightingales Interesse galt auch den mittelalterlichen Heiligen, deren beschauliches Leben ihr wie eine Oase in dem Inferno der Wirklichkeit erschien. Sie machte umfangreiche Notizen und Exzerpte aus dem Heiligenleben. Es sollte ein Buch entstehen, das den „Vorgeschmack des Himmels im täglichen Leben“ kosten lassen würde. Sie gab ihm den Titel „Notes from devotional authors of the middle ages“ (Notizen von frommen Autoren des Mittelalters).

Als Anfang Januar 1874 ihre Schwester Parthe und deren Mann Harry Verney nach Embley kamen, bot sich ihr die Möglichkeit, wenigstens für kurze Zeit wieder nach London zu gehen. Doch kaum hatte sie die schweren Herzens unterbrochene Arbeit aufgenommen, erreichte sie die Nachricht vom plötzlichen Tode des Vaters. Sein Ableben erfüllte sie mit tiefer Trauer, war er doch der einzige in der Familie gewesen, mit dem sie echte Zuneigung verband und der für sie Verständnis aufgebracht hatte. Es gab keinen Ausweg. Sie mußte bei der Mutter bleiben, die blind und völlig verwirrt auf ihre Hilfe angewiesen war. Sie konnte und wollte sie nicht den Händen Fremder überlassen. Dank der Unterstützung guter Freunde war es ihr wenigstens ab und zu für kurze Zeit möglich, nach London zu eilen. Verzweifelt schrieb sie im Juli 1877: „Ich weiß nicht, wann ich je wieder arbeiten kann.“ Trotz aller Sorgen und Belastungen führte sie brieflich die Leitung der

Nightingale-Schule, die nun nach dem Mißlingen ihrer Reformbestrebungen zum Hauptinhalt ihres Wirkens geworden war, weiter.

Erfüllter Lebensabend

Als die Mutter am 2. Februar 1880 zweiundneunzigjährig verstarb, war Florence Nightingale einer schweren Bürde enthoben, stand aber nun auch bereits an der Schwelle ihres siebenten Lebensjahrzehnts. Die Last der Arbeit, Krankheit, Sorgen, Enttäuschungen und Mißerfolge hatten sie tief gezeichnet. Im Juni 1881 schrieb sie ihrer Freundin Mary Clarke: „Ich kann mich nicht an eine Zeit erinnern, in der ich mich nicht nach dem Tode gesehnt hätte. Nach dem Hingang Sidney Herberts und Cloughs im Jahre 1861, vor zwanzig Jahren, und dann Jahr um Jahr hielt ich nach dem Tod Ausschau, wie ein Kranker nach dem Morgen verlangt. Nun da ich alles verloren habe, verlange ich seltsamerweise weniger danach. Ich möchte noch ein wenig arbeiten, ein wenig besser arbeiten, bevor ich sterbe."

Miß Nightingale war duldsam und für die Schwächen anderer nachsichtig geworden. Bosheit, Intoleranz und Inhumanität aber erregten noch immer ihren unnachsichtigen Zorn. Der Regierungswechsel im April 1880 hatte sie auf neue Möglichkeiten, ihr Lebenswerk zu vollenden, hoffen lassen. Ihr Allgemeinbefinden besserte sich. Auch ihre Lebensführung wurde geselliger, mit ihrer Umwelt suchte und fand sie Kontakt.

Sie hatte es sich angewöhnt, weniger ihre Niederlagen und Rückschläge zu beklagen, sondern den Blick nach vorn gerichtet, um die Kraft auf das zu konzentrieren, was noch zu tun möglich schien. Auch erneute Fehlschläge konnten sie von diesem Grundsatz nicht mehr abbringen. Teilerfolge machten sie glücklich und gaben ihr neue Kraft; Mißerfolge bemühte sie sich zu ignorieren. Florence Nightingale hatte sich auf ihr Alter eingestellt und fand Freude auch an dem kleinen Glück des Alltags. Dazu zählten vor allem die Kinder ihrer Freunde, die einen festen Platz in ihrem Herzen einnahmen. Menschliche Wärme und Güte sicherten ihr einen erfüllten und friedvollen Lebensabend. Getragen von der Liebe und Verehrung zahlloser Menschen, wurde sie geradezu zum Symbol ihrer Hoffnungen.

Noch immer war der Tagesablauf streng geregelt. Einen großen Teil der Zeit widmete sie ihren Besuchern, an deren Problemen sie einfühlsam Anteil nahm. Nichts war zu geringfügig, um ihr Interesse zu finden. Niemand verließ sie ohne einen guten Rat oder dem Gefühl der Erleichterung. Was früher eine Todsünde gewesen wäre, war jetzt möglich: man durfte ihr sogar widersprechen, ohne einen Proteststurm zu erleben. Wie Zeitgenossen berichteten, zeichnete sich ihre Herzenswärme auch in veränderten Gesichtszügen ab. Die tiefen, verhärmten, durch Bitterkeit geprägten Leidenslinien glätteten sich. Lebensfreude, Güte und auch ein wenig Humor strahlten aus ihren Augen. Sie war sich in ihrer neuen Lebenseinstellung mit ihrem Freund Jowett einig, der ihr geschrieben hatte: „Die wahreren, die sichereren, die besseren sind die späteren Jahre des Lebens. Wir müssen nur Wege finden, sie zu nutzen, nicht vielerlei tun, sondern das wenige auf bessere Weise."

Auch die Freuden des Gaumens erlangten einen angemessenen Stellenwert. Sorgfältig prüfte sie den Speisezettel. Nicht immer zur Freude der Köchin sah sie selbst in der Küche nach dem rechten. „Bedenken Sie, daß ich kein großer, aber ein wählerischer Esser bin", lautete ihr Gebot. Und sie sparte nicht mit Anweisungen zur Zubereitung der Speisen: „Soßen und Fleischsäfte dürfen nicht mit Mehl eingedickt werden. Die Fleischknochen müssen mit Gemüsen gelinde gekocht werden, um den Extrakt abzugeben, der dann eingedickt wird. Zum Würzen viel Kräuter verwenden! Feine Rüben werden angerichtet, indem man alles Wasser ausquetscht, sie durch ein Haarsieb streicht und ungefähr ein achtel Liter Sahne dazugibt. Kalbsbrust sollte mit Kräutern, Zwiebeln, Möhren und Sellerie in einer leichten Brühe auf der heißen Herdplatte elf Stunden lang gekocht werden. Nur nicht zu schnell kochen! Gebratenen Fasan darf man nicht zu nah an ein starkes Feuer hängen und muß ihn eine Stunde lang alle ein bis zwei Minuten mit guter Butter begießen. Gebratenes Hähnchen muß rundum gut eingefettet werden."

Noch einmal mußte Miß Nightingale die Geschicke der Familie in ihre Hände nehmen. Die von chronischen Gelenkentzündungen schwer geplagte Parthe konnte sich praktisch nicht mehr bewegen. Sir Harry Verney war völlig ratlos. Als Parthe im Mai 1890 verstarb, widmete sie ihrem Schwager, der ja vor

Jahrzehnten zunächst um ihre Hand angehalten hatte, ihre ganze Fürsorge. Trotz seines hohen Alters, er war fast neunzig Jahre, zeichnete er sich noch immer durch außerordentliche geistige Regsamkeit aus.

Mit dem Tode John Sutherlands (1891), Benjamin Jowetts (1893) und wenig später auch Sir Harrys wurden ihr die letzten Vertrauten entrissen. Florence Nightingale trug den Schmerz mit Würde, sie haderte nicht mit dem unvermeidlichen Schicksal: „Ich habe vieles verloren, bin gescheitert, bin enttäuscht worden und habe bittere Schmerzen erlitten, aber jetzt in meinem Alter scheint mir das Leben kostbarer denn je", schrieb sie 1895.

„Nightingale-Legende"

In den noch verbleibenden fünfzehn Jahren wurde ihr Lebenskreis enger. Sie verließ kaum noch das Haus. Von ihrem Schlafzimmer aus fiel ihr Blick auf eine unübersehbare Blumenpracht. Die versiegenden Körperkräfte hinderten sie nicht, noch immer aktiv für das Reformwerk zu wirken. „Ich triefe vor Arbeit", konnte sie noch 1897 feststellen. Auch die Schar der Besucher und Ratsuchenden riß nicht ab. Allmählich entstand sehr zum Unwillen der mit einem Heiligenschein Versehenen eine „Nightingale-Legende". So weit sie es noch vermochte, kämpfte sie gegen die Glorifizierung an. Als man 1897 im Jubiläumsjahr der Königin Viktoria eine große Nationalausstellung vorbereitete, durfte auch ein Nightingale-Kabinett nicht fehlen. Beharrlich weigerte sie sich, die dafür erbetenen Andenken zu schicken: „Erinnerungsstücke, die an den Krimkrieg gemahnen! Was ist das denn? Das ist einmal die fürchterliche Lektion, die wir aus schrecklichen Fehlern und Irrtümern erhalten haben. Und als nächstes die gelernte Pflegerin und der Fortschritt der Hygiene. Das ‚gemahnt' an den Krimkrieg. Und ich will weder mein törichtes Bild, das ich gar nicht besitze, noch irgend etwas anderes als ‚Erinnerung' hergeben. Es ist zu lächerlich ..."

Der Friede des Alters wurde von den erschreckenden Symptomen zunehmender Sehschwäche gestört. Bereits seit Jahren klagte Miß Nightingale über Augenschmerzen, die sich vor allem nach intensiver Nachtarbeit bei Kerzenlicht einstellten. Sie sprach nicht über das fortschreitende Leiden, nur an Hand ihrer Manuskripte, deren Zeilen immer unregelmäßiger wurden, läßt sich die zunehmende Erblindung ermessen. Schreiben und Lesen bereiteten ihr ab Mitte der 90er Jahre größte Schwierigkeiten. Doch sie resignierte nicht, täglich ließ sie sich vorlesen. Noch im hohen Alter versuchte sie, ihr Lebenswerk voranzutreiben. Sie mahnte: „Wir stehen nur an der Schwelle der Krankenpflege. Möge in der Zukunft, die ich nicht sehen werde, denn ich bin alt, sich ein besserer Weg eröffnen! Möge man die Methoden, durch die jedes Kind, jedes menschliche Wesen die besten Aussichten auf Gesundheit, jeder Kranke die besten Aussichten auf Genesung hat, begreifen und ausüben! ...

Hoffen wir, daß der Tag kommt, wo jede Mutter eine Gesundheitspflegerin sein wird, wo jeder kranke Mensch das Anrecht auf die Dienste einer Bezirkspflegerin in seiner Wohnung hat! ... Hoffen wir, daß, wenn wir alle tot und begraben sind, Führerinnen erstehen werden, die persönlich in der harten, praktischen Arbeit, den Schwierigkeiten und Freuden der Organisation von Pflegereformen erfahren sind und die weit über das hinausgehen, was wir vermocht haben!"

Allmählich aber erlosch auch die unbändige Kraft ihres Geistes. Sie erkannte die Besucher nicht mehr und lag stundenlang reglos auf ihrem Lager. Jetzt kam die Zeit der großen Ehrungen und Orden, doch sie erreichten den verwirrten Geist nicht mehr. Die Nation erinnerte sich zu spät einer ihrer größten Heldinnen. – Viele waren bei den Meldungen über ihre Huldigungen erstaunt darüber, daß sie überhaupt noch lebte. Florence Nightingale war bereits zu Lebzeiten ein von Legenden verdecktes Denkmal geworden. Langsam, viel zu langsam, kam am 13. August 1910 der erlösende Tod. Ihr letzter Wunsch war, „auf den nächsten Friedhof gebracht [zu] werden, nur von zwei Personen begleitet, ohne irgendwelchen Schmuck".

Zu Beginn des Jahres 1879 hatte ihr Freund Benjamin Jowett in einem Neujahrsglückwunsch das Wirken der Florence Nightingale umfassend gewürdigt: „Als Sie vor dreiundzwanzig Jahren von der Krim heimkehrten, schwärmte man gewaltig für Sie – ich glaube, Sie hätten es bis zur Herzogin bringen können, wenn Sie Ihre Trümpfe besser ausgespielt hätten. Aber Sie haben in der Stille fortgearbeitet, und niemand weiß, wie viele Menschenleben von Ihren Pflegerinnen in den Spitälern gerettet wurden (in der Krankenpflege hebt mit Ihnen eine neue Zeit an): wie viele tausend Soldaten wären die Opfer ... geworden, die dank Ihrer Voraussicht und Ihres Fleißes nun leben dürfen! Wie viele Eingeborne in Indien (man könnte ihrer wahrscheinlich Hunderttausende zählen), in dieser Generation und in den folgenden, sind durch eine kranke Dame, die sich kaum von ihrem Bett erheben kann, vor Hungertod, Unterdrükkung und Schuldenlast gerettet worden! Die Welt weiß von alledem nichts oder denkt nicht daran. Aber ich weiß es und bedenke es oft, und ich möchte, daß auch Sie es tun, damit Sie in späteren Lebensjahren erkennen, wie Ihr Leben trotz aller Sorgen gesegnet ist und war ... Ich glaube, daß sogar die romantische Schwärmerei für Sie ihr Gutes hatte. Sie sind schon zu Ihren Lebzeiten zum Mythos geworden. Wissen Sie, daß Tausende von jungen Mädchen im Alter zwischen achtzehn und dreiundzwanzig Jahren nach Ihnen genannt sind? Jeder hat von Ihnen gehört und verbindet mit Ihrem Namen etwas Liebes und Teueres."

Die bereits zu ihren Lebzeiten entstandene „Nightingale-Legende" wirkt fort. Sie zeugt von der tiefen Verehrung, die dem Werk der großen Humanistin entgegengebracht wird. Das ist die positive Seite der Angelegenheit. Doch wie bei jeder Legende zeigen sich auch wirklichkeitsfremde Züge, die sich mit zunehmendem zeitlichem Abstand vertieften. Leben und Werk der Florence Nightingale aber sind wenig geeignet für erbaulich-belehrende, Heiligenriten ähnelnde Schilderungen.

Ihre wichtigste, bis in die Gegenwart reichende Botschaft ist die dringende Mahnung zum Frieden, die in einer Zeit des drohenden nuklearen Infernos besondere Bedeutung erlangt. Florence Nightingale begnügte sich nicht mit alten philanthropischen Rezepten, die, so gut gemeint sie auch waren, doch bereits zu ihrer Zeit ihre Wirkungslosigkeit unter Beweis gestellt hatten.

Sie blieb nicht bei individuellem Moralisieren, sie entwikkelte eine offensive Gegenstrategie. Im Kampf gegen die Schrecken des Krieges und dessen verhängnisvolle Folgen hatte sie in den Wirren des Krimkrieges das Fundament ihres humanitären Werkes gelegt. Weit über die ursprüngliche Aufgabe, die Organisation der völlig vernachlässigten Verwundetenfürsorge hinausgehend, legte sie die Grundlage einer Neuorganisation des Heeressanitätswesens, in dem das weibliche Pflegepersonal eine feste Position einnahm.

Zweifellos am bekanntesten ist Florence Nightingale als Wegbereiterin der modernen weltlichen Krankenpflege. Sie vollzog den Übergang aus der Sphäre des karitativen Liebesdienstes in den Bereich der ethisch motivierten rationellen Tätigkeit und verschaffte damit der Krankenschwester den Status eines interkonfessionellen, finanziell gesicherten, unabhängigen gesellschaftlich geachteten Frauenberufes. Dagegen fand ihr mindestens ebenso wichtiges Wirken auf dem Gebiet des öffentlichen Gesundheitswesens und im sozialen Bereich, das weitreichende Konsequenzen zur Folge hatte, nicht die notwendige Beachtung. Nahezu unbekannt blieb ihr umfangreiches, etwa 200 Arbeiten umfassendes literarisches Werk zu Fragen der Krankenpflege, zu Krankenhausbau und -verwaltung, Heeres- und Kommunalhygiene, aber auch über philosophische und statistische Probleme. Immer deutlicher wird ihre Hinwendung vom Individuellen zum Gesellschaftlichen, vertiefte sich ihre Erkenntnis, daß der Kampf um die Erhaltung des Lebens vom Kampf um ein menschenwürdiges Dasein nicht zu trennen ist. Sie richtete den Blick der in der von ihr begründeten Nightingale-Schule ausgebildeten Schwestern bewußt auf die physischen, psychischen, sozialen und kulturellen Bedürfnisse der Patienten, legte großen Wert auf die Vermittlung praxisbezogener Kenntnisse und anwendungsbereiter Fertigkeiten. Über allem aber stand die Liebe zum Menschen und die Hingabe an den Beruf, den sie als Berufung betrachtete.

Im Sinne dieses progressiven und humanistischen Erbes verleiht alle zwei Jahre das Internationale Komitee des Roten Kreuzes an Frauen nationaler Rotkreuz- und Rothalbmond-Organisationen als hohe Auszeichnung die Florence-Nightingale-Medaille.

Literaturauswahl

Werke von Florence Nightingale
(Auswahl in chronologischer Folge)

The Institution of Kaiserswerth on the Rhine for the practical training of Deaconesses, under the direction of the Rev. Pastor Fliedner, embracing the support and care of a hospital, infant and industrial schools, and a female penitentiary. London 1851.

Statements exhibiting the voluntary contributions. London 1857.

Notes on matters affecting the health, efficiency, and hospital administration of the British Army, foundet chiefly on the experience of the late war. London 1858.

Notes on hospitals. London 1858. 3. Aufl. 1863. (Übers. Bemerkungen über Hospitäler. Memel 1866.)

Notes on nursing: What it is, and what it is not. London 1860.

Notes on nursing for the labouring classes. London 1861. (Übers. Die Pflege bei Kranken und Gesunden. Kurze Winke, den Frauen aller Stände gewidmet. Leipzig 1861.)

Army sanitary administration, and its reform under the late Lord Herbert. London 1863.

Observations on the evidence contained in the stational returns. London 1863.

How people may live and not die in India. London 1863.

Sanitary statistics of native colonial schools and hospitals. London 1863.

Sanitary state of the army in India. London 1863.

Note on the aboriginal races of Australia. London 1865.

Introductory notes on lying-in institutions. London 1871.

Life or death in India. London 1874.

On trained nursing for the sick poor. In: Times, April 14, 1876 p.6.

Selected writing. Compiled by Lucy Ridgely Seymer. New York 1954.

Werke über Florence Nightingale

Barrit, Evelyn R.: Florence Nightingale, her wit and wisdom. New York 1975.

Bishop, William J.: A Bio-Bibliography of Florence Nightingale. London 1962.

Cook, Edward T.: The life of Florence Nightingale. London 1913.

Cope, Zachary: Florence Nightingale and the doctors. London 1958.

Delgado, Alan: Florence Nightingale as they saw her. London 1970.

Fontana, Oskar M.: Der Engel der Barmherzigkeit. Wien 1950.

Fritz, Immanuel: Florence Nightingale. Stuttgart 1932.

Goldsmith, Margaret L.: Florence Nightingale: the woman and the legend. London 1937.

Gordon, Richard: The private life of Florence Nightingale. London 1978.

Horndasch, Max: Die Lady mit der Lampe. Bonn 1948.

Legère, Werner: Schwester Florence. Berlin 1974.

Nash, Rosalind: The life of Florence Nightingale. London 1925.

Orvieto, Laura: Florence Nightingale. Zürich, New York 1943.

Seymer, L. R.: Florence Nightingale. London 1950.

Sticker, Anna: Florence Nightingale – Curriculum Vitae with information about Florence Nightingale and Kaiserwerth. Düsseldorf 1965.

Vossen, Carl: Florence Nightingale. Geliebtes Kaiserswerth. Düsseldorf 1986.

Wild, Irmgard: Florence Nightingale. Freiburg 1980.

Willis, Irene C.: Florence Nightingale: a biography. London 1931.

Woodham-Smith, Cecil: Florence Nightingale. München 1952.

Interessenten an Zitatnachweisen können entsprechende Anfragen an den Verlag richten. Tagebuch- und Briefzitate von Florence Nightingale sowie zeitgenössische Berichte über ihr Wirken wurden vor allem folgenden Werken entnommen:

- Woodham-Smith, Cecil: Florence Nightingale. München 1952.
- Nutting, Mary Adelaide und Lavinia L. Dock: Geschichte der Krankenpflege. Band 1–3, Berlin 1910–1913.

Personenregister

Aberdeen, Georg Hamilton Gordon Earl of 52, 68, 80
Alexander II., Zar von Rußland 49
Alexander, Thomas 106, 115, 117
Alten, William 156

Balfour, Graham 106
Bardeleben, Adolf von 174
Bardsley, Samuel 22
Barham, Charles Foster 23
Bebel, August 173
Bedford-Fenwick, Ethel G. 193
Bellers, John 156
Bentham, Jeremy 135
Bermondsey 65
Bertheau, Karoline 37, 153
Bismarck, Otto Fürst von 194
Blackwell, Elizabeth 34, 167
Blackwood 75
Blackwood, Alicia 75
Blincoe, Robert 22, 23
Block, Iwan Stanislawowitsch 196
Boerhaave, Hermann 148
Bonham Carter, Henry 193
Bonham Carter, Hilary 193, 198, 199, 202
Bowmann 44
Bracebridge, Charles H. 28, 33, 35, 56, 60, 63, 78, 79, 83, 90–94
Bracebridge, Selina 28, 33, 35, 56, 60, 63, 83, 92
Bridgeman 78–81, 90, 93, 100
Brown, John 22
Brunel, Isambard 62
Bunsen, Karl Josias von 17, 30, 35

Cavour, Camillo von 130
Chateaubriand, Francois-René Vicomte de 16
Clark 60, 63, 65
Clark, James 41, 95, 104
Clarke, Mary (Mohl) 15, 16, 26, 28, 29, 31, 43, 176, 201, 205
Clough, Arthur Hugh 115, 117, 198, 199, 205
Clough, Blanche 117
Confalonieri, Federico 15
Cotton, Arthur 186
Cremer, Randal 196
Cumming, A. 76. 78–80, 82, 89

Davis, Elizabeth 90
Delbrück, Hans 174
Derby, Edward Geoffrey Smith Stanley 68, 115, 124
Dickens, Charles 156
Dieffenbach, Johann Friedrich 151, 154
Disraeli, Benjamin 187
Doherty, John 23
Dunant, Jean Henri 130, 136–140

Elgin, James Bruce 127
Engels, Friedrich 19, 21, 23, 25, 47, 49, 122, 124
d'Estournelles, Paul 196

Farr, William 106, 128
Fichte, Johann Gottfried 134
FitzGerald, David 99
Fliedner, Friederike 37
Fliedner, Karoline geb. Bertheau 38
Fliedner, Theodor 30, 35–40, 153, 154, 157
Forester, Maria 54, 57
Fowler, Richard 27
Fox, Charles James 11
Fox, George 156
Frere, Bartle 144
Fried, Alfred Herrmann 197
Friedrich Wilhelm, Kronprinz von Preußen 190
Fry, Elizabeth 36, 37, 157
Fuhrmann, Luise 190

Galton, Douglas 116, 119, 142, 143, 185
Garibaldi, Giuseppe 29, 130, 196, 202
Gedike, Carl Emil 152
Gentz, Friedrich 132
Gladstone, William Ewart 184
Gooch 156
Gouges, Olympe des 175
Grainger, Richard Dugard 23
Grey, de 119, 141–143, 187
Gurney 157

Hadley 91
Hall, John 89–91, 96, 99, 106, 115
Hardy, Gathorne 181
Hartington 142
Hawes, Benjamin 92, 117, 142
Hegel, Georg Wilhelm Friedrich 134
Heinrich VIII., König von England 154
Herbert, Elizabeth 28, 35, 40, 42, 44, 54, 57, 116
Herbert, Sidney 28, 30, 35, 40, 54–63, 73, 76, 78–81, 84, 85, 94, 95, 104, 106, 109–111, 115–120, 125, 143, 199, 201, 205
Herder, Johann Gottfried 133
Hey, William 23
Howe, Julia Ward 26
Humboldt, Alexander von 18

Jones, Agnes 179, 181
Jowett, Benjamin 186, 187, 201, 203, 206–208

Kant, Immanuel 134
Karll, Agnes 192, 193
Kay, James Philipp 22
Koch, Robert 161
Kornilow, W.A. 90

Lacombe, Claire (Rose) 175
Lawrence, John Laird Mair 127, 128, 185
Lawson 89
Lees, Florence 190
Lefroy 100, 106
Leibniz, Gottfried Wilhelm 133
Lewis, George 119, 142
Lister, Joseph 161, 172
Liston, Robert 51
Loudon, Charles 23
Lowe 144
Lucan 50

Macdonald 67, 87
Mai, Franz Anton 150–152
Maistre, Joseph-Marie Comte de 132
Malthus, Thomas Robert 25, 154
Manning, Henry Edward 42, 59
Marx, Karl 120, 122, 141, 195
Mayo 185, 186
Mazzini, Giuseppe 130
McAuley, Katherina 157

McGrigor 75, 89
Menschikow 48
Menzies, Edward 52, 61, 63, 66
Méricourt, Théroigne de 175
Metternich, Klemens Lothar Fürst von 132
Meyer 78
Mill, John Stuart 180
Milnes, Richard Monckton 26, 28, 32
Möbius, Paul 174
Mohl, Julius 31
Moyniers, Gustave 137, 138
Müller, Johannes 151
Murphy, Edward William 171

Nachimow, P.S. 90
Napier, Robert 61
Napoleon I., Bonaparte 15, 134
Napoleon III. 130
Nathusius 175
Nicholson, Henry 16
Nicholson, Marianne 16
Nightingale, Fanny (Frances) 9–18, 27, 28, 32, 34, 35, 41–43, 95, 102, 114, 201–205
Nightingale, Parthenope 10, 12, 27, 31, 34, 41–43, 95, 102, 114, 117, 204, 206
Nightingale, William Edward (W.E. N.) 9–15, 17, 27, 31, 41–43, 203, 204
Nikolaus I., Zar von Rußland 47–49
Northcote, Stafford 144

Osborne, Sidney Godolphin 66, 83, 86
Ostwald, Wilhelm 174
Owen, Robert 136

Palmerston, Henry John Temple Viscount 46, 48, 68, 80, 105, 116, 141, 142, 202
Pankhurst, Emmeline 175
Panmure, Fox Maule 80, 81, 104–108, 112–115
Passey, Frédéric 196
Paulet, William 78
Peel 115, 143
Percy, Jocelyn 78
Pirogow, Nikolai Iwanowitsch 136
Platière, Jeanne Marie Roland de la 175
Pratt, Hodgson 196

Raglan, Fitzroy James Somerset 50, 89
Rathbone, William 179, 181, 190
Rawlinson, Robert 81, 128
Recamier, Julie 15
Redcliffe 67
Roebuck 80
Rousseau, Jean-Jacques 133
Routh, Henry Felix 171
Russel, John 68
Russel, William Howard 52, 53

Saint-Pierre, Castel de 133
Saint-Simon, Claude-Henri Comte de 135
Salisbury 92
Sand, George 175
Schlegel, Friedrich von 134
Schmidt, Joseph Hermann 172
Semmelweis, Ignaz Philipp 171
Senftleben, Hugo 159
Shore 10
Siegemund, Justine 172
Sieveking, Amalie 37, 153
Sillery 61
Simpson, James Young 172
Sismondi, Jean Charles Leonard Simonde de 15
Smith, Adam 135
Smith, Andrew 55, 69, 109

Smith, Mary (Tante Mai) 17, 92, 93, 102, 115, 117, 198, 199
Smith, Samuel 117
Smith, Thomas Southwood 23
Smith, William 9
South, J.F. 166
Soyer, Alexis 85
Staël, Germaine de 15
Stanley, Mary 78–82, 90, 92
Starks, Henry 106
Stead, William Thomas 196
Stein, Heinrich Friedrich Karl 153
Storp, Elisabeth 191
Stratford 54, 81, 82
Stratford, Redclyffe Canning de 54, 61, 63, 72
Sutherland, John 81, 106, 108, 110, 115, 119, 128, 141, 143, 172, 193, 199, 201, 207
Suttner, Bertha von 196

Taylor, John 23
Thompson, William 136
Tolstoi, Leo Nikolajewitsch 49
Trendelenburg, Friedrich 149
Trueblood, Benjamin 196
Tufnell, Thomas Joliffe 23
Türr, Stephan 196

Verney, Harry 117, 199, 202, 204, 206, 207
Viktoria, Königin von Großbritannien 84, 104, 105, 207
Viktoria, Kronprinzessin von Preußen 190
Villiers, Charles 179, 180
Vinzenz von Paul 36
Virchow, Rudolf 149, 152, 196
Voltaire 133

Waddington, France 18
Wardroper 166, 168, 170, 188, 189, 191
Whitfield, R.G. 166
Wirth, F. 196
Wollstonecraft, Mary 175
Wolseley 187

Bildquellennachweis

Universitätsbibliothek, Leipzig (24); Autor (9); Deutsche Bücherei, Leipzig (9); Deutsche Staatsbibliothek, Berlin (5).